超ビジュアル！歴史人物伝

坂《さか》本《もと》龍《りょう》馬《ま》

矢部健太郎／監修

西東社

坂《さか》本《もと》龍《りょう》馬《ま》 大《だい》解《かい》剖《ぼう》!!
これが坂《さか》本《もと》龍《りょう》馬《ま》だ!!
性格《せいかく》は明るく、やさしい！自由で行動力がある！
身長は約《やく》172cm 体重は約《やく》80kg
生年月日《せいねんがっぴ》は 1835年11月15日
幕末《ばくまつ》（江戸《えど》時代末期《まっき》）に薩長同盟《さっちょうどうめい》と大政奉還《たいせいほうかん》をなしとげた！

肖像《しょうぞう》

立っている龍馬《りょうま》の写真

31〜33歳《さい》のときの写真で、ふところに手を入れて短刀を差《さ》している。

高知県立坂本龍馬記念館提供

出身地《しゅっしんち》は土佐《とさ》(現在《げんざい》の高知県《こうちけん》)

両親は

母・坂本幸《さかもとこう》

父・坂本八平《さかもとはちへい》

肖像《しょうぞう》

座《すわ》っている龍馬《りょうま》の写真

上の写真と同じ日に撮《と》られたもので、イスに座《すわ》り、長い刀を差《さ》している。

個人蔵・下関市立長府博物館寄託

きょうだいは

姉・坂本乙女《さかもとおとめ》

兄・坂本権平《さかもとごんぺい》

死亡年月日《しぼうねんがっぴ》は

1867年11月15日

享年《きょうねん》33歳《さい》(満《まん》31歳《さい》11か月)

近江屋《おうみや》で**暗殺者《あんさつしゃ》に殺《ころ》される**

龍《りょう》馬《ま》の人物相《そう》関《かん》図《ず》!!

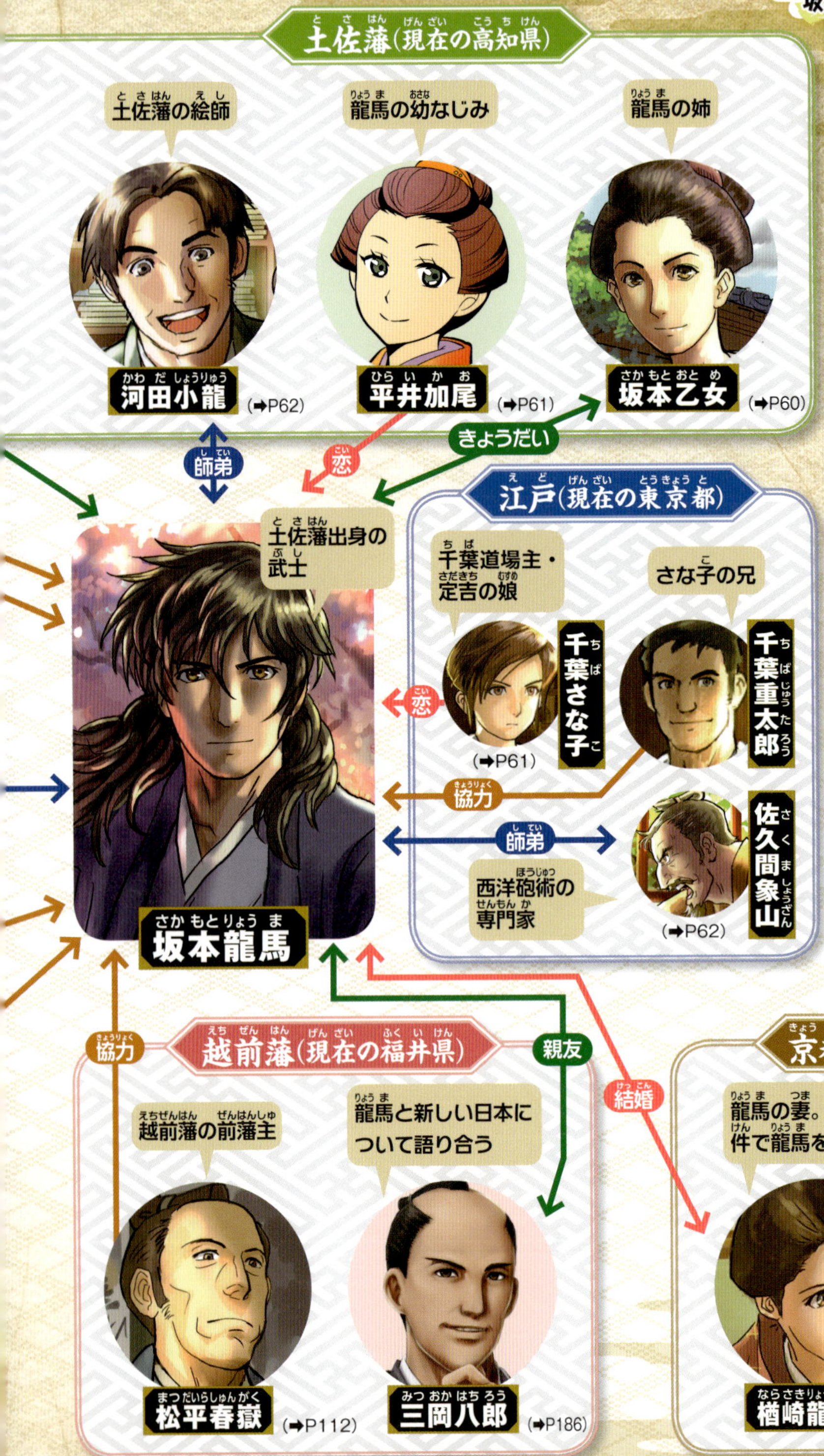
土佐藩《とさはん》(現在《げんざい》の高知県《こうちけん》)
土佐藩《とさはん》の絵師《えし》
河田《かわだ》小龍《しょうりゅう》
(➡P62)
龍馬《りょうま》の幼《おさな》なじみ
平井《ひらい》加尾《かお》
(➡P61)
龍馬《りょうま》の姉
坂本《さかもと》乙女《おとめ》
(➡P60)
師弟《してい》
恋《こい》
きょうだい
土佐藩《とさはん》出身の
武士《ぶし》
坂本《さかもと》龍馬《りょうま》
江戸《えど》(現在《げんざい》の東京都《とうきょうと》)
千葉《ちば》道場主・
定吉《さだきち》の娘《むすめ》
千葉《ちば》さな子《こ》
(➡P61)
恋《こい》
さな子《こ》の兄
千葉《ちば》重太郎《じゅうたろう》
協力《きょうりょく》
師弟《してい》
西洋砲術《ほうじゅつ》の
専門家《せんもんか》
佐久間《さくま》象山《しょうざん》
(➡P62)
協力《きょうりょく》
越前藩《えちぜんはん》(現在《げんざい》の福井県《ふくいけん》)
親友
越前藩《えちぜんはん》の前藩主《ぜんはんしゅ》
松平《まつだいら》春嶽《しゅんがく》
(➡P112)
龍馬《りょうま》と新しい日本に
ついて語り合う
三岡《みつおか》八郎《はちろう》
(➡P186)
結婚《けっこん》
京都《きょうと》
龍馬《りょうま》の妻《つま》。寺田屋《てらだや》事
件《じけん》で龍馬《りょうま》をたすける
楢崎《ならさき》龍《りょう》(お龍《りょう》)
(➡P95)

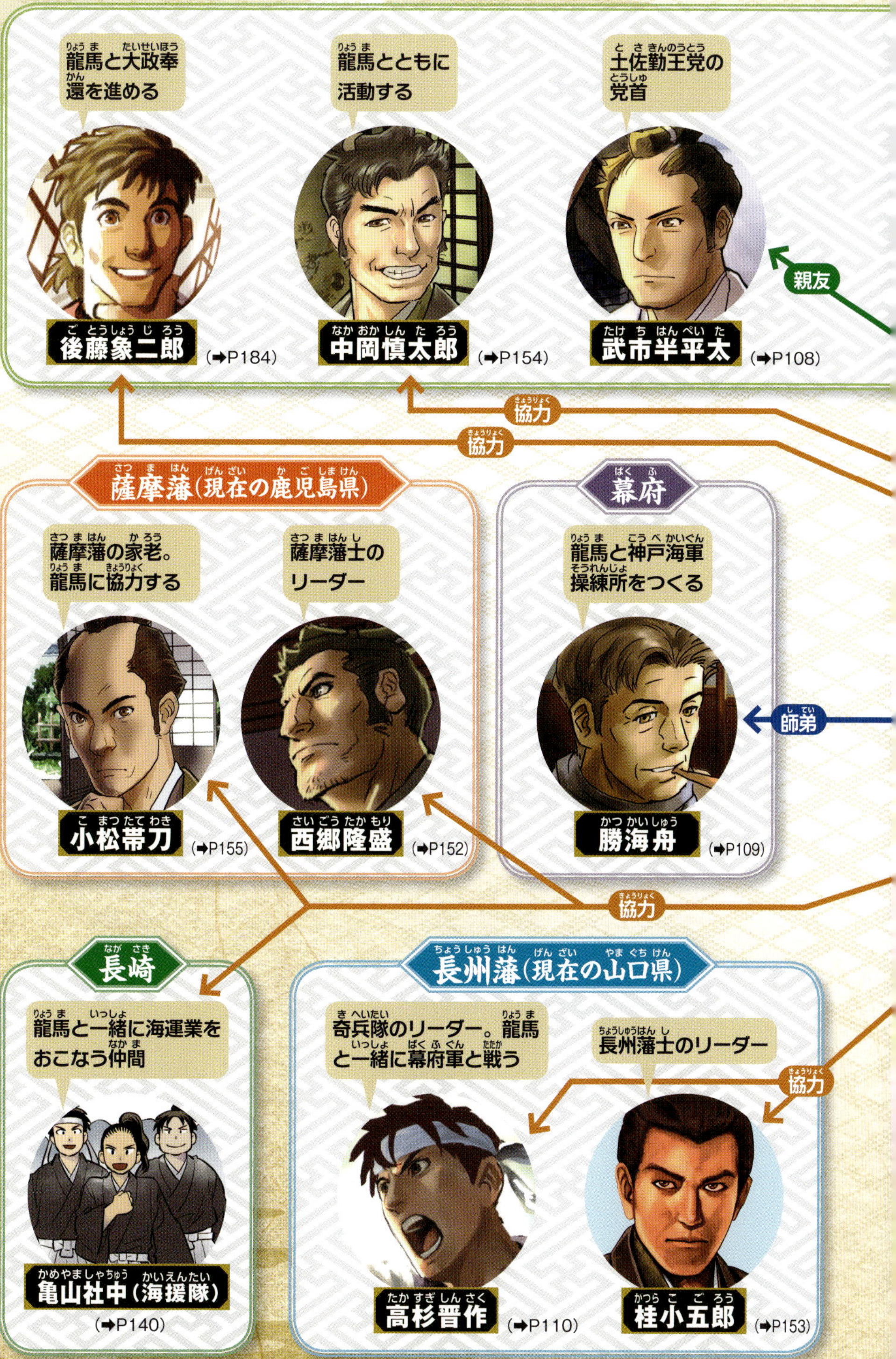
龍馬《りょうま》と大政奉《たいせいほう》還《かん》を進める
後藤象二郎《ごとうしょうじろう》
(➡P184)
龍馬《りょうま》とともに活動する
中岡慎太郎《なかおかしんたろう》
(➡P154)
土佐勤王党《とさきんのうとう》の党首《とうしゅ》
武市半平太《たけちはんぺいた》
(➡P108)
親友
協力《きょうりょく》
協力《きょうりょく》
薩摩藩《さつまはん》(現在《げんざい》の鹿児島県《かごしまけん》)
薩摩藩《さつまはん》の家老《かろう》。龍馬《りょうま》に協力《きょうりょく》する
小松帯刀《こまつたてわき》
(➡P155)
薩摩藩士《さつまはんし》のリーダー
西郷隆盛《さいごうたかもり》
(➡P152)
幕府《ばくふ》
龍馬《りょうま》と神戸海軍《こうべかいぐん》操練所《そうれんじょ》をつくる
勝海舟《かつかいしゅう》
(➡P109)
師弟《してい》
協力《きょうりょく》
長崎《ながさき》
龍馬《りょうま》と一緒《いっしょ》に海運業をおこなう仲間《なかま》
亀山社中《かめやましゃちゅう》(海援隊《かいえんたい》)
(➡P140)
長州藩《ちょうしゅうはん》(現在《げんざい》の山口県《やまぐちけん》)
奇兵隊《きへいたい》のリーダー。龍馬《りょうま》と一緒《いっしょ》に幕府軍《ばくふぐん》と戦《たたか》う
高杉晋作《たかすぎしんさく》
(➡P110)
長州藩士《ちょうしゅうはんし》のリーダー
協力《きょうりょく》
桂小五郎《かつらこごろう》
(➡P153)

これが龍馬《りょうま》の人生だ!!

1歳《さい》 1835年 龍馬《りょうま》が誕生《たんじょう》する

➡P32

高知城下《こうちじょうか》の下級武士《ぶし》の家に生まれる。

12歳《さい》 1846年 母・幸《こう》が病死する

➡P35

最愛《さいあい》の母を病気で失《うしな》う。

14歳《さい》 1848年 日根野《ひねの》道場に入門する

➡P34

高知城下《こうちじょうか》で剣術《けんじゅつ》を習いはじめる。

19歳《さい》 1853年 千葉《ちば》道場に入門する

➡P36

江戸《えど》の千葉《ちば》道場で剣術修行《けんじゅつしゅぎょう》をする。

黒船《くろふね》が日本に来る（➡P38）

19歳《さい》 1853年 品川沿岸《しながわえんがん》を警備《けいび》する

➡P40

土佐藩士《とさはんし》として黒船《くろふね》から海岸を守る。

33歳《さい》までのわしの人生を見てくれ！

20歳《さい》
1854年
➡P44

河《かわ》田《だ》小《しょう》龍《りゅう》を訪《たず》ねる

海外にくわしい小龍《しょうりゅう》から話を聞く。

桜《さくら》田《だ》門外《もんがい》の変《へん》（➡P50）

27歳《さい》
1861年
➡P52

土《と》佐《さ》勤《きん》王《のう》党《とう》に入る

武《たけ》市《ち》半《はん》平《ぺい》太《た》にさそわれ、土佐勤王党《とさきんのうとう》の党員《とういん》になる。

28歳《さい》
1862年
➡P82

土《と》佐《さ》藩《はん》を脱《だっ》藩《ぱん》する

土佐藩《とさはん》を抜《ぬ》けて自由の身になる。

28歳《さい》
1862年
➡P84

勝《かつ》海《かい》舟《しゅう》の弟《で》子《し》になる

幕府《ばくふ》の役人・勝海舟《かつかいしゅう》に弟子《でし》入りを申し出る。

30歳《さい》
1864年
➡P88

海《かい》軍《ぐん》操《そう》練《れん》所《じょ》が開校する

幕府《ばくふ》の海軍士官《かいぐんしかん》を育てる学校ができる。

30歳《さい》
1864年
➡P94

お龍《りょう》とはじめて出会う

後に結婚《けっこん》するお龍《りょう》と恋《こい》に落ちる。

禁門《きんもん》の変《へん》（➡P96）

P8へ

30歳《さい》
1864年
➡P98

西郷隆盛《さいごうたかもり》と会談する

薩摩藩《さつまはん》（現在《げんざい》の鹿児島県《かごしまけん》）の西郷隆盛《さいごうたかもり》とはじめて会う。

高杉晋作《たかすぎしんさく》が反乱《はんらん》を起こす（➡P102）

31歳《さい》
1865年
➡P134

隆盛《たかもり》と鹿児島《かごしま》に行く

海軍操練所《かいぐんそうれんじょ》が閉鎖《へいさ》された後、龍馬《りょうま》は薩摩《さつま》へ行く。

半平太《はんぺいた》が切腹《せっぷく》する（➡P136）

31歳《さい》
1865年
➡P138

亀山社中《かめやましゃちゅう》をつくる

長崎《ながさき》に海運業の会社をつくる。

32歳《さい》
1866年
➡P144

薩長同盟《さっちょうどうめい》が成立《せいりつ》する

薩摩藩《さつまはん》と長州藩《ちょうしゅうはん》（現在《げんざい》の山口県《やまぐちけん》）を結《むす》びつける。

32歳《さい》
1866年
➡P146

寺田屋事件《てらだやじけん》が起こる

幕府《ばくふ》の役人におそわれるが、危機一髪《ききいっぱつ》のところでたすかる。

32歳《さい》
1866年
➡P148

新婚《しんこん》旅行を楽しむ

結婚《けっこん》したお龍《りょう》と鹿児島《かごしま》に行き、一緒《いっしょ》に旅行をする。

第二次長州征伐《ちょうしゅうせいばつ》がはじまる

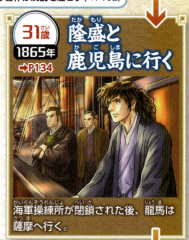

32歳《さい》
1866年
➡P170

軍艦《ぐんかん》で幕府軍《ばくふぐん》と戦《たたか》う

軍艦《ぐんかん》に乗って、長州《ちょうしゅう》を攻《せ》める幕府軍《ばくふぐん》を攻撃《こうげき》する。

徳川慶喜《とくがわよしのぶ》が15代将軍《しょうぐん》になる

33歳《さい》
1867年
➡P172

いろは丸《まる》事件《じけん》が起こる

龍馬《りょうま》のいろは丸《まる》が紀州藩《きしゅうはん》（現在《げんざい》の和歌山県《わかやまけん》）の船に衝突《しょうとつ》される。

33歳《さい》
1867年
➡P174

船中八策《せんちゅうはっさく》を提案《ていあん》する

幕府《ばくふ》が朝廷《ちょうてい》に政権《せいけん》を返すことを提案《ていあん》する。

33歳《さい》
1867年
➡P176

土佐《とさ》の実家に帰る

脱藩後《だっぱんご》、5年半ぶりに実家にもどる。

33歳《さい》
1867年
➡P178

大政奉還《たいせいほうかん》が実現《じつげん》する

将軍《しょうぐん》が朝廷《ちょうてい》に政権《せいけん》を返すことを宣言《せんげん》する。

33歳《さい》
1867年
➡P194

龍馬《りょうま》が暗殺《あんさつ》される

京都《きょうと》の近江屋《おうみや》で暗殺者《あんさつしゃ》におそわれ、命を落とす。

龍《りょう》馬《ま》ゆかりの地!!

日本を新しく生まれ変《か》わらせるため、龍馬《りょうま》は全国をかけ回った。龍馬《りょうま》と関係《かんけい》の深い場所には、銅像《どうぞう》や石《せき》碑《ひ》などが立っている。

神戸海軍操練所跡《こうべかいぐんそうれんじょあと》

龍馬《りょうま》が開校に協力《きょうりょく》した神戸海軍操《こうべかいぐんそう》練所《れんじょ》(➡P88)の跡《あと》には、錨《いかり》の形をした記念碑《きねんひ》が立っている(兵庫県《ひょうごけん》)。

坂本龍馬像

品川《しながわ》の龍馬像《りょうまぞう》

19歳《さい》の龍馬《りょうま》は土佐藩《とさはん》(現《げん》在《ざい》の高知県《こうちけん》)の藩士《はんし》として品川沿岸《しながわえんがん》を警備《けいび》した(➡P40)。それを記念《きねん》した龍《りょう》馬像《まぞう》が立っている。

東京都《とうきょうと》

寺田屋跡《てらだやあと》

寺田屋事件《てらだやじけん》(➡P146)の舞台《ぶたい》となった寺田屋《てらだや》は、現在《げんざい》は存在《そんざい》していないが、石碑《せきひ》や龍馬像《りょうまぞう》などが立っている。

龍馬《りょうま》の墓《はか》

近江屋《おうみや》で暗殺《あんさつ》された龍馬《りょうま》と中岡慎太《なかおかしんた》郎《ろう》の墓《はか》は、霊山護《りょうぜんご》国神社《こくじんじゃ》の中に並《なら》んで立っている。

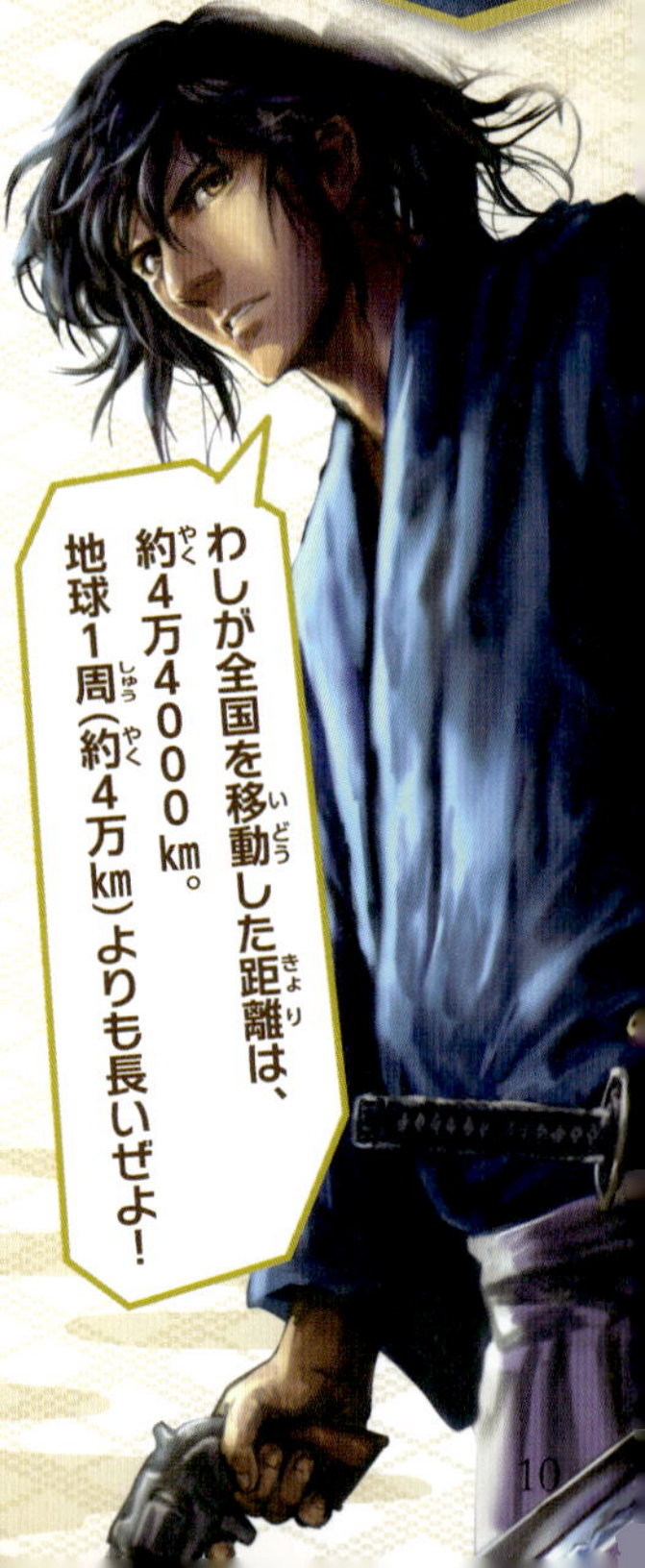
わしが全国を移動《いどう》した距離《きょり》は、
約《やく》4万4000㎞。
地球1周《しゅう》(約《やく》4万㎞)よりも長いぜよ!

亀山社中《かめやましゃちゅう》の跡《あと》

龍馬《りょうま》は長崎《ながさき》で亀山社中《かめやましゃちゅう》という海運業の会社をつくった(➡P138)。現在《げんざい》は、当時の建物《たてもの》に近い形で整備《せいび》され、「亀《かめ》山社中記念館《やましゃちゅうきねんかん》」となっている(長崎県《ながさきけん》)。

鞆《とも》の浦《うら》

いろは丸《まる》が紀州藩《きしゅうはん》(現在《げんざい》の和歌山県《わかやまけん》)の船と衝突《しょうとつ》して沈《ちん》没《ぼつ》した後、龍馬《りょうま》たちは鞆《とも》の浦《うら》に上陸《じょうりく》して、紀州藩士《きしゅうはんし》と話し合いをした(広島県《ひろしまけん》)。

天《あま》の逆鉾《さかほこ》

龍馬《りょうま》とお龍《りょう》が新婚《しんこん》旅行(➡P148)で登った高千《たかち》穂峰《ほのみね》には「天《あま》の逆鉾《さかほこ》」(日本神話に登場する矛《ほこ》)があった。現在《げんざい》は復元《ふくげん》された逆鉾《さかほこ》が立つ(宮崎県《みやざきけん》)。

脱藩《だっぱん》する龍馬像《りょうまぞう》

28歳《さい》の龍馬《りょうま》が土佐《とさ》藩《はん》を脱藩《だっぱん》したとき(➡P82)、現在《げんざい》の檮原町《ゆすはらちょう》にある峠《とうげ》を越《こ》えて、伊予《いよ》(現在《げんざい》の愛媛県《えひめけん》)に抜《ぬ》けた。龍馬《りょうま》の脱藩《だっぱん》を記念《きねん》した像《ぞう》が立っている(高知県《こうちけん》)。

桂浜《かつらはま》の龍馬像《りょうまぞう》

龍馬《りょうま》が生まれ育った高知《こうち》市《し》の海岸「桂浜《かつらはま》」には、太《たい》平洋《へいよう》をながめる龍馬像《りょうまぞう》が立っている(高知県《こうちけん》)。

超ビジュアル！歴史人物伝

坂本《さかもと》龍馬《りょうま》

もくじ

3章　薩長同盟《さっちょうどうめい》と寺田屋事件《てらだやじけん》

4章　大政奉還《たいせいほうかん》の実現《じつげん》

5章 龍馬《りょうま》暗殺《あんさつ》と明治維新《めいじいしん》

この本の使い方

龍馬《りょうま》の年齢

できごとが起きたときの龍《りょう》馬《ま》の年齢《ねんれい》を示《しめ》しています。

できごとイラスト

できごとの場面をイラストで再現《さいげん》しています。想像《そうぞう》でえがいた場面もあります。

西暦《せいれき》と年齢《ねんれい》

できごとが起きた年と、そのときの龍馬《りょうま》の年齢《ねんれい》を記しています。

1853年 19歳
龍馬は象山から西洋文明を学ぶ！
佐久間象山に入門する

ビジュアル資料《しりょう》

できごとに関連《かんれん》する絵や写真などの資料《しりょう》です。

関連《かんれん》地図

できごとが起きた場所を示《しめ》しています。

できごと

龍馬《りょうま》の人生で起こった重要《じゅうよう》なできごとを取り上げて紹介《しょうかい》しています。

人物のプロフィール

重要《じゅうよう》な人物を取り上げて、どのような人物だったかを簡単《かんたん》に説明《せつめい》しています。各章《かくしょう》の最後《さいご》の「人物図鑑《じんぶつずかん》」で、さらにくわしく説明《せつめい》しています。

なるほどエピソード

紹介《しょうかい》したできごとに関連《かんれん》するエピソードを紹《しょう》介《かい》します。

トンデモ伝説《でんせつ》!

龍馬《りょうま》に関《かん》する信《しん》じられないようなエピソードを紹介《しょうかい》します。

発見《はっけん》!

現在《げんざい》でも見ることができる史《し》跡《せき》や銅像《どうぞう》などです。

ウソ!ホント!?

絶対《ぜったい》に本当とは言えないけれど、おどろくような説《せつ》を紹介《しょうかい》します。

幕末《ばくまつ》の歴史《れきし》 1864年

龍馬《りょうま》が直接《ちょくせつ》関《かか》わっていない幕末《ばくまつ》の重《じゅう》要《よう》なできごとを取り上げて解説《かいせつ》します。

- 年齢《ねんれい》は数え年(生まれた年を「1歳《さい》」として、以降《いこう》1月1日を迎《むか》えるたびに1歳《さい》ずつ増《ふ》やして数える年齢《ねんれい》)で示《しめ》しています。
- マンガ、イラストは基本的《きほんてき》に史実《しじつ》に基《もと》づいていますが、想像《そうぞう》でえがいた場面もあります。
- 人物の生没年《せいぼつねん》、できごとの日時・場所などには別の説《せつ》がある場合もあります。
- 人物の名前が複数《ふくすう》ある場合は最《もっと》も一般的《いっぱんてき》なものに統一《とういつ》しています。

1章

若《わか》き日の龍《りょう》馬《ま》

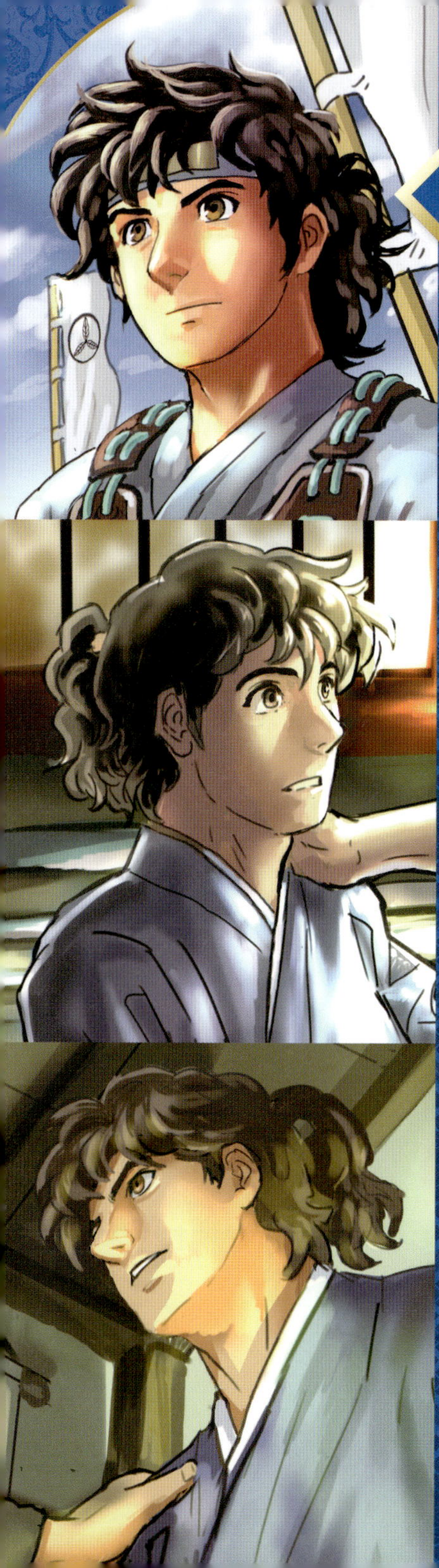

＊土佐《とさ》の方言で「寝小便《ねしょうべん》をする子ども」という意味。

まったく！
姉上～
龍馬《りょうま》の姉
坂本乙女《さかもとおとめ》
泣《な》くなっ
ばっ
あ～～
急ぎなさい！ 母上が龍馬《りょうま》の帰りをお待ちです！
え？
ぐいっ
母上のご病気悪いの？
……

お帰り龍馬《りょうま》 塾《じゅく》はどうでした？
龍馬《りょうま》の母 坂本幸《さかもとこう》
わしは…… 上士《じょうし》の子と 同じ塾《じゅく》はもう いやです
わしは早う 剣術《けんじゅつ》を習って 強くなりたい！
わたしも…
龍馬《りょうま》が剣術《けんじゅつ》を習って 強くなった姿《すがた》を 見たいものです……
母上…

…しかし
母上っ
母上っ
母・幸《こう》は12歳《さい》の
龍馬《りょうま》を残《のこ》して
死んでしまった。
母上…
わしは絶対《ぜったい》
強くなって
みせます…
それから7年
1853年
日根野《ひねの》道場——
やぁっ
ドッ
参《まい》った!

19歳《さい》になった龍馬《りょうま》は、
剣術《けんじゅつ》を身につけ
強く成長《せいちょう》していた。
ただいまもどりました！
龍馬《りょうま》っ！
タタタッ
父上が認《みと》めてくださったわよ！
江戸《えど》での剣術修行《けんじゅつしゅぎょう》！
この年、龍馬《りょうま》ははじめて江戸《えど》に出ることになった。
江戸《えど》だーっ
おみやげおねがい♥

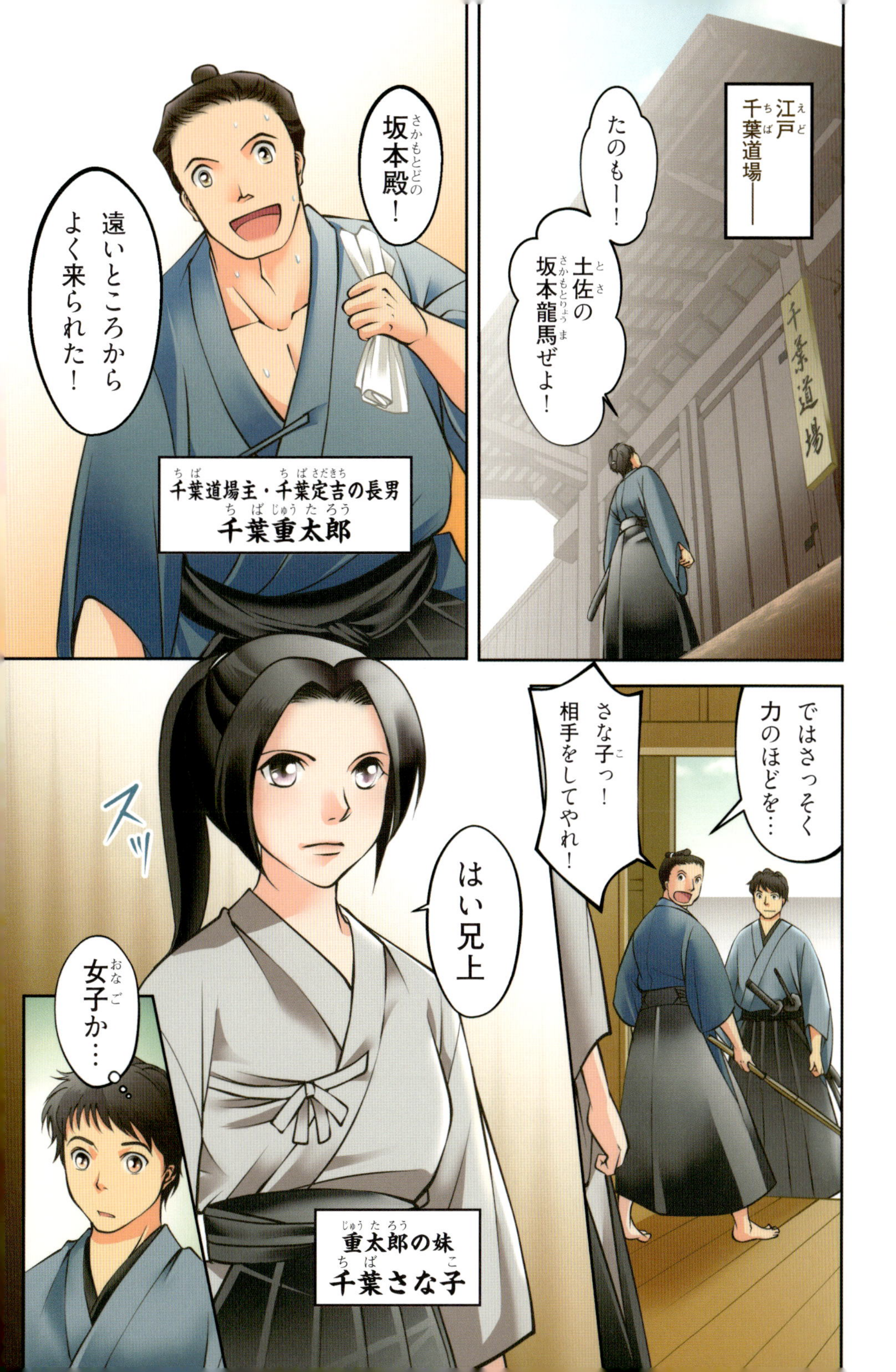
江戸《えど》
千葉《ちば》道場──
たのもー！
土佐《とさ》の
坂本龍馬《さかもとりょうま》ぜよ！
坂本殿《さかもとどの》！
遠いところから
よく来られた！
千葉《ちば》道場主・千葉定吉《ちばさだきち》の長男
千葉重太郎《ちばじゅうたろう》
ではさっそく
力のほどを…
さな子《こ》っ！
相手をしてやれ！
スッ
はい兄上
女子《おなご》か…
重太郎《じゅうたろう》の妹
千葉《ちば》さな子《こ》

スッ
ザッ
はっ

ピタッ
ニッ
お見事っ！
ワッ

わしはたまたま勝てただけじゃ！
さな子《こ》さんは強い！
こうして龍馬《りょうま》が江戸《えど》で修行《しゅぎょう》をはじめた頃《ころ》
アメリカ東インド艦隊《かんたい》の司令長官《しれいちょうかん》ペリーが、日本との交流を求《もと》め、軍艦《ぐんかん》を率《ひき》いて浦賀《うらが》（神奈川県《かながわけん》）にやってきた。
ザザザザザザ
龍馬《りょうま》は土佐藩《とさはん》に命じられて、品川《しながわ》（東京都《とうきょうと》）の海岸を警備《けいび》することになった。
でっけえ…

異国《いこく》にあんなにでかい船があるとは…
これは異国《いこく》のことをもっと知らねばならんぜよ……
半年後、幕府《ばくふ》は「日米和親条約《にちべいわしんじょうやく》」を結《むす》び、アメリカと交流することになった。
翌年《よくとし》、龍馬《りょうま》は江戸修行《えどしゅぎょう》を終えて土佐《とさ》にもどった。
先生ー！小龍《しょうりゅう》先生ー！
わしは坂本龍馬《さかもとりょうま》ぜよー！
先生はアメリカにくわしいと聞いたのだ！
話を聞かせてくれー！
せんせ…
うるさいっ叫《さけ》ぶなっ！
ばっ

先生、アメリカの船はまっこと大きいな！
当然《とうぜん》だっ！この国の船とは比《くら》べものにならん！
土佐藩《とさはん》の絵師《えし》
河田小龍《かわだしょうりゅう》
日本はどうしたらいい？
どうもこうも早く異国《いこく》に追いつかなければ国を取られるぞ！
とにかく船だな
異国《いこく》の船を買い仲間《なかま》とともに荷物や人を運んで練習する！
そうすれば船の動かし方も船のしくみもわかってくる
まずそこからだ！
船かっ！
小龍《しょうりゅう》先生もっと話を聞かせてくれ！
ガバ
はいはい

翌年《よくとし》、龍馬《りょうま》はふたたび剣術修行《けんじゅつしゅぎょう》のため江戸《えど》に来た。
…という訳《わけ》でな
わしは今一緒《いっしょ》に船に乗る仲間《なかま》を探《さが》してるぜよ
龍馬《りょうま》…そんなのんびりしたことを考えている時間はないと思うぞ
土佐藩《とさはん》の郷士《ごうし》
武市半平太《たけちはんぺいた》
幕府《ばくふ》は異国《いこく》のいいなりだ。このままでは、いつ攻《せ》められてもおかしくない！
そうかもしれんが…
これからは京《きょう》の天皇《てんのう》のもとで団結《だんけつ》し異国《いこく》と戦《たたか》っていくべきだ！
もう幕府《ばくふ》はだめだ！
わしはそう思う
ザッ
こうした考えを「尊王攘夷《そんのうじょうい》」といい、半平太《はんぺいた》も、そのひとりだった。
天皇《てんのう》のもと異国《いこく》と戦《たたか》うか……

その頃《ころ》、アメリカから自由な貿易《ぼうえき》を求《もと》められていた幕府《ばくふ》は、天皇《てんのう》の許可《きょか》を取らずに条約《じょうやく》を結《むす》んだ。
孝明天皇《こうめいてんのう》
許可《きょか》しておらぬのに勝手にっ！
幕府《ばくふ》の大老《たいろう》・井伊直弼《いいなおすけ》は反対した大名《だいみょう》や志士《しし》をきびしく取りしまった。
もう政治《せいじ》の場にくるな！
お前たちは死刑《しけい》！
大名《だいみょう》
井伊直弼《いいなおすけ》
志士《しし》
うらまれた直弼《なおすけ》は志士《しし》たちにおそわれ、殺《ころ》された。
同じ頃《ころ》、龍馬《りょうま》と半平太《はんぺいた》は修行《しゅぎょう》を終え、土佐《とさ》にもどっていた。
そうか…井伊大老《いいたいろう》が死んだか…
いったいこの国はどうなるのか……

＊天皇《てんのう》に尽《つ》くすこと。

1835年

1歳《さい》

龍《りょう》馬《ま》が誕《たん》生《じょう》する

生まれたばかりの龍馬《りょうま》

龍馬《りょうま》は生まれたときから、背中《せなか》に馬のたてがみのような毛が生えていたという。

身分の低《ひく》い郷士《ごうし》だが裕福《ゆうふく》だった坂本《さかもと》家《け》

1835年11月15日、坂本龍馬《さかもとりょうま》は、土佐藩《とさはん》(現在《げんざい》の高知県《こうちけん》)の高知《こうち》城下《じょうか》で、父・八平《はちへい》、母・幸《こう》の間の次男として生まれた。5人きょうだいの末《すえ》っ子だった。生まれたばかりの龍馬《りょうま》の背中《せなか》には馬のたてがみのような毛が生えていたそうだ。

坂本家《さかもとけ》は武士《ぶし》だった。土佐藩《とさはん》の武士《ぶし》は、上士《じょうし》と下士《かし》に分かれていて、下士《かし》は藩《はん》の政治《せいじ》に参加《さんか》できなかった。また下士《かし》は足袋《たび》や下駄《げた》をはけないなど、きびしい差別《さべつ》を受けていた。坂本家《さかもとけ》は下士《かし》の中の「郷士《ごうし》」だった。郷士《ごうし》は、もとは農《のう》

高知城下《こうちじょうか》で龍馬《りょうま》が誕生《たんじょう》する！

民《みん》や町人で、武士《ぶし》の身分になった者である。
坂本家《さかもとけ》の本家《ほんけ》は、高知城下《こうちじょうか》でも有名な大商店「才谷屋《さいだにや》」だったので、龍馬《りょうま》の家もかなり裕福《ゆうふく》だった。龍馬《りょうま》は暮《く》らしに不自由《ふじゆう》することなく、のびのびと育っていった。

発見《はっけん》!

龍馬《りょうま》が生まれた場所

龍馬《りょうま》は高知城下《こうちじょうか》の裕福《ゆうふく》な武士《ぶし》(郷士《ごうし》)の家で誕生《たんじょう》した。生まれた家があった場所には石碑《せきひ》が立っている。

龍《りゅう》が飛《と》ぶ夢《ゆめ》を見る幸《こう》

龍馬《りょうま》が生まれる前の夜、幸《こう》は龍《りゅう》が天を飛《と》ぶ夢《ゆめ》を見たので、「龍馬《りょうま》」と名づけたという。

土佐藩《とさはん》の身分制度《せいど》

上士《じょうし》

江戸時代《えどじだい》に土佐《とさ》の藩主《はんしゅ》になった山内家《やまうちけ》の家臣《かしん》の子孫《しそん》。

上士《じょうし》は家老《かろう》、中老《ちゅうろう》などに分かれていて、藩《はん》の役職《やくしょく》につくことができた。

下士《かし》

戦国時代《せんごくじだい》に土佐《とさ》を支配《しはい》していた長宗我部家《ちょうそかべけ》の家臣《かしん》の子孫《しそん》。

下士《かし》は郷士《ごうし》、足軽《あしがる》などに分かれていて、上士《じょうし》からきびしく差別《さべつ》された。

1848年
14歳《さい》

日根野《ひねの》道場に入門する

剣術《けんじゅつ》の腕《うで》を上げた龍馬《りょうま》は自信《じしん》をつけた！

姉の乙女《おとめ》にたすけられ母の死を乗り越《こ》える

　少年時代の龍馬《りょうま》は泣《な》き虫で、よばあたれ（寝小便《ねしょうべん》をする子）だったと伝《つた》えられている。勉強も得意《とくい》でなく、12歳《さい》のときに塾《じゅく》（個人《こじん》が設《せつ》立《りつ》した学校）に通ったが、友人とけんかをしてやめてしまった。そんなとき母の幸《こう》が病死してしまう。深く悲しむ龍馬《りょうま》をはげまし、母親代わりとなって龍馬《りょうま》を育てたのは3歳《さい》年上の姉・乙女《おとめ》だった。

　乙女《おとめ》は身長が約《やく》174㎝もあり、武術《ぶじゅつ》も得意《とくい》だったので、「お仁王様《におうさま》（寺の門に立つ武神《ぶしん》）」と呼《よ》ばれていた。乙女《おとめ》は龍馬《りょうま》を一人

坂本乙女《さかもとおとめ》(1832～1879)

龍馬《りょうま》の3歳《さい》上の姉。身長は約《やく》174cm、体重は約《やく》112kgあったといわれ、剣術《けんじゅつ》や馬術《ばじゅつ》が得意《とくい》だった。幸《こう》の死後、母親代わりとなって龍馬《りょうま》を育てた。

(➡P60)

母・幸《こう》の病死

龍馬《りょうま》が12歳《さい》のとき、母・幸《こう》が病死した。幸《こう》は龍馬《りょうま》を特《とく》にかわいがっていたという。

道場で練習する龍馬《りょうま》

日根野《ひねの》道場で小栗流《おぐりりゅう》の剣術《けんじゅつ》をけんめいに練習した龍馬《りょうま》は、5年後に目録《もくろく》を与《あた》えられた。

前の武士《ぶし》にするため、自分が学んだ武術《ぶじゅつ》をすべて教えたという。

龍馬《りょうま》は14歳《さい》のとき、高知城下《こうちじょうか》にあった日根野弁治《ひねのべんじ》の剣術《けんじゅつ》道場に通いはじめた。めきめきと腕《うで》を上げた龍馬《りょうま》は、19歳《さい》で優秀《ゆうしゅう》であることを認《みと》める「目録《もくろく》」が与《あた》えられた。

トンデモ伝説《でんせつ》!

雨の日に水泳の練習をしていた!?

子ども時代の龍馬《りょうま》が水泳の練習をしていたとき、大雨が降《ふ》った。友人たちは練習を休んだが、龍馬《りょうま》は「泳ぐために川に入ればどうせぬれるのだから」といって、水泳の練習をしていたそうだ。

千《ち》葉《ば》道場へ入門する

江《え》戸《ど》に出た龍《りょう》馬《ま》は千《ち》葉《ば》道場で腕《うで》をみがく！

さな子《こ》と試合《しあい》をする龍馬《りょうま》

千葉定吉《ちばさだきち》の娘《むすめ》・さな子《こ》は剣術《けんじゅつ》が上手《じょうず》で、龍馬《りょうま》もその腕前《うでまえ》を認《みと》めていた。

龍馬《りょうま》は千《ち》葉《ば》道場で女剣士《けんし》・さな子《こ》に出会う

日根野《ひねの》道場で目録《もくろく》を得《え》た龍馬《りょうま》は剣術《けんじゅつ》の腕《うで》をさらにみがくため、江《え》戸《ど》(東京都《とうきょうと》)へ出て、千葉定吉《ちばさだきち》の道場で学ぶことになった。定吉《さだきち》の兄・周作《しゅうさく》は北辰一刀流《ほくしんいっとうりゅう》を開いた名《めい》剣士《けんし》で、玄武館《げんぶかん》の道場主だった。玄武館《げんぶかん》は、士学館《しがくかん》、練兵館《れんぺいかん》と並《なら》んで「江戸《えど》の三大道場」と呼《よ》ばれ、高く評価《ひょうか》されていた。武市半平太《たけちはんぺいた》(⬇P108)や桂小五郎《かつらこごろう》(⬇P153)など、幕末《ばくまつ》に活躍《かつやく》した多くの尊王攘夷派《そんのうじょういは》(天皇《てんのう》をうやまい、外国勢力《せいりょく》を追放せよという一派《いっぱ》)の志士《しし》が、江戸《えど》の三大道場で剣術《けんじゅつ》

江戸《えど》の三大道場

玄武館《げんぶかん》

流派 北辰一刀流《ほくしんいっとうりゅう》　道場主 千葉周作《ちばしゅうさく》

おもな門下生

清河八郎《きよかわはちろう》

山岡鉄舟《やまおかてっしゅう》

士学館《しがくかん》

流派 鏡新明智流《きょうしんめいちりゅう》　道場主 桃井春蔵《もものいしゅんぞう》

おもな門下生

武市半平太《たけちはんぺいた》 (➡P108)

岡田以蔵《おかだいぞう》 (➡P111)

練兵館《れんぺいかん》

流派 神道無念流《しんとうむねんりゅう》　道場主 斎藤弥九郎《さいとうやくろう》

おもな門下生

桂小五郎《かつらこごろう》 (➡P153)

高杉晋作《たかすぎしんさく》 (➡P110)

ビジュアル資料《しりょう》 **剣術《けんじゅつ》の試合《しあい》**
江戸城内《えどじょうない》でおこなわれた剣術《けんじゅつ》大会の様子。将軍《しょうぐん》が試合《しあい》を見た。

を学んでいる。定吉《さだきち》の千葉《ちば》道場は、玄武館《げんぶかん》と並《なら》んで評判《ひょうばん》が高かった。龍馬《りょうま》は喜《よろこ》び勇《いさ》んで入門した。千葉《ちば》道場には、定吉《さだきち》の長男・重《じゅう》太郎《たろう》のほかに、次女のさな子《こ》がいた。龍馬《りょうま》はさな子《こ》にひかれたようで、乙女《おとめ》にあてた手紙に、「さな子《こ》は乗馬が上手《じょうず》で、剣術《けんじゅつ》の腕前《うでまえ》もすごく、普通《ふつう》の男より力がありす。顔も美人です」と書いている。

幕末《ばくまつ》の歴史《れきし》
1853年

黒《くろ》船《ふね》が日本に来る

日本へ向かう黒船《くろふね》

黒船《くろふね》4隻《せき》は、琉球《りゅうきゅう》(現在《げんざい》の沖縄県《おきなわけん》)を通って太平洋を北に進み、江戸湾《えどわん》に向かった。

そのとき龍馬《りょうま》は

千葉《ちば》道場で修行中《しゅぎょうちゅう》だったが、土佐《とさ》藩士《はんし》として海岸を警備《けいび》した。(➡P40)

19歳《さい》

ペリーの要求《ようきゅう》により幕府《ばくふ》は開国《かいこく》を決意する

1853年6月、アメリカの東インド艦隊《かんたい》司令長官《しれいちょうかん》のペリーは、黒船《くろふね》と呼《よ》ばれた蒸気船《じょうきせん》を4隻率《せきひき》いて、浦賀《うらが》(神奈川県《かながわけん》)に現《あらわ》れた。

当時の幕府《ばくふ》は、清《しん》(中国《ちゅうごく》)とオランダ以外《いがい》の外国とは交流しないという「鎖国《さこく》」政策《せいさく》を続《つづ》けていた。

ペリーは鎖国《さこく》をやめさせるため、「日本と交流したい」と書かれたアメリカ大統領《だいとうりょう》の手紙を幕府《ばくふ》に渡《わた》した。

幕府《ばくふ》は、「来年まで返事を待ってほしい」と答えたので、ペリーはいったん引きあげたが、半年後の

関連《かんれん》地図

日本と交流することを求《もと》めて黒船《くろふね》が現《あらわ》れた！

ペリー(1794～1858)

アメリカ海軍《かいぐん》の軍人《ぐんじん》。1853年、日本と交流することを求《もと》めて4隻《せき》の蒸気船《じょうきせん》で日本に来た。

(➡P63)

ビジュアル資料《しりょう》

応接所《おうせつじょ》に入るペリーたち

翌年《よくとし》、ふたたび日本に来たペリーは、幕府《ばくふ》と「日米和親条約《にちべいわしんじょうやく》」を結《むす》んだ。

1854年1月、7隻《せき》の黒船《くろふね》を率《ひき》いてふたたび江戸湾《えどわん》に現《あらわ》れた。断《ことわ》れないと判断《はんだん》した幕府《ばくふ》は、アメリカとの交流(開国《かいこく》)を決定した。これをきっかけに、日本国内では開《かい》国派《こくは》と攘夷派《じょういは》(外国勢力《せいりょく》を追い払《はら》えという一派《いっぱ》)が争《あらそ》うようになった。

ウソ！ホント!?

2回目は黒船《くろふね》を見物して楽しんだ!?

黒船《くろふね》が浦賀沖《うらがおき》に最初《さいしょ》に現《あらわ》れたとき、人びとは恐怖《きょうふ》でパニックになり、夜にげをする人がいたほどだった。しかし翌年《よくとし》、ふたたび黒《くろ》船《ふね》が来たとき、人びとは海岸に出かけて黒船《くろふね》を見物していたそうだ。

1853年 19歳《さい》

品川《しながわ》沿岸《えんがん》を警備《けいび》する

龍《りょう》馬《ま》は江戸《えど》修行中《しゅぎょうちゅう》に黒船《くろふね》を見る！

黒船《くろふね》を見つめる龍馬《りょうま》
龍馬《りょうま》は土佐藩《とさはん》から呼《よ》び出され、黒船《くろふね》から品川《しながわ》（東京都《とうきょうと》）の海岸を守る役目をした。

土佐藩士《とさはんし》の一員として品川《しながわ》の海岸を守る

龍馬《りょうま》が千葉《ちば》道場に入門して約《やく》1か月後、ペリー率《ひき》いるアメリカの黒船《くろふね》（蒸気船《じょうきせん》）4隻《せき》が浦賀《うらが》（神奈川県《かながわけん》）の沖《おき》に現《あらわ》れた（⬇P38）。ペリーは、巨大《きょだい》な大砲《たいほう》を備《そな》える黒船《くろふね》を江戸《えど》湾《わん》の奥《おく》まで進め、空砲《くうほう》をうって幕府《ばくふ》をおどした。

黒船《くろふね》の攻撃《こうげき》に備《そな》えて、幕府《ばくふ》から品川《しながわ》（東京都《とうきょうと》）を守るように命令《めいれい》された土佐藩《とさはん》は、砲台《ほうだい》を築《きず》いたり、土佐藩士《とさはんし》を集めて海岸を警備《けいび》させたりした。呼《よ》び出しがかかった龍《りょう》馬《ま》も警備隊《けいびたい》に加《くわ》わった。このとき龍馬《りょうま》は黒船《くろふね》を見たと思われる。

関連《かんれん》地図

ビジュアル資料《しりょう》

久里浜《くりはま》に上陸《じょうりく》するペリーたち

ペリーは久里浜《くりはま》(神奈川県《かながわけん》)に上陸《じょうりく》して、アメリカ大統領《だいとうりょう》の手紙を幕府《ばくふ》の役人に渡《わた》した。

横浜開港資料館所蔵

発見《はっけん》!

品川《しながわ》に立つ龍馬像《りょうまぞう》

龍馬《りょうま》が警備《けいび》した品川《しながわ》の海岸の近くには、現在《げんざい》、龍馬《りょうま》の銅像《どうぞう》が立っている。

浜川砲台跡《はまがわほうだいあと》

ペリー来航《らいこう》の翌年《よくとし》、土佐藩《とさはん》は龍馬《りょうま》が警備《けいび》した品川《しながわ》の海岸に砲《ほう》台《だい》を築《きず》いた。跡地《あとち》には大砲《たいほう》が復元《ふくげん》されている(東京都《とうきょうと》)。

発見《はっけん》!

幕府《ばくふ》はペリーから大統領《だいとうりょう》の手紙を受け取ったが、「来年に返事をする」と答えて、ペリーに帰ってもらった。

龍馬《りょうま》の品川警備《しながわけいび》の役目も終わったが、これ以降《いこう》、龍馬《りょうま》は船に強い興味《きょうみ》をもつようになった。

ウソ!ホント!?

外国人をうち取るつもりだった!?

土佐藩士《とさはんし》として海岸を守っていた龍馬《りょうま》が父の八平《はちへい》に出した手紙が残《のこ》っている。その手紙には、「外国と戦争《せんそう》が起きたら、外国人をうち取って土佐《とさ》に帰ります」と書いてある。

佐《さ》久《く》間《ま》象《しょう》山《ざん》に入門する

龍《りょう》馬《ま》は象《しょう》山《ざん》から西洋文明を学ぶ！

龍《りょう》馬《ま》を熱《ねっ》心《しん》に指《し》導《どう》する象山《しょうざん》
龍《りょう》馬《ま》は象山《しょうざん》から西洋式の砲術《ほうじゅつ》や兵学《へいがく》（戦術《せんじゅつ》などを研究する学問）を学んだ。

象《しょう》山《ざん》の影《えい》響《きょう》を受けて日本の将《しょう》来《らい》を考える

黒船《くろふね》を見た龍馬《りょうま》は、「西洋のことをもっと知りたい」と考えるようになった。そして江戸《えど》で西洋砲《ほう》術《じゅつ》や西洋兵学《へいがく》（西洋式軍隊《ぐんたい》の作《さく》戦《せん》・戦術《せんじゅつ》などを学ぶ学問）を教えていた佐《さ》久《く》間《ま》象山《しょうざん》の塾《じゅく》に入った。

象山《しょうざん》は松代藩《まつしろはん》（現在《げんざい》の長野県《ながのけん》）の藩士《はんし》で西洋の学問を幅広《はばひろ》く学んでいた。象山《しょうざん》の塾《じゅく》では、龍馬《りょうま》だけでなく、勝海舟《かつかいしゅう》（⬇P109）や吉田《よしだ》松陰《しょういん》（⬇P64）など、幕末《ばくまつ》に活躍《かつやく》する人物たちが学んでいる。

龍馬《りょうま》が象山《しょうざん》の塾《じゅく》に通っている間に、ペリーはふたたび日本にき

佐久間象山《さくましょうざん》(1811～1864)

松代藩《まつしろはん》(現在《げんざい》の長野県《ながのけん》)の藩《はん》士《し》。蘭学《らんがく》(オランダの学問)や西洋砲術《ほうじゅつ》を学び、江戸《えど》で塾《じゅく》を開いた。外国と交流することが必要《ひつよう》と主張《しゅちょう》したが、反対する人たちに暗殺《あんさつ》された。

(➡P62)

ビジュアル資料《しりょう》

砲術《ほうじゅつ》の練習

1841年、日本ではじめておこなわれた西洋式砲術《ほうじゅつ》の訓練《くんれん》の様子。

た。幕府《ばくふ》はアメリカとの交流を決定した。龍馬《りょうま》は日本の将来《しょうらい》について深く考えるようになった。

1854年6月、江戸《えど》での剣術《けんじゅつ》修行《しゅぎょう》の期間が終わった龍馬《りょうま》は、土佐《とさ》(現在《げんざい》の高知県《こうちけん》)に帰国した。

なるほどエピソード

象山《しょうざん》と勝海舟《かつかいしゅう》は親類《しんるい》だった!?

象山《しょうざん》は、若《わか》い頃《ころ》から勝海舟《かつかいしゅう》と仲《なか》がよく、その縁《えん》で海舟《かいしゅう》の妹と結婚《けっこん》した。そのとき、象山《しょうざん》は自分が書いた「海舟書屋《かいしゅうしょおく》(舟《ふね》は海にあり、書物は家にある)」という額《がく》を贈《おく》った。海舟《かいしゅう》の本名は勝麟太郎《かつりんたろう》というが、このとき「海舟《かいしゅう》」という号(称《しょう》号《ごう》)を思いついたという。

1854年
20歳《さい》

河田小龍《かわだしょうりゅう》を訪《たず》ねる

小龍《しょうりゅう》と話し合う龍馬《りょうま》

龍馬《りょうま》は小龍《しょうりゅう》から、「船を手に入れて、航海術《こうかいじゅつ》を覚《おぼ》えるように」と、アドバイスされる。

小龍《しょうりゅう》を突然《とつぜん》訪《たず》ねて西洋のことを聞く

江戸《えど》から土佐《とさ》(現在《げんざい》の高知県《こうちけん》)にもどった龍馬《りょうま》は、絵師《えし》・河田小龍《かわだしょうりゅう》を突然《とつぜん》訪《たず》ねた。小龍《しょうりゅう》は、アメリカで生活をしたことがある日本人・ジョン万次郎《まんじろう》から、アメリカの政《せい》治《じ》や文化についてくわしく聞いて、本にまとめたことがあった。

龍馬《りょうま》は小龍《しょうりゅう》に向かって、「黒船《くろふね》と戦《たたか》って勝つにはどうすればよいか」と、いきなり質問《しつもん》したという。小龍《しょうりゅう》は、「攘夷《じょうい》(外国勢力《せいりょく》を日本から追い払《はら》うこと)など、できるわけがない。土佐藩《とさはん》の軍船《ぐんせん》では勝負にならない。それよりも、君

関連地図《かんれんちず》

龍馬《りょうま》は海に目を向けはじめる！

河田小龍《かわだしょうりゅう》(1824〜1898)

土佐藩《とさはん》の絵師《えし》。アメリカから帰国した土佐藩《とさはん》の漁師《りょうし》・ジョン万次郎《まんじろう》から聞いた話をもとに、『漂巽紀略《ひょうそんきりゃく》』を書いて藩《はん》に提出《ていしゅつ》した。

(➡P62)

土佐藩《とさはん》の蒸気船《じょうきせん》を見る龍馬《りょうま》

1855年、龍馬《りょうま》は土佐藩主《とさはんしゅ》の山内容堂《やまうちようどう》がつくらせた蒸気船《じょうきせん》を見た。黒船《くろふね》とは比《くら》べものにならないほど小さかった。

が蒸気船《じょうきせん》を手に入れて、海運業をしなさい。船の運転ができれば、日本にも海軍《かいぐん》ができる」と伝《つた》えたそうだ。感動した龍馬《りょうま》は、「あなたはわたしの仲間《なかま》を育ててくれ。わたしは船を手に入れる」と小龍《しょうりゅう》に告《つ》げて、別《わか》れたという。

なるほどエピソード

亀山社中《かめやましゃちゅう》のメンバーを育てたのは小龍《しょうりゅう》!?

小龍《しょうりゅう》は龍馬《りょうま》に「優秀《ゆうしゅう》な人材《じんざい》をあなたのもとに送る」と約束《やくそく》した。その言葉どおり、弟子だった近藤《こんどう》長次郎《ちょうじろう》や長岡謙吉《ながおかけんきち》、新宮馬之助《しんぐううまのすけ》などを海軍操練所《かいぐんそうれんじょ》(⬇P88)に送った。彼《かれ》らは後に亀山社中《かめやましゃちゅう》(⬇P138)の中心メンバーとなった。

幕末《ばくまつ》の歴史《れきし》
1860年

咸《かん》臨《りん》丸《まる》が日本を出発する

咸《かん》臨《りん》丸《まる》が太《たい》平《へい》洋《よう》を横《おう》断《だん》する！

咸臨丸《かんりんまる》を指揮《しき》する勝海舟《かつかいしゅう》

海舟《かいしゅう》は約《やく》90人の日本人乗組員を指揮《しき》して、咸臨丸《かんりんまる》で日本からアメリカに渡《わた》った。

そのとき
龍馬《りょうま》は

土佐《とさ》（現在《げんざい》の高知県《こうちけん》）にいたが、何をしていたか記録《きろく》に残《のこ》っていない。

26歳《さい》

日本人の操縦《そうじゅう》した船がアメリカにたどり着く

1858年、幕府《ばくふ》とアメリカは貿易《ぼうえき》をするための条約《じょうやく》「日米修好《にちべいしゅうこう》通商条約《つうしょうじょうやく》」を結《むす》んだ。条約《じょうやく》を正式に結《むす》ぶためには、将軍《しょうぐん》がサインした書類《しょるい》をアメリカの大統領《だいとうりょう》に渡《わた》さなければならなかった。このため幕府《ばくふ》は使節団《しせつだん》をつくって書類《しょるい》をもたせ、アメリカの軍艦《ぐんかん》「ポーハタン号」に乗せてもらった。このとき、ポーハタン号に従《したが》って一緒《いっしょ》に航海《こうかい》した幕府《ばくふ》の軍艦《ぐんかん》が、「咸臨丸《かんりんまる》」である。咸臨丸《かんりんまる》の司令官《しれいかん》は幕府《ばくふ》の軍艦奉行《ぐんかんぶぎょう》・木村喜毅《きむらよしたけ》だったが、実《じっ》際《さい》の航海《こうかい》の指揮《しき》は、勝海舟《かつかいしゅう》（⬇P

関連《かんれん》地図

ビジュアル資料《しりょう》

太平洋《たいへいよう》を進む咸臨丸《かんりんまる》

オランダでつくられた軍艦《ぐんかん》で、全長約《やく》49m、幅約《はばやく》8.5m。日本人が操縦《そうじゅう》した船として太平洋《たいへいよう》をはじめて横断《おうだん》した。

木村喜毅《きむらよしたけ》(1830～1901)

幕府《ばくふ》の家臣《かしん》。軍艦奉行《ぐんかんぶぎょう》に任命《にんめい》され、司令官《しれいかん》として咸臨丸《かんりんまる》に乗った。自分の家や財産《ざいさん》をすべて売って、航海《こうかい》の費用《ひよう》にした。

福沢諭吉《ふくざわゆきち》(1834～1901)

中津藩《なかつはん》(現在《げんざい》の大分県《おおいたけん》)の藩士《はんし》。英語《えいご》を学び、木村喜毅《きむらよしたけ》に頼《たの》んで咸臨丸《かんりんまる》に乗せてもらった。帰国後に慶応義塾《けいおうぎじゅく》をつくった。

勝海舟《かつかいしゅう》(1823～1899)

幕府《ばくふ》の役人。蘭学《らんがく》(オランダの学問)や兵学《へいがく》を学んだ。咸臨丸《かんりんまる》を指《し》揮《き》して太平洋《たいへいよう》を横断《おうだん》した。その後、龍馬《りょうま》の師《し》となる。(➡P109)

109)に任《まか》された。

浦賀《うらが》(神奈川県《かながわけん》)を出発した咸臨《かんりん》丸《まる》は暴風雨《ぼうふうう》と荒波《あらなみ》にもまれ、きびしい航海《こうかい》を続《つづ》けたが、一緒《いっしょ》に乗っていたアメリカ海軍士官《かいぐんしかん》のたすけを借《か》りながら太平洋《たいへいよう》を横断《おうだん》して、無事《ぶじ》にアメリカにたどり着いた。

ウソ！ホント!?

海舟《かいしゅう》は腹《はら》をこわしてダウンしていた!?

咸臨丸《かんりんまる》を指揮《しき》するはずだった海《かい》舟《しゅう》は、出発してまもなく腹《はら》をこわしてしまい、ほとんどベッドで寝《ね》ていたそうだ。また日本人の乗組員のほとんどが船酔《ふなよ》いで倒《たお》れていたため、アメリカ人にたすけてもらったという。

なぞとき幕《ばく》末《まつ》

サムライはアメリカで何を体験《たいけん》した!?

副使《ふくし》・村垣範正《むらがきのりまさ》
目付《めつけ》・小栗忠順《おぐりただまさ》
正使《せいし》・新見正興《しんみまさおき》

アメリカに渡《わた》った使節《しせつ》たち

アメリカのワシントンで撮影《さつえい》された使節《しせつ》たちの写真。

ポーハタン号

77人の使節団《しせつだん》を乗せて太平洋《たいへいよう》を横断《おうだん》したアメリカの軍艦《ぐんかん》。

条約箱《じょうやくばこ》

14代将軍《しょうぐん》・徳川家茂《とくがわいえもち》がサインした条約《じょうやく》の書類《しょるい》は、条約箱《じょうやくばこ》に入れられ、大切に運ばれた。

文化のちがいを体験《たいけん》した日本の侍《さむらい》たち

日米修好通商条約《にちべいしゅうこうつうしょうじょうやく》を正式に結《むす》ぶため、幕府《ばくふ》は将軍《しょうぐん》がサインした書《しょ》類《るい》をアメリカに届《とど》けることになった。そのために新見正興《しんみまさおき》を正使《せいし》(代表)とする77人の使節団《しせつだん》が組織《そしき》された。侍《さむらい》(武士《ぶし》)がアメリカに渡《わた》るのは、はじめてのことだった。

使節《しせつ》たちは、アメリカの文化を体験《たいけん》したおどろきを「汽車は速すぎて、目が回りそうだ」など、日記などに残《のこ》している。

使節《しせつ》たちはアメリカの大統領《だいとうりょう》と会うとき、狩衣《かりぎぬ》(貴族《きぞく》の衣装《いしょう》)を着て烏帽子《えぼし》をかぶり、太刀《たち》をつけるなど、古くから伝《つた》わる正式な姿《すがた》をしたが、大統領《だいとうりょう》が普通《ふつう》の人が着る

サムライたちはこんなアメリカにびっくりした!!

大統領《だいとうりょう》が気さくすぎ！

ようこそ
われわれだけ、こんな格好《かっこう》をしている…
大統領《だいとうりょう》

アメリカ大統領《だいとうりょう》の服が、普通《ふつう》の人と同じだったり、だれとでも気軽に話したりしているのを見て、使節《しせつ》たちはとてもおどろいた。

ホテルが豪華《ごうか》すぎ！

使節団《しせつだん》が泊《と》まったのは７階（または５階）建《だ》ての巨大《きょだい》なホテルで、どの部屋にもバス・トイレ、ガス灯《とう》などが備《そな》えつけられていた。

肉料理《にくりょうり》が多すぎ！

アメリカでは味の濃《こ》い肉料理《にくりょうり》が多く出された。当時の日本人は肉料理《にくりょうり》を食べなかったので、口に合わずに困《こま》った。

女性《じょせい》が美しすぎ！

美しい…
はじめまして

アメリカ人の女性《じょせい》たちは、カラフルな洋服を着て、アクセサリーを身につけていた。使節《しせつ》たちは、その美しさをほめたたえている。

ような礼服姿《れいふくすがた》だったので、「無礼《ぶれい》だ」と感じた者もいた。また、使節《しせつ》たちが泊《と》まったホテルは、バスやトイレなどが備《そな》えつけられた豪華《ごうか》なものだったが、「設備《せつび》はいいが、日本の宿のようにお茶が出ない」と不満《ふまん》をもらす者もいた。

ウソ！ホント!?

アイドルになったサムライがいた!?

使節団《しせつだん》の通訳《つうやく》の見習いだった18歳《さい》の立石斧次郎《たていしおのじろう》は、アメリカ人に気軽に笑顔《えがお》で話しかけたので人気者になった。斧次郎《おのじろう》は「トミー」と呼《よ》ばれ、アメリカ中の女性《じょせい》からラブレターが届《とど》いたそうだ。

桜田門外《さくらだもんがい》の変《へん》

直弼《なおすけ》の暗殺《あんさつ》で、幕府《ばくふ》の力は急におとろえはじめる！

桜田門外《さくらだもんがい》でおそわれる直弼《なおすけ》
彦根藩邸《ひこねはんてい》からわずか500m先の桜田門外《さくらだもんがい》で、直弼《なおすけ》の行列は18人の尊王攘夷派《そんのうじょういは》におそわれた。

幕府《ばくふ》の最高職《さいこうしょく》が尊王攘夷派《そんのうじょういは》に殺《ころ》される

１８５８年、幕府《ばくふ》の大老《たいろう》（幕府《ばくふ》の最高職《さいこうしょく》）井伊直弼《いいなおすけ》が、孝明天皇《こうめいてんのう》の許《ゆる》しがないまま日米修好通商条約《にちべいしゅうこうつうしょうじょうやく》を結《むす》んだ。しかしこの条約《じょうやく》は、アメリカに有利《ゆうり》な内容《ないよう》で、不公平《ふこうへい》なものだった。吉田松陰《よしだしょういん》（⬇P64）などの尊王攘夷派《そんのうじょういは》の志士《しし》たちは、天皇《てんのう》を無視《むし》して外国と仲《なか》よくする幕府《ばくふ》に怒《おこ》り、幕府《ばくふ》の政治《せいじ》に反対する活動をするようになった。

これに怒《おこ》った直弼《なおすけ》は、そうした志士《しし》を探《さが》し出して捕《つか》まえて、処刑《しょけい》したり、処罰《しょばつ》したりした。さらに自分の政治《せいじ》に反対した土佐藩主《とさはんしゅ》・

関連地図《かんれんちず》

井伊直弼《いいなおすけ》(1815～1860)

彦根藩《ひこねはん》(現在《げんざい》の滋賀県《しがけん》)の藩主《はんしゅ》で、幕府《ばくふ》の大老《たいろう》(最高《さいこう》の役職《やくしょく》)になった。天皇《てんのう》の許《ゆる》しを得《え》ずに日《に》米修好通商条約《ちべいしゅうこうつうしょうじょうやく》を結《むす》び、逆《さか》らう人たちをきびしく罰《ばっ》したが、桜《さくら》田門外《だもんがい》でおそわれて殺《ころ》された。

(➡P64)

ビジュアル資料《しりょう》

おそわれる直弼《なおすけ》

直弼《なおすけ》は将軍《しょうぐん》にあいさつするため、江戸城《えどじょう》に向かっていたところをおそわれた。

公武合体《こうぶがったい》

桜田門外《さくらだもんがい》の変《へん》後、幕府《ばくふ》は朝廷《ちょうてい》と協力関係《きょうりょくかんけい》を築《きず》いて、世の中を安定させようとした。これを公《こう》武合体《ぶがったい》という。このため1862年、孝明天皇《こうめいてんのう》の妹・和宮《かずのみや》と、14代将軍《しょうぐん》・徳川家茂《とくがわいえもち》が結婚《けっこん》した。

結婚《けっこん》した家茂《いえもち》と和宮《かずのみや》(➡P65)。

そのとき龍馬《りょうま》は

26歳《さい》

土佐《とさ》にいたが、くわしい行動はわかっていない。

山内容堂《やまうちようどう》(⬇P185)や、越前藩《えちぜんはん》主《しゅ》・松平春嶽《まつだいらしゅんがく》(⬇P112)らを江《え》戸《ど》の屋敷《やしき》に閉《と》じこめたり、藩主《はんしゅ》をやめさせたりした(安政《あんせい》の大獄《たいごく》)。

直弼《なおすけ》のやり方に怒《おこ》った尊王攘夷《そんのうじょうい》派《は》の志士《しし》たちは、1860年、江《え》戸城《どじょう》の桜田門《さくらだもん》の近くで直弼《なおすけ》の行列におそいかかって殺《ころ》した(桜田門《さくらだもん》外《がい》の変《へん》)。下級武士《ぶし》に幕府《ばくふ》の最高《さいこう》職《しょく》が殺《ころ》されたことで、幕府《ばくふ》の力は急速におとろえていった。

1861年
27歳《さい》

土《と》佐《さ》勤《きん》王《のう》党《とう》に入る

龍馬《りょうま》を仲間《なかま》に入れる半平太《はんぺいた》
半平太《はんぺいた》は、勤王《きんのう》(天皇《てんのう》に尽《つ》くすという考え)を目指すため、土佐藩《とさはん》の郷士《ごうし》を中心に土佐勤王《とさきんのう》党《とう》をつくった。龍馬《りょうま》もこれに参加《さんか》した。

半平太《はんぺいた》の意見に賛成《さんせい》し、勤王党員《きんのうとういん》として活動する

日本がアメリカなどの西洋の国ぐにと交流するようになると、尊《そん》王攘夷《のうじょうい》(天皇《てんのう》をうやまい、外国勢力《せいりょく》を追い払《はら》うこと)を主張《しゅちょう》する人びとが増《ふ》えていった。土佐藩士《とさはんし》・武市《たけち》半平太《はんぺいた》も、そのひとりである。

尊王攘夷《そんのうじょうい》を進める長州藩《ちょうしゅうはん》(現在《げんざい》の山口県《やまぐちけん》)の久坂玄瑞《くさかげんずい》などと友人になった半平太《はんぺいた》は、土佐《とさ》(現在《げんざい》の高知県《こうちけん》)でも仲間《なかま》を集めて、土佐《とさ》を勤王《きんのう》(天皇《てんのう》に尽《つ》くすという考え)の藩《はん》にしようとした。そのために半平太《はんぺいた》は、土佐勤王党《とさきんのうとう》を結成《けっせい》した。龍馬《りょうま》も半平太《はんぺいた》の意見に賛成《さんせい》

龍《りょう》馬《ま》と半《はん》平《ぺい》太《た》は勤《きん》王《のう》を目指す！

し、土佐勤王党《とさきんのうとう》に参加《さんか》した。半平太《はんぺいた》は、長州藩《ちょうしゅうはん》や薩摩藩《さつまはん》（現在《げんざい》の鹿児島県《かごしまけん》）の尊王攘夷派《そんのうじょういは》と連絡《れんらく》を取りながら、土佐《とさ》でも尊王攘夷派《そんのうじょういは》を増《ふ》やそうと活動した。龍馬《りょうま》も玄瑞《げんずい》に半平太《はんぺいた》の手紙を届《とど》けに行くなど、党員《とういん》として活動を支《ささ》えた。

武市半平太《たけちはんぺいた》（1829～1865）

土佐藩《とさはん》の郷士《ごうし》。龍馬《りょうま》の親類《しんるい》だった。土佐藩《とさはん》を勤王《きんのう》（天皇《てんのう》に尽《つ》くすこと）にするため、土佐勤王党《とさきんのうとう》をつくった。幕府《ばくふ》を支持《しじ》する土佐藩《とさはん》の参政《さんせい》・吉田東洋《よしだとうよう》を仲間《なかま》に暗殺《あんさつ》させた。

（➡P108）

久坂玄瑞《くさかげんずい》に会う龍馬《りょうま》

1862年、龍馬《りょうま》は長州《ちょうしゅう》に向かい、半平太《はんぺいた》の手紙を久坂玄瑞《くさかげんずい》に渡《わた》した。

トンデモ伝説《でんせつ》！

龍馬《りょうま》は半平太《はんぺいた》の門で小便《しょうべん》をしていた!?

龍馬《りょうま》は半平太《はんぺいた》の家に来ると、よく門の柱に立ち小便《しょうべん》をしていた。がまんできなくなった半平太《はんぺいた》の妻《つま》が「やめさせてほしい」と訴《うった》えたが、半平太《はんぺいた》は「龍馬《りょうま》ほどの人物なのだから、小便《しょうべん》くらい大目に見てやれ」と答えたそうだ。

尊《そん》王《のう》攘《じょう》夷《い》って何？

アメリカ
鎖国《さこく》をやめて、われわれと交流しましょう！
海軍軍人《かいぐんぐんじん》
ペリー
幕府《ばくふ》
日本は約《やく》200年間鎖《さ》国《こく》を続《つづ》けていたが…
アメリカに逆《さか》らえる武力《ぶりょく》は幕府《ばくふ》にない。開国《かいこく》するしかないか…
老中《ろうじゅう》
阿部正弘《あべまさひろ》
日米和親条約《にちべいわしんじょうやく》が結《むす》ばれる
水戸学《みとがく》の発展《はってん》
日本が天皇《てんのう》中心の国であることを伝《つた》えるために、歴史《れきし》書《しょ》をつくろう！
尊王《そんのう》を基本《きほん》とする水戸学《みとがく》が誕生《たんじょう》
2代藩主《はんしゅ》
徳川光圀《とくがわみつくに》
水戸学《みとがく》を発展《はってん》させねば！ 藤田東湖《ふじたとうこ》にまかせよう！
9代藩主《はんしゅ》
徳川斉昭《とくがわなりあき》
日本人は天皇《てんのう》をうやまい、命をかけて国を守るべき！ この考えを広めよう！
水戸学者《みとがくしゃ》
藤田東湖《ふじたとうこ》

攘夷《じょうい》 「外国勢力《せいりょく》を追い払《はら》え」という主張《しゅちょう》がさかんにとなえられる。

尊王《そんのう》 天皇《てんのう》をうやまうべきという考え方が全国に広まる。

幕府《ばくふ》をゆるがした尊王攘夷《そんのうじょうい》の考え方

江戸《えど》幕府《ばくふ》は約《やく》２００年間、清《しん》(中国《ちゅうごく》)とオランダ以外《いがい》の外国とは交流しない「鎖国《さこく》」政策《せいさく》をとってきた。しかし、ペリーが日本にきて交流を求《もと》めたため、幕府《ばくふ》は「開国《かいこく》」して、西洋の国ぐにと交流することになった。このため、「攘夷《じょうい》(外国の勢力《せいりょく》を追い払《はら》うべき)」という考えをもつ人びとが現《あらわ》れた。

その後、幕府《ばくふ》はアメリカから「貿易《ぼうえき》をしたい」と求《もと》められた。外国が嫌《きら》いだった孝明天皇《こうめいてんのう》は反対したが、大老《たいろう》(幕府《ばくふ》で最高《さいこう》の役職《やくしょく》)の井伊直弼《いいなおすけ》は、天皇《てんのう》の許可《きょか》がないまま日米修好通商条約《にちべいしゅうこうつうしょうじょうやく》を結《むす》び、貿易《ぼうえき》をはじめた。このため「尊王《そんのう》(天皇《てんのう》をうやまうべき)」の考え方が強かった水戸藩《みとはん》(現在《げんざい》の茨城県《いばらきけん》)を中心に、強い反対運動が起こった。

朝廷《ちょうてい》

外国人はきらい!
日本から追い払《はら》ってほしい!
外国との条約《じょうやく》にも反対!
121代天皇《てんのう》
孝明天皇《こうめいてんのう》

アメリカ

貿易《ぼうえき》をするための条約《じょうやく》を結《むす》びましょう!
外交官《がいこうかん》
ハリス

無視《むし》

幕府《ばくふ》

日米修好通商条約《にちべいしゅうこうつうしょうじょうやく》が結《むす》ばれる

問題点

・天皇《てんのう》の許《ゆる》しを得《え》ないまま条約《じょうやく》が結《むす》ばれた。
・条約《じょうやく》の内容《ないよう》が日本にとても不《ふ》利《り》だった。

アメリカと戦《たたか》って勝てるはずがない!
天皇《てんのう》が反対しても条約《じょうやく》を結《むす》ぶしかない!
大老《たいろう》
井伊直弼《いいなおすけ》

尊王攘夷《そんのうじょうい》運動の発展《はってん》

われわれの力で外国勢力《せいりょく》を追い払《はら》おう!
天皇《てんのう》を無視《むし》して条約《じょうやく》を結《むす》ぶ幕府《ばくふ》は許《ゆる》せない!

尊王《そんのう》と攘夷《じょうい》が結《むす》びついた「**尊王攘夷**《そんのうじょうい》」を主張《しゅちょう》する志士《しし》たちの運動が、**長州藩**《ちょうしゅうはん》(現在《げんざい》の山口県《やまぐちけん》)を中心に全国で巻《ま》き起こる。

やがて「尊王《そんのう》」と「攘夷《じょうい》」が結《むす》びついて「尊王攘夷《そんのうじょうい》」という考えが生まれ、尊王攘夷を主張《しゅちょう》する「志士《しし》」が現《あらわ》れた。志士《しし》たちは「外国と仲《なか》よくして、天皇《てんのう》を無視《むし》する幕府《ばくふ》は許《ゆる》せない」と考え、外国人をおそったり、幕府《ばくふ》の政治《せいじ》に反対したりするようになった。

なるほどエピソード

晋作《しんさく》や玄瑞《げんずい》らはイギリス公使館を焼《や》きうちした!?

松下村塾《しょうかそんじゅく》の塾生《じゅくせい》だった長州藩《ちょうしゅうはん》の高杉晋作《たかすぎしんさく》や久坂玄瑞《くさかげんずい》たちは、1862年、攘夷《じょうい》を行動にうつすため、品川《しながわ》(東京都《とうきょうと》)に建設中《けんせつちゅう》だったイギリス公使館に放火した。

超《ちょう》ビジュアル！龍《りょう》馬《ま》新聞

第1号

発行所：土《と》佐《さ》幕末社《ばくまつしゃ》

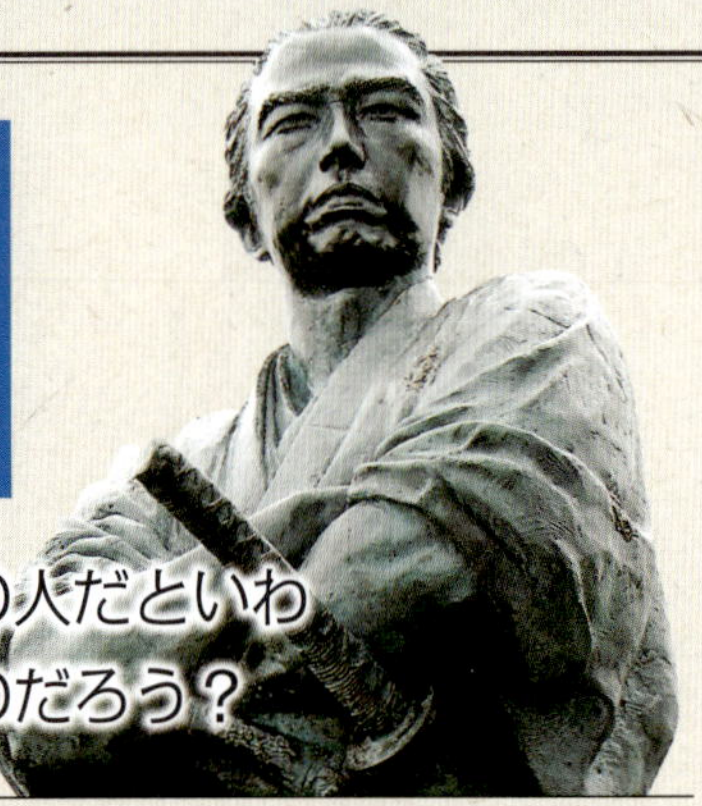

龍馬《りょうま》の初恋《はつこい》の女性《じょせい》とは!?

平井加尾《ひらいかお》は、龍馬《りょうま》の初恋《はつこい》の人だといわれる。どんな女性《じょせい》だったのだろう？

平井加尾氏《ひらいかおし》に 独占《どくせん》インタビュー

質問《しつもん》 龍《りょう》馬《ま》とどこで知り合ったのですか？

わたしは、土佐《とさ》出身で子どものときから、**坂本乙女《さかもとおとめ》さん**と一緒《いっしょ》に琴《こと》を習っていて、とても仲《なか》よしでした。なので、**弟の龍馬《りょうま》さん**のことも自然《しぜん》と知るようになりました。**幼《おさな》なじみ**だったのです。家も近かったので、よく会って話すようになりました。

平井加尾氏《ひらいかおし》

龍馬《りょうま》は京都《きょうと》に向かう加尾《かお》を見送った!?

加尾《かお》は22歳《さい》のとき、京都《きょうと》の三条家《さんじょうけ》で働《はたら》くことになった。江戸《えど》修行《しゅぎょう》を終えて土佐《とさ》にもどっていた25歳《さい》の龍馬《りょうま》は、加尾《かお》を見送ったといわれる。このときが、ふたりの最後《さいご》の別《わか》れとなった。

「龍馬《りょうま》に気をつけろ」と兄から注意された!?

龍馬《りょうま》は28歳《さい》のとき、土佐《とさ》藩《はん》から勝手に脱《ぬ》け出した。加尾《かお》の兄・平井収二郎《ひらいしゅうじろう》は、「龍馬《りょうま》が会いにきても、危《き》険《けん》な行動をするな。龍馬《りょうま》はたまに、とんでもないことをするから気をつけろ」という手紙を送っている。

加尾《かお》のことを心から心配していた⁉

加尾《かお》の兄・収二郎《しゅうじろう》は、土《と》佐《さ》勤王党《きんのうとう》の党員《とういん》として、土《と》佐藩《さはん》を勤王《きんのう》にするために活動していたが、それに反対する前藩主《ぜんはんしゅ》の山内容堂《やまうちようどう》に切《せっ》腹《ぷく》を命じられた。それを知った龍馬《りょうま》は、「収二郎《しゅうじろう》のことは本当にむごい。加尾《かお》の悲しみはどれほど深いだろうと心配しています。手紙でわたしの様子などを伝《つた》えてあげたい」という手紙を乙女《おとめ》に送っている。

加尾《かお》は龍馬《りょうま》と再会《さいかい》したかった⁉

加尾《かお》は29歳《さい》のとき、土佐《とさ》勤王党《きんのうとう》の党員《とういん》だった西山直《にしやまなお》次郎《じろう》と結婚《けっこん》し、龍馬《りょうま》にふたたび会うことなく、明治《めいじ》時代に72歳《さい》で亡《な》くなった。亡《な》くなる前、加尾《かお》は「龍馬《りょうま》さんと再会《さいかい》できなかったことが、女性《じょせい》として、わたしの人生で一番の心残《こころのこ》りです」と語ったそうだ。

さな子《こ》は加尾《かお》よりちょっと美人⁉

千葉《ちば》道場の千葉《ちば》さな子《こ》を好《す》きになった龍馬《りょうま》は、乙女《おとめ》に送った手紙に、「さな子《こ》は剣術《けんじゅつ》が上手《じょうず》で、平井加尾《ひらいかお》より少し美人です」と書いている。

とても美人だった千葉《ちば》さな子《こ》。

何のつもり？

京都《きょうと》の三条家《さんじょうけ》で働《はたら》いている加尾《かお》のもとに龍馬《りょうま》から手紙が届《とど》いた。
何かしら？
はかま、羽織《はおり》、頭巾《ずきん》、刀を用意しておいてください…
どういう意味かしら？
わたしに男の人の格好《かっこう》でもさせるつもりかしら…？
加尾《かお》は書かれていたとおりに準備《じゅんび》したが、龍馬《りょうま》は現《あらわ》れなかった。
龍馬《りょうま》さんのばか！

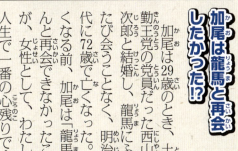

幕末《ばくまつ》に勢力《せいりょく》を強めた藩《はん》

強い勢力《せいりょく》をもつ薩摩藩《さつまはん》や長州藩《ちょうしゅうはん》などが、幕末《ばくまつ》の歴史《れきし》を動かしていった。

1862年頃《ごろ》の有力藩《ゆうりょくはん》と対立関係《かんけい》

御三家《ごさんけ》（尾張藩《おわりはん》・紀州藩《きしゅうはん》・水戸藩《みとはん》のことで、将軍《しょうぐん》を出すことができた）
親藩《しんぱん》（徳川将軍家《とくがわしょうぐんけ》の親類《しんるい》が藩主《はんしゅ》の藩《はん》）
外様大名《とざまだいみょう》（関ケ原《せきがはら》の戦《たたか》い後に、徳川《とくがわ》家《け》の味方になった藩《はん》）
会津藩《あいづはん》
水戸藩《みとはん》
越前藩《えちぜんはん》
江戸《えど》
京都《きょうと》
紀州藩《きしゅうはん》

江戸幕府《えどばくふ》 約《やく》700万石

ペリーがきて開国《かいこく》した後、全国の尊王攘夷派《そんのうじょういは》の志士《しし》と対立。特《とく》に長州藩《ちょうしゅうはん》と激《はげ》しく対立した。

15代将軍《しょうぐん》
徳川慶喜《とくがわよしのぶ》

（➡P187）

会津藩《あいづはん》（現在《げんざい》の福島県《ふくしまけん》） 約《やく》23万石

藩主《はんしゅ》の松平容保《まつだいらかたもり》は京都《きょうと》を守る「京都守護職《きょうとしゅごしょく》」に任命《にんめい》され、配下の新選組《しんせんぐみ》を使って志士《しし》を取りしまった。

藩主《はんしゅ》
松平容保《まつだいらかたもり》

（➡P207）

紀州藩《きしゅうはん》（現在《げんざい》の和歌山県《わかやまけん》） 約《やく》56万石

将軍《しょうぐん》を継《つ》げる御三家《ごさんけ》のひとつで、13代将軍《しょうぐん》・徳川家定《とくがわいえさだ》の死後、藩主《はんしゅ》の徳川《とくがわ》家茂《いえもち》が14代将軍《しょうぐん》になった。

藩主《はんしゅ》・14代将軍《しょうぐん》
徳川家茂《とくがわいえもち》

（➡P65）

水戸藩《みとはん》（現在《げんざい》の茨城県《いばらきけん》） 約《やく》35万石

藩主《はんしゅ》の徳川斉昭《とくがわなりあき》を中心に、尊王攘夷《そんのうじょうい》運動がさかんだった。桜田門外《さくらだもんがい》の変《へん》を起こした志士《しし》は、ほとんどが水戸藩《みとはん》出身だった。

藩主《はんしゅ》
徳川斉昭《とくがわなりあき》

長州藩《ちょうしゅうはん》(現在《げんざい》の山口県《やまぐちけん》) 約《やく》37万石

吉田松陰《よしだしょういん》の教えを受けた桂小五郎《かつらこごろう》や高杉晋作《たかすぎしんさく》などを中心に、尊王攘夷派《そんのうじょういは》の大きな勢力《せいりょく》となっていた。

藩士《はんし》

桂小五郎《かつらこごろう》 (➡P153)

藩士《はんし》

高杉晋作《たかすぎしんさく》 (➡P110)

越前藩《えちぜんはん》(現在《げんざい》の福井県《ふくいけん》) 約《やく》32万石

藩主《はんしゅ》の松平春嶽《まつだいらしゅんがく》はペリーがきたとき、開国《かいこく》するように幕府《ばくふ》に働《はたら》きかけた。その後、井伊直弼《いいなおすけ》と対立して藩主《はんしゅ》をやめさせられた。

藩主《はんしゅ》

松平春嶽《まつだいらしゅんがく》 (➡P112)

朝廷《ちょうてい》(現在《げんざい》の京都市《きょうとし》)

幕末《ばくまつ》に天皇《てんのう》だった孝明天皇《こうめいてんのう》は、外国が嫌《きら》いで、日米修好《にちべいしゅうこう》通商条約《つうしょうじょうやく》に反対だった。しかし天皇《てんのう》には幕府《ばくふ》と対立する考えはなく、妹の和宮《かずのみや》と将軍《しょうぐん》・徳川家茂《とくがわいえもち》を結婚《けっこん》させた。

121代天皇《てんのう》

孝明天皇《こうめいてんのう》

薩摩藩《さつまはん》(現在《げんざい》の鹿児島県《かごしまけん》) 約《やく》73万石

幕府《ばくふ》と朝廷《ちょうてい》が協力《きょうりょく》できる関係《かんけい》を築《きず》こうとしていたため、幕府《ばくふ》と会津藩《あいづはん》に味方をして、長州藩《ちょうしゅうはん》と対立した。

藩士《はんし》

西郷隆盛《さいごうたかもり》 (➡P152)

家老《かろう》

小松帯刀《こまつたてわき》 (➡P155)

土佐藩《とさはん》(現在《げんざい》の高知県《こうちけん》) 約《やく》20万石

藩主《はんしゅ》をやめた後、土佐藩《とさはん》の実権《じっけん》をにぎった山内容堂《やまうちようどう》は、武市半平太《たけちはんぺいた》たちが勤王《きんのう》(天皇《てんのう》に尽《つ》くすこと)を進めることに反対し、土佐勤王党《とさきんのうとう》を取りしまった。

藩主《はんしゅ》

山内容堂《やまうちようどう》 (➡P185)

藩士《はんし》

武市半平太《たけちはんぺいた》 (➡P108)

人物図鑑《じんぶつずかん》

坂本家《さかもとけ》

龍馬《りょうま》を支《ささ》え続《つづ》けた「坂本《さかもと》のお仁王様《におうさま》」

坂本乙女《さかもとおとめ》

　龍馬《りょうま》の3歳《さい》年上の姉・乙女《おとめ》は、身長約《やく》174㎝、体重約《やく》112㎏の大柄《おおがら》な女性《じょせい》で、「坂本《さかもと》のお仁王様《におうさま》(寺の門に立つ武神《ぶしん》)」というあだ名がつけられていた。剣術《けんじゅつ》や馬術《ばじゅつ》が得意《とくい》だったが、和歌や琴《こと》、三味線《しゃみせん》なども上手《じょうず》だった。龍馬《りょうま》が12歳《さい》のとき、母の幸《こう》が病死すると、乙女《おとめ》は母親代わりとなり、龍馬《りょうま》を一人前の武士《ぶし》にするため、きびしく育てた。剣術《けんじゅつ》を教えるだけでなく、泳げない龍馬《りょうま》のふんどしに縄《なわ》をくくりつけ、川で水泳の特訓《とっくん》をさせたという。

　こうして、乙女《おとめ》と龍馬《りょうま》の間は強いきずなで結《むす》ばれていった。現在残《げんざいのこ》っている龍馬《りょうま》の手紙のうち、乙女《おとめ》にあてたものが一番多い。その内容《ないよう》はユーモアにあふれていて、龍馬《りょうま》が乙女《おとめ》を深く信頼《しんらい》していたことが伝《つた》わってくる。

　乙女《おとめ》は25歳《さい》のとき、医者の岡上樹庵《おかのうえじゅあん》と結婚《けっこん》したが、樹庵《じゅあん》の暴力《ぼうりょく》などが原因《げんいん》で離婚《りこん》し、坂本家《さかもとけ》にもどった。

　龍馬《りょうま》の死後は、一時期、お龍《りょう》(➡P95)の面倒《めんどう》を見た。その後は坂本家《さかもとけ》の養子《ようし》・坂本直寛《さかもとなおひろ》らと一緒《いっしょ》に暮《く》らした。

出身地《しゅっしんち》	土佐《とさ》(現在《げんざい》の高知県《こうちけん》)
生年月日《せいねんがっぴ》	1832年1月1日
死亡年月日《しぼうねんがっぴ》	1879年8月31日
享年《きょうねん》	48歳《さい》(病死)

肖像《しょうぞう》

坂本家墓所《さかもとけぼしょ》

乙女《おとめ》の他、龍馬《りょうま》の父・八平《はちへい》や、龍馬《りょうま》の兄・権平《ごんぺい》の墓《はか》がある(高知県《こうちけん》)。

千葉家《ちばけ》

龍馬《りょうま》に恋《こい》した千葉《ちば》定吉《さだきち》の娘《むすめ》

千葉さな子

ちばさなこ

千葉《ちば》さな子《こ》は、千葉《ちば》道場主・千葉《ちば》定吉《さだきち》の娘《むすめ》。16歳《さい》のとき剣術修行《けんじゅつしゅぎょう》にやってきた龍馬《りょうま》と出会った。さな子《こ》は剣術《けんじゅつ》が上手《じょうず》で有名だった。龍馬《りょうま》はさな子《こ》のことを「平井加尾《ひらいかお》より美人だ」と手紙に書いている。龍馬《りょうま》とさな子《こ》は結婚《けっこん》を約束《やくそく》したといわれるが、その後、龍馬《りょうま》が脱藩《だっぱん》したため会えなくなった。さな子《こ》は、龍馬《りょうま》の婚《こん》約者《やくしゃ》として、一生独身《どくしん》ですごした。

鍛冶橋《かじばし》

龍馬《りょうま》とさな子《こ》が練習した千葉《ちば》道場は、現在《げんざい》の鍛冶橋《かじばし》交差点付近《こうさてんふきん》にあった(東京都《とうきょうと》)。

出身地《しゅっしんち》	江戸《えど》(東京都《とうきょうと》)
生年月日《せいねんがっぴ》	1838年3月6日
死亡年月日《しぼうねんがっぴ》	1896年10月15日
享年《きょうねん》	59歳《さい》(病死)

肖像《しょうぞう》

土佐藩《とさはん》

龍馬《りょうま》の初恋《はつこい》の相手という女性《じょせい》

平井加尾

ひらいかお

平井加尾《ひらいかお》は、龍馬《りょうま》と幼《おさな》なじみの女性《じょせい》で、3歳《さい》年下だった。龍馬《りょうま》の姉・乙女《おとめ》と親友で、龍馬《りょうま》の初恋《はつこい》の相手といわれる。22歳《さい》のとき、京都《きょうと》の三条《さんじょう》家《け》に仕えたため龍馬《りょうま》と別《わか》れたが、その後、脱藩《だっぱん》した龍馬《りょうま》から、「袴《はかま》や羽《は》織《おり》、刀などを用意してほしい」という、謎《なぞ》の手紙を受け取っている。龍《りょう》馬《ま》と再会《さいかい》できなかったことを、いつまでも残念《ざんねん》がっていたそうだ。

出身地《しゅっしんち》	土佐《とさ》(現在《げんざい》の高知県《こうちけん》)
生年月日《せいねんがっぴ》	1838年(誕生日《たんじょうび》は不明《ふめい》)
死亡年月日《しぼうねんがっぴ》	1909年(死亡日《しぼうび》は不明《ふめい》)
享年《きょうねん》	72歳《さい》(病死)

加尾《かお》の誕生《たんじょう》の地《ち》

平井家《ひらいけ》は、龍馬《りょうま》の家から約《やく》1km離《はな》れた場所にあった。

松代藩《まつしろはん》

龍馬《りょうま》に西洋砲術《ほうじゅつ》を教える

佐久間象山《さくましょうざん》

松代藩《まつしろはん》（現在《げんざい》の長野県《ながのけん》）の藩士《はんし》だった佐久間象山《さくましょうざん》は、西洋式の兵学《へいがく》（作戦《さくせん》を研究する学問）や、砲術《ほうじゅつ》（大砲《たいほう》をうつ技術《ぎじゅつ》）など、さまざまな分野を勉強した。そして江戸《えど》で塾《じゅく》を開くと、自分の知識《ちしき》を勝海舟《かつかいしゅう》や吉田松陰《よしだしょういん》、龍馬《りょうま》などに教えた。しかし、攘夷派《じょういは》（外国勢力《せいりょく》を追放せよと主張《しゅちょう》する人びと）から「西洋かぶれ」と思われた象山《しょうざん》は、京都《きょうと》で暗殺《あんさつ》された。

象山像《しょうざんぞう》

象山《しょうざん》は松代藩主《まつしろはんしゅ》の相談役として海外事情《じじょう》を研究した（長野県《ながのけん》）。

出身地《しゅっしんち》	信濃《しなの》（現在《げんざい》の長野県《ながのけん》）
生年月日《せいねんがっぴ》	1811年2月28日
死亡年月日《しぼうねんがっぴ》	1864年7月11日
享年《きょうねん》	54歳《さい》（暗殺《あんさつ》）

肖像《しょうぞう》

土佐藩《とさはん》

龍馬《りょうま》を海運業に目覚《めざ》めさせた絵師《えし》

河田小龍《かわだしょうりゅう》

河田小龍《かわだしょうりゅう》は土佐藩《とさはん》（現在《げんざい》の高知県《こうちけん》）の絵師《えし》で、アメリカで生活した経験《けいけん》のあるジョン万次郎《まんじろう》から、くわしく話を聞いていた。小龍《しょうりゅう》は、家に訪《たず》ねてきた20歳《さい》の龍馬《りょうま》に、「外国船を手に入れて、航海術《こうかいじゅつ》を学ぶべき」とアドバイスした。その後、龍馬《りょうま》は、このときの言葉どおり、亀山社中《かめやましゃちゅう》をつくって、海運業をはじめた。

出身地《しゅっしんち》	土佐《とさ》（現在《げんざい》の高知県《こうちけん》）
生年月日《せいねんがっぴ》	1824年10月25日
死亡年月日《しぼうねんがっぴ》	1898年12月19日
享年《きょうねん》	75歳《さい》（病死）

小龍邸跡《しょうりゅうていあと》

龍馬《りょうま》と小龍《しょうりゅう》が話し合った家があった場所（高知県《こうちけん》）。

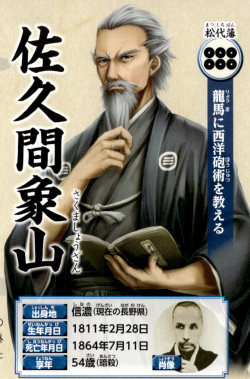

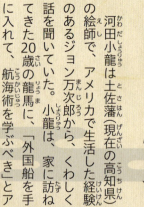

ペリー

アメリカ

黒船《くろふね》に乗って日本に交流することを要求《ようきゅう》する

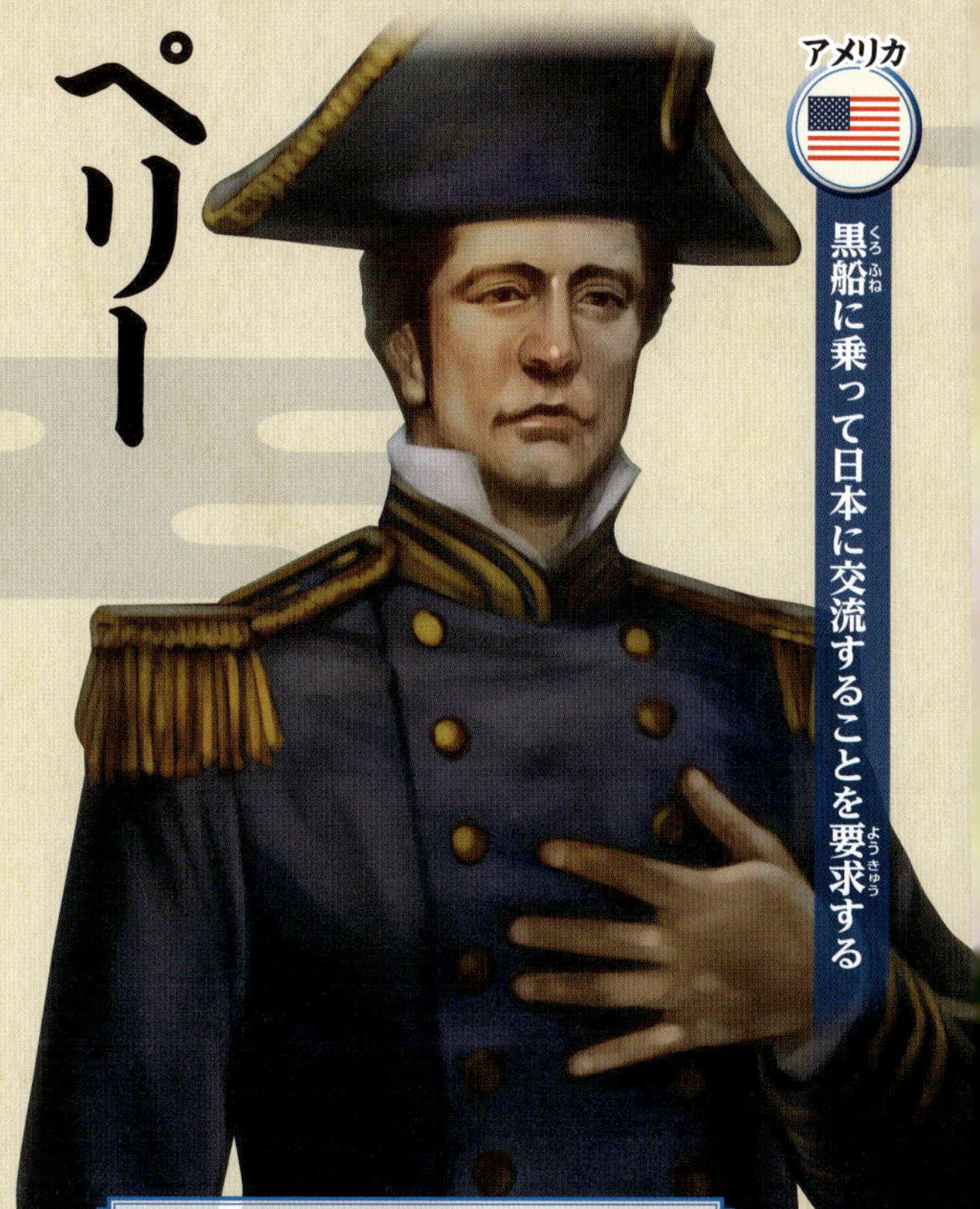

アメリカの東インド艦隊《かんたい》司令長官《しれいちょうかん》だったペリーは、1853年、4隻《せき》の蒸気船《じょうきせん》を率《ひき》いて、浦賀《うらが》(神奈川県《かながわけん》)に現《あらわ》れた。蒸気船《じょうきせん》は船体が黒かったので、日本人から「黒船《くろふね》」と呼《よ》ばれた。

当時、幕府《ばくふ》は清《しん》(中国《ちゅうごく》)とオランダ以《い》外《がい》の国と交流していなかったが、ペリーは黒船《くろふね》で幕府《ばくふ》をおどして、日本をアメリカと交流させようとした。ペリーのねらいどおり、黒船《くろふね》を恐《おそ》れた幕《ばく》府《ふ》は、翌年《よくとし》、アメリカと交流することを決め、日米和親条約《にちべいわしんじょうやく》を結《むす》んだ。日本を開国《かいこく》させたペリーだったが、その4年後、アメリカで病死した。

出身地《しゅっしんち》	アメリカ合衆国《がっしゅうこく》
生年月日《せいねんがっぴ》	1794年4月10日
死亡年月日《しぼうねんがっぴ》	1858年3月4日
享年《きょうねん》	65歳《さい》(病死)

肖像《しょうぞう》

上陸《じょうりく》するペリーたち

1854年にふたたび日本に来たペリーは、横浜《よこはま》に上陸《じょうりく》して、幕府《ばくふ》と「日米和親条約《にちべいわしんじょうやく》」を結《むす》んだ。

長州藩《ちょうしゅうはん》

尊王攘夷《そんのうじょうい》の志士《しし》を育てる

吉田松陰《よしだしょういん》

長州藩《ちょうしゅうはん》(現在《げんざい》の山口県《やまぐちけん》)の藩士《はんし》だった吉田松陰《よしだしょういん》は、江戸《えど》で見た黒船《くろふね》に乗りこもうとした。しかし失敗《しっぱい》して、ろうやに入れられた。罪《つみ》が許《ゆる》された松陰《しょういん》は、長州《ちょうしゅう》の萩《はぎ》に松下村塾《しょうかそんじゅく》を開き、久坂玄瑞《くさかげんずい》や高杉晋作《たかすぎしんさく》、伊藤博文《いとうひろぶみ》などに尊王攘夷《そんのうじょうい》の考え方を教えた。1858年、老中《ろうじゅう》(幕府《ばくふ》の最高職《さいこうしょく》)を暗殺《あんさつ》しようとした松陰《しょういん》は、つかまって処刑《しょけい》された。

出身地《しゅっしんち》 長門《ながと》(現在《げんざい》の山口県《やまぐちけん》)
生年月日《せいねんがっぴ》 1830年8月4日
死亡年月日《しぼうねんがっぴ》 1859年10月27日
享年《きょうねん》 30歳《さい》(刑死《けいし》)

肖像《しょうぞう》

松下村塾《しょうかそんじゅく》

松陰《しょういん》が高杉晋作《たかすぎしんさく》や久坂玄瑞《くさかげんずい》などを教育した塾《じゅく》(山口県《やまぐちけん》)。

幕府《ばくふ》

桜田門外《さくらだもんがい》の変《へん》で殺《ころ》された大老《たいろう》

井伊直弼《いいなおすけ》

彦根藩《ひこねはん》(現在《げんざい》の滋賀県《しがけん》)の藩主《はんしゅ》だった井伊直弼《いいなおすけ》は、1858年、大老《たいろう》(非常時《ひじょうじ》に置《お》かれた幕府《ばくふ》の最高職《さいこうしょく》)に任命《にんめい》された。外国と戦《たたか》っても勝てないことを知っていた直弼《なおすけ》は、天皇《てんのう》の許《ゆる》しがないまま、日米修好通商条約《にちべいしゅうこうつうしょうじょうやく》を結《むす》び、反対する志士《しし》をつかまえて処刑《しょけい》した。うらみを買った直弼《なおすけ》は、志士《しし》たちに桜田門外《さくらだもんがい》でおそわれ、殺《ころ》された(桜田門外《さくらだもんがい》の変《へん》)。

皇居《こうきょ》(江戸城《えどじょう》)の桜田門《さくらだもん》

直弼《なおすけ》はこの門のすぐそばで殺《ころ》された。

出身地《しゅっしんち》 近江《おうみ》(現在《げんざい》の滋賀県《しがけん》)
生年月日《せいねんがっぴ》 1815年10月29日
死亡年月日《しぼうねんがっぴ》 1860年3月3日
享年《きょうねん》 46歳《さい》(暗殺《あんさつ》)

肖像《しょうぞう》

幕府《ばくふ》

徳川家茂《とくがわいえもち》

公武合体《こうぶがったい》を進めた14代将軍《しょうぐん》

徳川《とくがわ》家茂《いえもち》は、紀州藩《きしゅうはん》(現在《げんざい》の和歌《わか》山県《やまけん》)の藩主《はんしゅ》だった。井伊直弼《いいなおすけ》の協力《きょうりょく》によって、13歳《さい》で、14代将軍《しょうぐん》になった。17歳《さい》のとき、幕府《ばくふ》と朝廷《ちょうてい》が協力《きょうりょく》するため、孝明天皇《こうめいてんのう》の妹・和宮《かずのみや》と結婚《けっこん》した。決断力《けつだんりょく》があり、勝海舟《かつかいしゅう》から、「神戸《こうべ》海軍操練所《かいぐんそうれんじょ》をつくりたい」と相談されたとき、すぐに許可《きょか》した。しかし第二次長州征伐《ちょうしゅうせいばつ》の最中《さいちゅう》、21歳《さい》の若《わか》さで病死した。

家茂《いえもち》をえがいた絵

家茂《いえもち》は勇気《ゆうき》があり、すぐれた能力《のうりょく》をもっていたが、21歳《さい》の若《わか》さで病死した。

出身地《しゅっしんち》	紀伊《きい》(現在《げんざい》の和歌山県《わかやまけん》)
生年月日《せいねんがっぴ》	1846年5月24日
死亡年月日《しぼうねんがっぴ》	1866年7月20日
享年《きょうねん》	21歳《さい》(病死)

肖像《しょうぞう》

幕府《ばくふ》

和宮《かずのみや》

家茂《いえもち》と結婚《けっこん》した孝明天皇《こうめいてんのう》の妹

和宮《かずのみや》は孝明天皇《こうめいてんのう》の妹で、17歳《さい》のとき、幕府《ばくふ》と朝廷《ちょうてい》が協力《きょうりょく》するために、14代将軍《しょうぐん》・徳川家茂《とくがわいえもち》と結婚《けっこん》させられた。政治《せいじ》のために結婚《けっこん》させられたが、和宮《かずのみや》と家茂《いえもち》はとても仲《なか》がよかった。しかし4年後、家茂《いえもち》は第二次長州征伐《ちょうしゅうせいばつ》の最中《さいちゅう》、大坂城《おおさかじょう》(大阪府《おおさかふ》)で病死してしまった。家茂《いえもち》の死後も、徳川家《とくがわけ》が存続《そんぞく》するために力を尽《つ》くした。

孝明天皇《こうめいてんのう》(1831～1866)

121代天皇《てんのう》。幕府《ばくふ》と協力関係《きょうりょくかんけい》を築《きず》くため、妹の和宮《かずのみや》と将軍《しょうぐん》・家茂《いえもち》を結婚《けっこん》させた。

出身地《しゅっしんち》	京《きょう》(現在《げんざい》の京都市《きょうとし》)
生年月日《せいねんがっぴ》	1846年5月10日
死亡年月日《しぼうねんがっぴ》	1877年9月2日
享年《きょうねん》	32歳《さい》(病死)

肖像《しょうぞう》

幕末《ばくまつ》おもしろコラム

日本は開国《かいこく》して大損《おおぞん》した!?

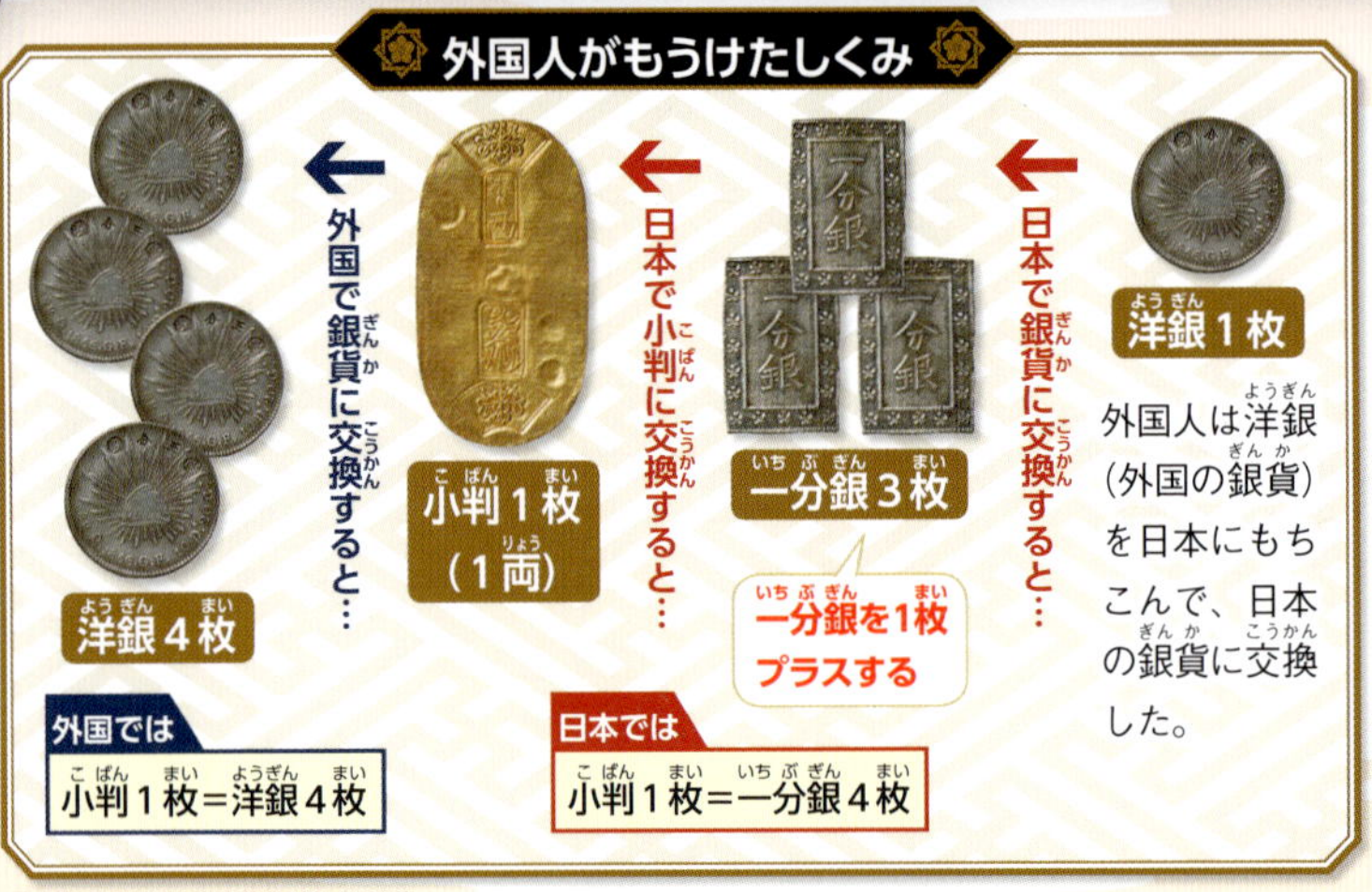

外国人がもうけたしくみ
洋銀《ようぎん》1枚
外国人は洋銀《ようぎん》(外国の銀貨《ぎんか》)を日本にもちこんで、日本の銀貨《ぎんか》に交換《こうかん》した。
日本で銀貨《ぎんか》に交換《こうかん》すると…
一分銀《いちぶぎん》3枚《まい》
一分銀《いちぶぎん》を1枚《まい》プラスする
日本で小判《こばん》に交換《こうかん》すると…
小判《こばん》1枚《まい》(1両《りょう》)
外国で銀貨《ぎんか》に交換《こうかん》すると…
洋銀《ようぎん》4枚《まい》
外国では
小判《こばん》1枚《まい》=洋銀《ようぎん》4枚《まい》
日本では
小判《こばん》1枚《まい》=一分銀《いちぶぎん》4枚《まい》

日本銀行金融研究所貨幣博物館所蔵

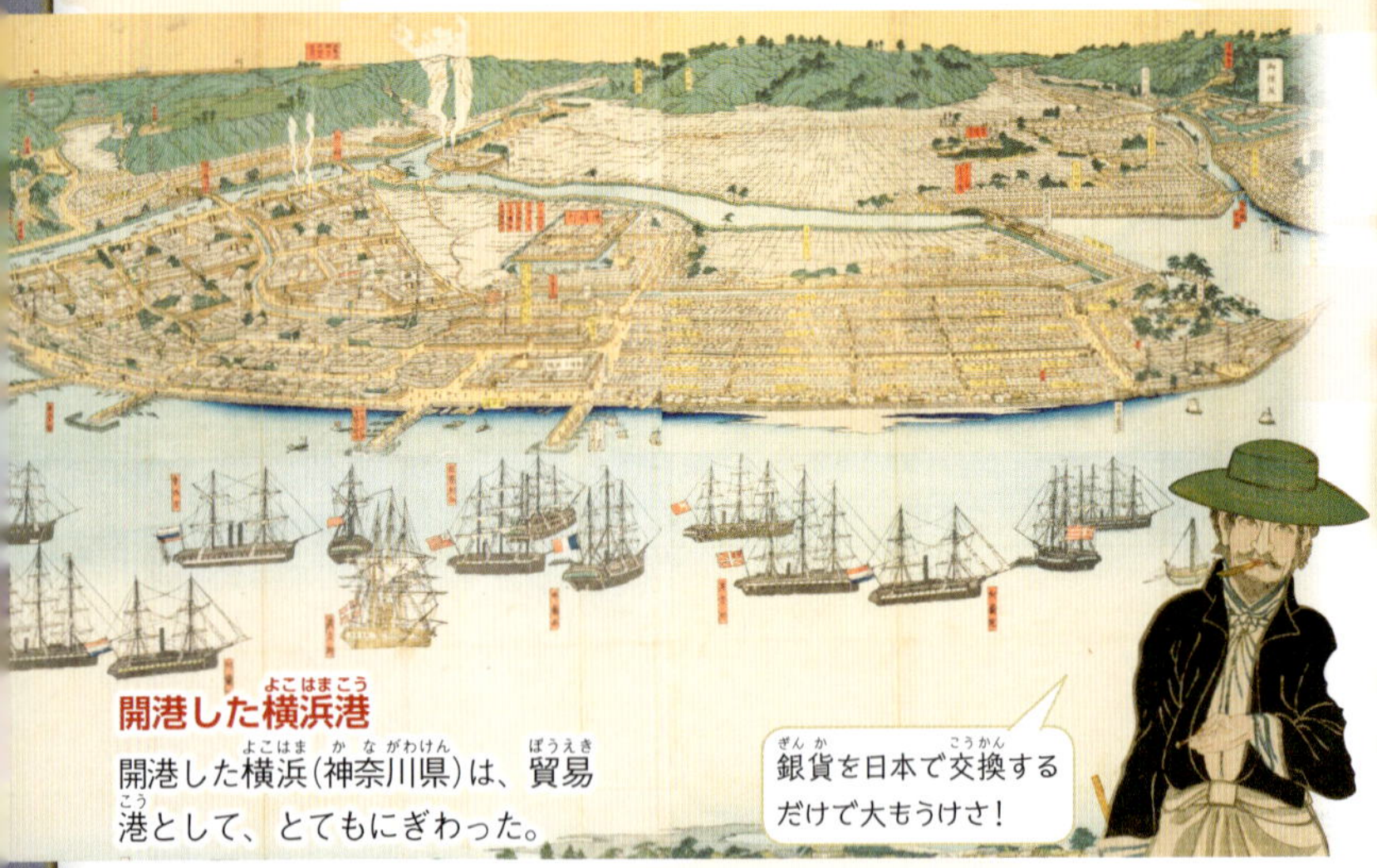

銀貨《ぎんか》を日本で交換《こうかん》するだけで大もうけさ!

開港した横浜港《よこはまこう》

開港した横浜《よこはま》(神奈川県《かながわけん》)は、貿易《ぼうえき》港《こう》として、とてもにぎわった。

交換《こうかん》と輸出《ゆしゅつ》により品物の値段《ねだん》が上がった

日本が西洋と貿易《ぼうえき》をはじめると、外国人は銀貨《ぎんか》を日本にもちこみ、小判《こばん》と交換《こうかん》した。その小《こ》判《ばん》を外国で交換《こうかん》すると銀貨《ぎんか》は3倍になったため、外国人は大量《たいりょう》に日本から小判《こばん》をもち出した。そこで幕府《ばくふ》は、小判《こばん》に含《ふく》まれる金の量《りょう》を減《へ》らしたが、小判《こばん》の価《か》値《ち》が下がってしまった。また、日本から多くの品物が輸出《ゆしゅつ》されたため、日本人に必要《ひつよう》な品物が減《へ》ってしまった。

こうしたことから、品物の値《ね》段《だん》はどんどん上がり、1861年から6年間に、米は約《やく》5倍、しょうゆは約《やく》4倍の値段《ねだん》になった。開国《かいこく》で暮《く》らしがきびしくなった庶民《しょみん》は、幕府《ばくふ》に対する不《ふ》満《まん》を高めていった。

2章

土《と》佐《さ》藩《はん》から海《かい》軍《ぐん》へ

*藩《はん》の重要《じゅうよう》な役職《やくしょく》

…龍馬《りょうま》
考えても他に方法《ほうほう》がない……
半平太《はんぺいた》…見損《みそこ》なったぞ…
お前を信《しん》じていたのに暗殺《あんさつ》を選《えら》ぶなんて…
わしはもう党《とう》を抜《ぬ》ける!
わしは自分のやり方でこの日本を変《か》えてみせる!
たとえ、ひとりでも!
龍馬《りょうま》っ!
待て!

＊正式な許可《きょか》なく、藩《はん》を抜《ぬ》け出すこと。

＊現在《げんざい》の福井県《ふくいけん》。

ならば、殺《ころ》しにきたわけではなさそうだな…
おれが勝《かつ》だ。家《うち》に寄《よ》ってくか?
勝海舟《かつかいしゅう》
……なるほど
やはり実際《じっさい》にアメリカに行った人の話はちがう…
攘夷《じょうい》などといってかなう相手ではないとわかったろ!
確《たし》かに……攘夷《じょうい》なんて時代《じだい》遅《おく》れぜよ
戦《たたか》わず、力をつけて対等につきあう……その方が日本のためだ…

ばっ
そのためには やっぱり船ぜよ! 船で異国《いこく》に追いつけば、いつかは日本も自由に異国《いこく》に行ける国になれる!
ほぉ…
実は、おれは 海軍操練所《かいぐんそうれんじょ》をつくろうと 考えている
異国《いこく》の船を操《あやつ》れる 人間を育てるのさ
海軍操練所《かいぐんそうれんじょ》!?
お前さんも 協力《きょうりょく》するかい? 龍馬《りょうま》とやら
そこに入れるなら なんでもやる! 先生の 弟子《でし》にしてください!
よし 決まりだ!
ポンッ
海軍操練所《かいぐんそうれんじょ》っ!
こうして 龍馬《りょうま》は勝海舟《かつかいしゅう》の弟子《でし》となり、海軍操練所《かいぐんそうれんじょ》の設立《せつりつ》という目標《もくひょう》ができた。

「乙女《おとめ》姉さん
わたしは今、勝《かつ》先生という
えらい人のもとで、
海軍《かいぐん》の操練所《そうれんじょ》を
つくるために
がんばっております。
近いうち、操練所《そうれんじょ》の蒸気船《じょうきせん》で
土佐《とさ》の方にも行ける予定です。
そのときは姉さんにも
会いたいと思います。
龍馬《りょうま》…
最近《さいきん》はこの操練所《そうれんじょ》の
ことが少し自慢《じまん》です
エヘン、エヘン。
でもこのことは
秘密《ひみつ》にしてくださいね。
龍馬《りょうま》」
よかったわね
1863年
越前《えちぜん》（現在《げんざい》の福井県《ふくいけん》）――
ぱっ
春嶽様《しゅんがくさま》！
どうかっ
金を貸《か》して
くれんかのう
そうか、ようやく
海軍操練所《かいぐんそうれんじょ》の設立《せつりつ》が
将軍《しょうぐん》に許可《きょか》されたのに
金が足りぬか…
それで、いくら
必要《ひつよう》なのだ？

はい!
5000両《りょう》ほど!
ごごごご
5000っ…
殿《との》っ!
お願《ねが》いします!
松平春嶽《まつだいらしゅんがく》のたすけを得《え》て、翌年《よくとし》、龍馬《りょうま》たちは神戸《こうべ》(兵庫県《ひょうごけん》)に海軍操練所《かいぐんそうれんじょ》を開くことができた。
この年、武力《ぶりょく》で尊王攘夷《そんのうじょうい》を進める長州藩《ちょうしゅうはん》が天皇《てんのう》にきらわれ、薩摩藩《さつまはん》や会津藩《あいづはん》によって京都《きょうと》から追い出された。
京《きょう》を血でよごす
やつらはきらいじゃ
天皇《てんのう》
出てけ〜
會
會
薩摩藩《さつまはん》
くそー
会津藩《あいづはん》
長州藩《ちょうしゅうはん》
土佐《とさ》では、幕府《ばくふ》に味方する前藩主《ぜんはんしゅ》・山内容堂《やまうちようどう》が実権《じっけん》をにぎり、半平太《はんぺいた》はろうやに入れられた。

1864年
京都《きょうと》——
半平太《はんぺいた》は、ろうやに入れられたままか……
大丈夫《だいじょうぶ》だろうか…
すまぬ！忘《わす》れただけだっ
ふざけるなっ
金もないのに飯《めし》を食べて、忘《わす》れたですむか！
必《かなら》ず金を払《はら》いにきな！ じゃなきゃただじゃすまないよっ
おお恐《こわ》いっ
ははははは
まっことおもしろい女子《おなご》ぜよ！
気に入った！気に入った！

旅籠
ああすまん、わしは坂本龍馬《さかもとりょうま》という者ぜよ
お前さんは？
……龍《りょう》
同じ名前かっ ますます気に入った！
後に夫婦《ふうふ》となる龍馬《りょうま》とお龍《りょう》の出会いだった。
2か月後、神戸《こうべ》海軍操練所《かいぐんそうれんじょ》に軍艦《ぐんかん》・観光丸《かんこうまる》がきた。
やっと船で練習できるぞ！
海軍操練所《かいぐんそうれんじょ》が本格的《ほんかくてき》に動きだした！
そうものんきにいってられんぞ…
先日、京都《きょうと》で取りしまりを受けた志士《しし》の中に、操練所《そうれんじょ》の者がいたらしい
幕府《ばくふ》はここを、尊王《そんのう》攘夷《じょうい》の志士《しし》の集団《しゅうだん》と疑《うたが》っているぞ
そんな…

ひと月前、京都《きょうと》の池田屋《いけだや》で、志士《しし》が幕府《ばくふ》の取りしまりを受けて殺《ころ》される事件《じけん》が起きた。
あの事件《じけん》に怒《おこ》った長州《ちょうしゅう》が、＊御所《ごしょ》を攻《せ》めるらしいぞ
国の中で争《あらそ》っているときじゃないぜよ…
御所《ごしょ》を攻《せ》めた長州藩《ちょうしゅうはん》は、薩摩藩《さつまはん》と会津藩《あいづはん》を中心とする幕府軍《ばくふぐん》に敗戦《はいせん》。
長州藩《ちょうしゅうはん》
薩摩藩《さつまはん》
さらに幕府《ばくふ》は長州藩《ちょうしゅうはん》を武力《ぶりょく》でほろぼすことを決定した。
こうした中、龍馬《りょうま》は、京都《きょうと》の薩摩藩邸《さつまはんてい》を訪《おとず》れた。
まだかな〜
お待たせした
おいが西郷《さいごう》です！
薩摩藩士《さつまはんし》
西郷隆盛《さいごうたかもり》

＊天皇《てんのう》の住居《じゅうきょ》。

お呼《よ》び立てしてすまない。わしは坂本龍馬《さかもとりょうま》と…
知っております！
それで用件《ようけん》は？
ずばり、言うぜよ！
ビッ
西郷《さいごう》さん！
あんたは、幕府《ばくふ》の命令《めいれい》どおり長州《ちょうしゅう》と戦《たたか》うのを、本当はいやだと思っている！
ズバリ
いいえ
えっ
じゃが…どうすべきか幕府《ばくふ》から命令《めいれい》がまだきておらず困《こま》っているのは確《たし》かだ……
おかしいな・・・
こんなはずでは・・・

ならばっ！
ぜひ相談すべき人がおるぜよ！
ははははははは
龍馬《りょうま》のやつそんなことを言いおったか！
はい、それでご相談に参《まい》りました
勝殿《かつどの》から幕府《ばくふ》に話を……
むだ、むだ、むだ！今の幕府《ばくふ》は話が通じぬ！もはや幕府《ばくふ》にこの国をまとめる力はない！
は？

これからは日本がひとつになって異国《いこく》と向き合い能力《のうりょく》のある者が集まって政治《せいじ》をする！
そういう時代だ！
長州《ちょうしゅう》を攻《せ》めるなどと国内で争《あらそ》っている場合ではないっ！
君ならわかるだろう？西郷《さいごう》さん！
日本がひとつに…
勝《かつ》先生っ！
ぜひもっと考えを聞かせてくださいっ！
この会談は日本を変《か》える大きな一歩となった。
西郷《さいごう》さんはきっと先生にほれるぜよ！
そんなにいい男？

土《と》佐《さ》藩《はん》を脱《だつ》藩《ぱん》する

土佐《とさ》から出る龍馬《りょうま》
龍馬《りょうま》は、仲間《なかま》だった土佐勤王党《とさきんのうとう》の沢村惣之丞《さわむらそうのじょう》と一緒《いっしょ》に、土佐《とさ》から抜《ぬ》け出した。

土佐《とさ》におさまりきらないと評《ひょう》された自由な龍馬《りょうま》

土佐勤王党《とさきんのうとう》を結成《けっせい》した武市半平太《たけちはんぺいた》は、藩《はん》の参政《さんせい》（重役）・吉田東洋《よしだとうよう》に土佐藩《とさはん》（現在《げんざい》の高知県《こうちけん》）を勤王《きんのう》（天皇《てんのう》に尽《つ》くすこと）の藩《はん》にするべきだと訴《うった》えた。しかし半平太《はんぺいた》の考えは東洋《とうよう》には理解《りかい》されなかった。半平太《はんぺいた》は東洋《とうよう》を暗殺《あんさつ》して、藩《はん》の実権《じっけん》をにぎろうとしたが、龍馬《りょうま》は反対したという。

土佐藩《とさはん》を出て、自由な活動をしたいと考えた龍馬《りょうま》は、脱藩《だっぱん》（藩《はん》を勝手に抜《ぬ》け出すこと）を決意し、仲間《なかま》の沢村惣之丞《さわむらそうのじょう》とともに檮原《ゆすはら》から土佐《とさ》を抜《ぬ》け、長浜《ながはま》（愛媛県《えひめけん》）へ

龍《りょう》馬《ま》は日本を舞《ぶ》台《たい》に活動をはじめる！

と向かった。龍《りょう》馬《ま》の脱《だっ》藩《ぱん》を知った勤《きんのうとういん》王党員たちは龍《りょう》馬《ま》を責《せ》め立てたが、半《はんぺいた》平太は、「龍《りょう》馬《ま》は土《と》佐《さ》にあだたぬ(おさまりきらない)やつ」と、龍《りょう》馬《ま》をかばったという。龍《りょう》馬《ま》が脱《だっ》藩《ぱん》して約《やく》2週間後、半《はんぺいた》平太は勤《きんのうとういん》王党員に東《とう》洋《よう》を暗《あん》殺《さつ》させた。

龍《りょう》馬《ま》と惣《そう》之《の》丞《じょう》の銅《どう》像《ぞう》

龍《りょう》馬《ま》たちが脱《だっ》藩《ぱん》するときに立ち寄《よ》った高《こう》知《ち》県《けん》檮《ゆす》原《はら》町《ちょう》には、ふたりの銅《どう》像《ぞう》が立っている。

吉《よし》田《だ》東《とう》洋《よう》の暗《あん》殺《さつ》

龍《りょう》馬《ま》の脱《だっ》藩《ぱん》から２週間後、武《たけ》市《ち》半《はん》平《ぺい》太《た》の指《し》示《じ》により、土《と》佐《さ》勤《きんのうとう》王党の党《とう》員《いん》が吉《よし》田《だ》東《とう》洋《よう》を暗《あん》殺《さつ》した。

ウソ！ホント!?

乙《おと》女《め》は龍《りょう》馬《ま》に刀を渡《わた》した!?

龍《りょう》馬《ま》の兄・権《ごん》平《ぺい》は、龍《りょう》馬《ま》が脱《だっ》藩《ぱん》することを心配して刀を取り上げてしまった。龍《りょう》馬《ま》が脱《だっ》藩《ぱん》することを決意したことを知った姉の乙《おと》女《め》は、権《ごん》平《ぺい》にだまって龍《りょう》馬《ま》に刀を渡《わた》したという説《せつ》がある。

1862年
28歳《さい》

勝《かつ》海《かい》舟《しゅう》の弟《で》子《し》になる

龍《りょう》馬《ま》は運命の師《し》にめぐり会う！

弟《で》子《し》になりたいと告《つ》げる龍《りょう》馬《ま》

海舟《かいしゅう》の話を聞いた龍馬《りょうま》は、その場で「弟《で》子《し》にしてください」と願《ねが》い出た。

会ったその日に海舟《かいしゅう》に弟《で》子《し》入りを願《ねが》い出る

脱藩《だっぱん》後、江戸《えど》に出た龍馬《りょうま》は、優《ゆう》秀《しゅう》な人物に会って自分の考えを広げようとした。越前藩《えちぜんはん》（現在《げんざい》の福《ふく》井《い》県《けん》）の前藩主《ぜんはんしゅ》・松平春嶽《まつだいらしゅんがく》（↓P112）に会うことができた龍《りょう》馬《ま》は、春嶽《しゅんがく》から「勝海舟《かつかいしゅう》に会うとよい」とすすめられ、紹介状《しょうかいじょう》を書いてもらう。すぐに龍《りょう》馬《ま》は千《ち》葉《ば》重《じゅう》太《た》郎《ろう》とともに海舟《かいしゅう》の屋《や》敷《しき》を訪《おとず》れた。

海舟《かいしゅう》は龍《りょう》馬《ま》たちを部屋に入れると、「アメリカの文明は日本より進んでいる」と語り、攘《じょう》夷《い》（外国勢《せい》力《りょく》を追い払《はら》うこと）は無《む》理《り》であると説《せつ》明《めい》した。そして、「今の日本

龍馬《りょうま》と海舟《かいしゅう》

龍馬《りょうま》が海舟《かいしゅう》の弟子《でし》になったときの記念《きねん》にとった写真。

順動丸《じゅんどうまる》に乗る龍馬《りょうま》と海舟《かいしゅう》

龍馬《りょうま》は海舟《かいしゅう》とともに、幕府《ばくふ》の軍艦《ぐんかん》・順動丸《じゅんどうまる》に何度も乗った。

に必要《ひつよう》なのは、強い海軍《かいぐん》だ」と主《しゅ》張《ちょう》した。そのとおりだと感じた龍《りょう》馬《ま》は、その場で海舟《かいしゅう》に弟子《でし》にしてほしいと頼《たの》んだ。その日から、海《かい》舟《しゅう》は龍馬《りょうま》の師《し》となり、龍馬《りょうま》は神戸《こうべ》(兵庫県《ひょうごけん》)に海軍《かいぐん》学校を建《た》てる仕事を手伝《てつだ》うようになった。

ウソ!ホント!?

龍馬《りょうま》は最初《さいしょ》から弟子《でし》になるつもりだった!?

海舟《かいしゅう》は明治《めいじ》時代に、「龍馬《りょうま》は、自分を切りにきた」と語っている。しかし龍馬《りょうま》は松平春嶽《まつだいらしゅんがく》からもらった紹介状《しょうかいじょう》をもって海舟《かいしゅう》に会いにきているので、最初《さいしょ》から海舟《かいしゅう》の弟子《でし》になるのが目的《もくてき》だったといわれる。

1863年
29歳《さい》

松平春嶽《まつだいらしゅんがく》に借金《しゃっきん》する

龍馬《りょうま》は海軍操練所《かいぐんそうれんじょ》をつくるため春嶽《しゅんがく》から5000両を借《か》りた！

春嶽《しゅんがく》を説得《せっとく》する龍馬《りょうま》
龍馬《りょうま》は神戸海軍操練所《こうべかいぐんそうれんじょ》をつくる資金《しきん》を借《か》りるため、松平春嶽《まつだいらしゅんがく》を説得《せっとく》した。

海運業で得《え》た利益《りえき》を支払《しはら》うと説得《せっとく》する

海舟《かいしゅう》は、海軍士官《かいぐんしかん》を育てるための学校を神戸《こうべ》(兵庫県《ひょうごけん》)につくろうと考えていた。14代将軍《しょうぐん》・徳川家茂《とくがわいえもち》と軍艦《ぐんかん》「順動丸《じゅんどうまる》」に乗った海舟《かいしゅう》は、家茂《いえもち》を説得《せっとく》して、神戸海軍操練所《こうべかいぐんそうれんじょ》をつくる許可《きょか》をもらった。

幕府《ばくふ》からは3000両《りょう》(約《やく》3億《おく》円)の資金《しきん》が出されたが、海軍操練所《かいぐんそうれんじょ》を建《た》てるには不足《ふそく》していた。そこで海舟《かいしゅう》は龍馬《りょうま》に、松平春嶽《まつだいらしゅんがく》から借金《しゃっきん》してくるようにと頼《たの》んだ。越前《えちぜん》(現在《げんざい》の福井県《ふくいけん》)に向かった龍《りょう》馬《ま》は春嶽《しゅんがく》に会うと、5000両《りょう》(1000両《りょう》という説《せつ》もある)もの

松平春嶽《まつだいらしゅんがく》(1828〜1890)

越前藩《えちぜんはん》(現在《げんざい》の福井県《ふくいけん》)の藩主《はんしゅ》。藩主《はんしゅ》をやめた後、龍馬《りょうま》に勝海舟《かつかいしゅう》を紹介《しょうかい》したり、神戸海軍操練所《こうべかいぐんそうれんじょ》の資《し》金《きん》を貸《か》したりした。

(➡P112)

家茂《いえもち》を説得《せっとく》する海舟《かいしゅう》

海舟《かいしゅう》は軍艦《ぐんかん》・順動丸《じゅんどうまる》に一緒《いっしょ》に乗った家茂《いえもち》に、海軍《かいぐん》の大切さを話した。家茂《いえもち》は、神戸海軍操《こうべかいぐんそう》練所《れんじょ》をつくることをすぐに許可《きょか》した。

大金を借《か》りたいと願《ねが》い出た。おどろく春嶽《しゅんがく》に対し、龍馬《りょうま》は「海軍《かいぐん》で海運業や貿易《ぼうえき》をおこない、それで得《え》た利益《りえき》の一部を越前藩《えちぜんはん》に支払《しはら》う」と説得《せっとく》したという。こうして借金《しゃっきん》に成功《せいこう》した龍馬《りょうま》たちは、神戸《こうべ》海軍操練所《かいぐんそうれんじょ》をつくりはじめた。

なるほどエピソード

大政奉還《たいせいほうかん》は大久保一翁《おおくぼいちおう》から教えられた!?

1867年に龍馬《りょうま》が提案《ていあん》した大《たい》政奉還《せいほうかん》(幕府《ばくふ》が朝廷《ちょうてい》に政権《せいけん》を返すこと)は、実は、その4年前の1863年に幕府《ばくふ》の家臣《かしん》だった大《おお》久保《くぼ》一翁《いちおう》から教えられたものだったという。大政奉還論《たいせいほうかんろん》を聞いた龍《りょう》馬《ま》は、すぐに賛《さん》成《せい》したそうだ。

大久保一翁《おおくぼいちおう》(1817〜1888)

1864年
30歳《さい》

海《かい》軍《ぐん》操《そう》練《れん》所《じょ》が開校する

軍艦《ぐんかん》を操縦《そうじゅう》する龍馬《りょうま》
神戸海軍操練所《こうべかいぐんそうれんじょ》では、観光丸《かんこうまる》と黒龍丸《こくりゅうまる》の2隻《せき》の軍艦《ぐんかん》を使って、航海技術《こうかいぎじゅつ》を練習した。

池田屋事件《いけだやじけん》の影響《えいきょう》により1年間で閉鎖《へいさ》される

1864年5月、龍馬《りょうま》や海舟《かいしゅう》たちが準備《じゅんび》を進めてきた神戸海軍操《こうべかいぐんそう》練所《れんじょ》がついに開校した。龍馬《りょうま》も生《せい》徒《と》たちと一緒《いっしょ》に、「観光丸《かんこうまる》」と「黒《こく》龍丸《りゅうまる》」の2隻《せき》の蒸気船《じょうきせん》を使って航《こう》海技術《かいぎじゅつ》を練習した。

しかし開校から1か月後、京都《きょうと》で池田屋事件《いけだやじけん》(➡P90)が起こった。過激《かげき》な尊王攘夷派《そんのうじょういは》の志士《しし》たちが京都《きょうと》の池田屋《いけだや》で新選組《しんせんぐみ》におそわれた事件《じけん》で、操練所《そうれんじょ》の生徒《せいと》も事件《じけん》に巻《ま》きこまれた。

さらに7月には尊王攘夷《そんのうじょうい》を目指す長州藩《ちょうしゅうはん》(現在《げんざい》の山口県《やまぐちけん》)が禁門《きんもん》の

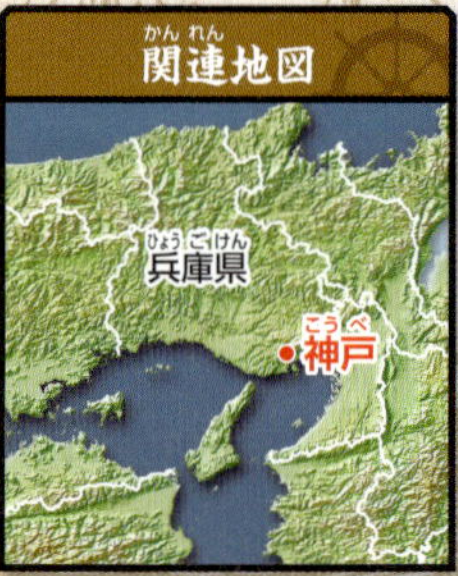

関連《かんれん》地図

龍馬《りょうま》が航海《こうかい》の練習をはじめる！

変《へん》（➡P96）を起こし、京都《きょうと》に攻《せ》めこんだ。このため幕府《ばくふ》は「操練所《そうれんじょ》は長州《ちょうしゅう》に味方する尊王攘夷派《そんのうじょういは》の志士《しし》を育てている」と考えるようになり、海舟《かいしゅう》はその責任《せきにん》を取らされて、「江戸《えど》に帰れ」と命令《めいれい》された。操練所《そうれんじょ》も翌年《よくとし》、閉鎖《へいさ》されてしまった。

神戸海軍操練所跡《こうべかいぐんそうれんじょあと》

海軍操練所《かいぐんそうれんじょ》は、できてわずか１年後に、「幕府《ばくふ》に反対する者が生徒《せいと》にいる」という理由で閉《と》じられた。

©ハウステンボス／J-17219

観光丸《かんこうまる》

海軍操練所《かいぐんそうれんじょ》で訓練船《くんれんせん》として使用された観光丸《かんこうまる》は、現在《げんざい》、当時の姿《すがた》で復元《ふくげん》されている。

なるほどエピソード

「日本を一度洗濯《せんたく》してやろう」!?

海軍操練所《かいぐんそうれんじょ》を開く準備《じゅんび》が進められていた1863年6月末《がつまつ》、龍馬《りょうま》は乙女《おとめ》に手紙を書いた。そのなかで、「長州《ちょうしゅう》をほろぼそうとする幕府《ばくふ》の悪い役人を戦争《せんそう》で倒《たお》して、日本を一度洗濯《せんたく》したい」と書いている。

池《いけ》田《だ》屋《や》事《じ》件《けん》

新《しん》選《せん》組《ぐみ》が尊《そん》王《のう》攘《じょう》夷《い》派《は》におそいかかる!

そのとき龍《りょう》馬《ま》は

6月2日に京都《きょうと》を出発し、江戸《えど》へ向かっている最中《さいちゅう》だった。

30歳《さい》

長《ちょう》州《しゅう》藩《はん》の多くの志《し》士《し》が新《しん》選《せん》組《ぐみ》に殺《ころ》される

1863年、長州藩《ちょうしゅうはん》（現在《げんざい》の山《やま》口《ぐち》県《けん》）を中心とする尊王攘夷派《そんのうじょういは》（天《てん》皇《のう》をうやまい、外国勢力《せいりょく》を追放せよと主張《しゅちょう》する一派《いっぱ》）の志士《しし》が、京《きょう》都《と》で勢力《せいりょく》を強めていた。このため幕府《ばくふ》は薩摩藩《さつまはん》（現在《げんざい》の鹿児島県《かごしまけん》）や会津藩《あいづはん》（現在《げんざい》の福島県《ふくしまけん》）と手を結《むす》び、長州藩《ちょうしゅうはん》を京都《きょうと》から追放した。

翌年《よくとし》の6月5日、長州藩士《ちょうしゅうはんし》を中心とする尊王攘夷派《そんのうじょういは》の志士《しし》たちは、ひそかに京都《きょうと》の池田屋《いけだや》に集まり、天皇《てんのう》を連《つ》れ去る計画について話し合っていた。これを知った新《しん》選組《せんぐみ》の局長・近藤勇《こんどういさみ》は、池田屋《いけだや》に

関連地図《かんれんちず》

池田屋《いけだや》の２階

昭和《しょうわ》時代に写された池田屋《いけだや》の内部で、近藤勇《こんどういさみ》がかけ上がった階段《かいだん》が見える。

仲間《なかま》の死を悲しむ龍馬《りょうま》

神戸海軍操練所《こうべかいぐんそうれんじょ》の望月亀弥太《もちづきかめやた》と北添佶摩《きたぞえきつま》は、池田屋事件《いけだやじけん》に巻《ま》きこまれて死亡《しぼう》した。

池田屋《いけだや》をおそう新選組《しんせんぐみ》

近藤勇《こんどういさみ》が率《ひき》いる新選組《しんせんぐみ》は、尊《そん》王攘夷派《のうじょういは》の志士《しし》が集まっていた池田屋《いけだや》をおそって、９人を殺《ころ》し、約《やく》20人をつかまえた。

ふみこむと、先頭に立って志士《しし》たちに切りかかった。10人以上《いじょう》の志《し》士《し》たちが殺《ころ》されたり、にげた後に自害《じがい》したりしたが、その中には土《と》佐藩《さはん》(現在《げんざい》の高知県《こうちけん》)出身の神戸《こうべ》海《かい》軍操練所《ぐんそうれんじょ》の生徒《せいと》・望月亀弥太《もちづきかめやた》と北《きた》添佶摩《ぞえきつま》も含《ふく》まれていた。

なるほどエピソード

危機一髪《ききいっぱつ》だった桂小五郎《かつらこごろう》

長州藩《ちょうしゅうはん》の桂小五郎《かつらこごろう》(⬇P153)は、池田屋事件《いけだやじけん》の日に池田屋《いけだや》に来ていた。しかし、集合時間より早く着きすぎたため、いったん池田《いけだ》屋《や》を出て、友人に会っていた。小《こ》五郎《ごろう》は事件《じけん》を知って池田屋《いけだや》に向かおうとしたが、友人に止められて、たすかった。

桂小五郎《かつらこごろう》(1833〜1877)

なぞとき幕末《ばくまつ》??

新《しん》選《せん》組《ぐみ》は本当に強かったの？

池田屋《いけだや》に切りこむ近藤勇《こんどういさみ》

1864年、新選組《しんせんぐみ》の局長・近藤勇《こんどういさみ》は、暴力的《ぼうりょくてき》な尊王攘夷派《そんのうじょういは》が集まっている池田屋《いけだや》の2階に、先頭に立って切りこんだ。

土方歳三《ひじかたとしぞう》(1835~1869)

新選組《しんせんぐみ》の副長《ふくちょう》。隊員《たいいん》をきびしい規則《きそく》でしばった。幕府《ばくふ》がほろびても戦《たたか》いを続《つづ》けて戦死《せんし》した。

(➡P113)

近藤勇《こんどういさみ》(1834~1868)

新選組《しんせんぐみ》の局長。池田屋事件《いけだやじけん》をはじめ、京都《きょうと》の尊王攘夷派《そんのうじょういは》の志士《しし》をきびしく取りしまった。

(➡P113)

きびしい稽古《けいこ》を重ねて強くなった剣術集団《けんじゅつしゅうだん》

新選組《しんせんぐみ》は、幕府《ばくふ》が武芸《ぶげい》に優《すぐ》れた浪士《ろうし》(仕える主君がいない武士《ぶし》)を集めてつくった団体《だんたい》である。京都《きょうと》の安全を守る京都守護職《きょうとしゅごしょく》・松平容保《まつだいらかたもり》(⬇P207)の配下となり、京都《きょうと》の尊王攘夷派《そんのうじょういは》の志士《しし》たちをきびしく取りしまった。

局長・近藤勇《こんどういさみ》や副長《ふくちょう》・土方歳三《ひじかたとしぞう》、一番隊《たい》組長・沖田総司《おきたそうじ》らは、天然理心流《てんねんりしんりゅう》の剣術《けんじゅつ》の達人《たつじん》だった。ほかの隊士《たいし》も剣術《けんじゅつ》に優《すぐ》れていたが、新選組《しんせんぐみ》での稽古《けいこ》はとても激《はげ》しかったそうだ。また、剣術《けんじゅつ》だけでなく、鉄砲《てっぽう》や大砲《たいほう》の訓練《くんれん》までしていたという。

新選組《しんせんぐみ》の規則《きそく》はとてもきびし

これが新《しん》選《せん》組《ぐみ》最《さい》強《きょう》伝《でん》説《せつ》だ!!

鉄砲《てっぽう》や大砲《たいほう》も使用!

新選組《しんせんぐみ》は、西本願寺《にしほんがんじ》(京都府《きょうとふ》)を本拠地《ほんきょち》にしていた時期、広い境内《けいだい》で鉄砲《てっぽう》や大砲《たいほう》の訓練《くんれん》をしていた。

剣《けん》の達人《たつじん》ぞろい!

新選組《しんせんぐみ》は剣術《けんじゅつ》に優《すぐ》れた隊士《たいし》が集まっていたが、沖田総司《おきたそうじ》や永倉新八《ながくらしんぱち》などは、隊士《たいし》に教えるほどの腕前《うでまえ》だった。

裏切《うらぎ》り者は許《ゆる》さない!

新選組《しんせんぐみ》の中にも尊王攘夷《そんのうじょうい》の考え方をもち、隊《たい》をやめた者がいた。しかし勇《いさみ》たちは許《ゆる》さず、隊《たい》をやめた者をおそって殺《ころ》した。

きびしすぎる規則《きそく》!

戦《たたか》いで死んだ隊士《たいし》は6人だったのに対し、新選組《しんせんぐみ》の規則《きそく》に違反《いはん》して、処刑《しょけい》された隊士《たいし》は21人だった。

く、破《やぶ》った者の多くは切腹《せっぷく》させられた。裏切《うらぎ》り者も必《かなら》ず見つけ出され、暗殺《あんさつ》された。新選組《しんせんぐみ》は、きびしい訓練《くんれん》と規則《きそく》によってまとまった、恐《おそ》ろしい武力集団《ぶりょくしゅうだん》だったのだ。

ウソ!ホント!?

龍馬《りょうま》は新選組《しんせんぐみ》を見てにげ出した!?

龍馬《りょうま》とお龍《りょう》が伏見《ふしみ》(京都府《きょうとふ》)で一《いっ》緒《しょ》に歩いているとき、新選組《しんせんぐみ》とばったり会った。そのとき龍馬《りょうま》は、お龍《りょう》を置《お》いてすぐににげたそうだ。龍馬《りょうま》は剣《けん》の達人《たつじん》だったが、切り合いになるのが面倒《めんどう》だったようだ。

1864年
30歳《さい》

お龍《りょう》とはじめて出会う

出会ってすぐにふたりは恋《こい》に落ちる！

「おもしろい女性《じょせい》」のお龍《りょう》にほれた龍馬《りょうま》

1864年、龍馬《りょうま》は、尊王攘夷《そんのうじょうい》派《は》の志士《しし》たちの隠《かく》れ家《が》で食事などの世話をしていた楢崎龍《ならさきりょう》（お龍《りょう》）と出会った。龍馬《りょうま》に名前を聞かれたお龍《りょう》は、名前を紙に書くと、龍馬《りょうま》は「わしと同じじゃ」と笑《わら》ったそうだ。ふたりはすぐに仲《なか》よくなり、お互《たが》いの家族の話をするようになった。お龍《りょう》は、妹をだまして連《つ》れて行った悪者の家に小刀をもって乗りこむような女性《じょせい》だった。お龍《りょう》のことを好《す》きになった龍馬《りょうま》は、姉の乙女《おとめ》に、「本当におもしろい女性《じょせい》」と手紙で伝《つた》えている。

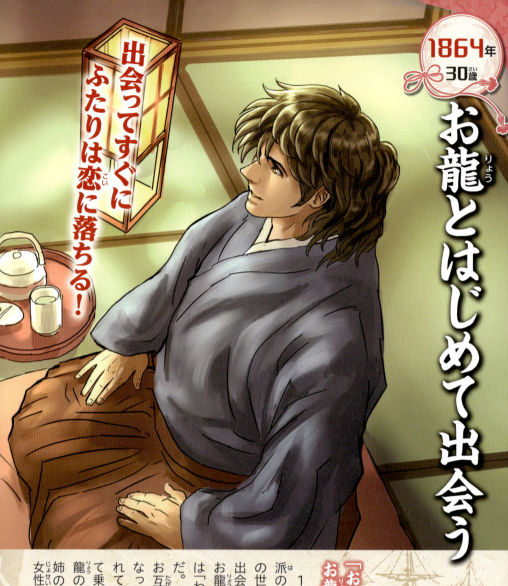

楢崎龍《ならさきりょう》(1841〜1906)

京都《きょうと》の医師《いし》・楢崎将作《ならさきしょうさく》の娘《むすめ》。父の死後、龍馬《りょうま》と出会った。寺田屋事件《てらだやじけん》で龍馬《りょうま》の命をたすける活躍《かつやく》をした。その後、龍馬《りょうま》の妻《つま》となり、日本最初《さいしょ》といわれる新婚《しんこん》旅行をした。

龍馬《りょうま》とお龍《りょう》の像《ぞう》

現在《げんざい》、寺田屋跡《てらだやあと》の近くには龍馬《りょうま》とお龍《りょう》の像《ぞう》が立っている(京都府《きょうとふ》)。

龍馬《りょうま》の世話をするお龍《りょう》

お龍《りょう》は、京都《きょうと》にあった尊王攘夷派《そんのうじょういは》の志士《しし》たちの隠《かく》れ家《が》で、食事をつくっていた。

龍馬《りょうま》とお龍《りょう》が出会った頃《ころ》、京都《きょうと》では池田屋事件《いけだやじけん》や禁門《きんもん》の変《へん》(➡P96)が起こり、とても危険《きけん》だった。そこで龍馬《りょうま》は、京都《きょうと》の南約《やく》10km に位置《いち》する伏見《ふしみ》にあった寺田屋《てらだや》の女将《おかみ》・お登勢《とせ》(➡P155)に、お龍《りょう》をあずけた。

ウソ!ホント!?

ふたりは出会ってすぐに結婚《けっこん》した!?

龍馬《りょうま》とお龍《りょう》は、出会ってわずか数か月後の1864年8月に結婚《けっこん》したという説《せつ》がある。結婚《けっこん》式《しき》はお龍《りょう》の母親や、龍《りょう》馬《ま》の親しい仲間《なかま》だけが参加《さんか》し、京《きょう》都《と》でひそかにおこなわれたといわれる。

幕末《ばくまつ》の歴史《れきし》
1864年

禁《きん》門《もん》の変《へん》(蛤《はまぐり》御《ご》門《もん》の変《へん》)

御所《ごしょ》を攻《せ》めた長州藩《ちょうしゅうはん》は「朝廷《ちょうてい》の敵《てき》」となる!

そのとき龍馬《りょうま》は

30歳《さい》

江戸《えど》で大久保一翁《おおくぼいちおう》に会った後、船で神戸《こうべ》にもどってきたところだった。

長州藩《ちょうしゅうはん》は強引に御所《ごしょ》を攻めるが敗北《はいぼく》する

京都《きょうと》から追放され、さらに池田《いけだ》屋《や》事件《じけん》で多くの仲間《なかま》が殺《ころ》された長《ちょう》州藩《しゅうはん》(現在《げんざい》の山口県《やまぐちけん》)は、「幕府《ばくふ》は許《ゆる》せない。天皇《てんのう》に無実《むじつ》を訴《うった》える」と、京都《きょうと》の御所《ごしょ》(天皇《てんのう》の住居《じゅうきょ》)に向けて兵《へい》を進めた。

幕府《ばくふ》は、長州藩《ちょうしゅうはん》をうつことを決定し、会津藩《あいづはん》(現在《げんざい》の福島県《ふくしまけん》)や薩《さつ》摩藩《まはん》(現在《げんざい》の鹿児島県《かごしまけん》)などに命じて、御所《ごしょ》の門(禁門《きんもん》)を守らせた。長州藩《ちょうしゅうはん》の久坂玄瑞《くさかげんずい》は兵《へい》を引き上げさせようとしたが、過激《かげき》な藩士《はんし》たちが強引に兵《へい》を進め、御所《ごしょ》に向けて攻《せ》めこんだ。

関連地図《かんれんちず》

禁門《きんもん》の変《へん》をえがいた絵

長州軍《ちょうしゅうぐん》は、御所《ごしょ》を守る幕府軍《ばくふぐん》に向かって攻《せ》めこんだ。

蛤御門《はまぐりごもん》に残《のこ》る弾《たま》の跡《あと》

京都御所《きょうとごしょ》の蛤御門《はまぐりごもん》の柱には、弾《たま》の跡《あと》が残《のこ》っている。

長州軍《ちょうしゅうぐん》からうたれる隆盛《たかもり》

苦戦《くせん》する幕府軍《ばくふぐん》をたすけるために、隆盛《たかもり》は薩摩軍《さつまぐん》を率《ひき》いて蛤御門《はまぐりごもん》に向かったが、長州軍《ちょうしゅうぐん》に足をうたれた。

自殺《じさつ》する久坂玄瑞《くさかげんずい》

長州藩《ちょうしゅうはん》の久坂玄瑞《くさかげんずい》は、禁門《きんもん》の変《へん》の負けを覚悟《かくご》して、仲間《なかま》と一緒《いっしょ》に自害《じがい》した。

蛤御門《はまぐりごもん》周辺《しゅうへん》で激《はげ》しい戦《たたか》いとなったが、西郷隆盛《さいごうたかもり》の率《ひき》いる薩摩軍《さつまぐん》が到着《とうちゃく》すると、長州軍《ちょうしゅうぐん》は敗《やぶ》れた。長州藩士《ちょうしゅうはんし》の多くが死亡《しぼう》し、玄瑞《げんずい》も自殺《じさつ》した。

御所《ごしょ》を攻《せ》めたことで、長州藩《ちょうしゅうはん》は朝敵《ちょうてき》(朝廷《ちょうてい》の敵《てき》)となった。幕府《ばくふ》は薩摩藩《さつまはん》などを中心に幕府軍《ばくふぐん》をつくり、長州《ちょうしゅう》を攻《せ》めることに決めた。

1864年 30歳《さい》

西郷《さいごう》隆盛《たかもり》と会談する

龍馬《りょうま》と隆盛《たかもり》がはじめて出会う！

隆盛《たかもり》と話し合う龍馬《りょうま》
龍馬《りょうま》は薩摩藩《さつまはん》の隆盛《たかもり》とはじめて会い、海舟《かいしゅう》に会ってほしいと訴《うった》えた。

勝海舟《かつかいしゅう》に会うことをすすめた龍馬《りょうま》

幕府《ばくふ》は禁門《きんもん》の変《へん》（➡P96）を起こした長州藩《ちょうしゅうはん》（現在《げんざい》の山口県《やまぐちけん》）を攻《せ》めるため、薩摩藩《さつまはん》（現在《げんざい》の鹿児島県《かごしまけん》）を中心に幕府軍《ばくふぐん》をつくった。幕府《ばくふ》軍《ぐん》の司令官《しれいかん》となった薩摩藩《さつまはん》の西郷《さいごう》隆盛《たかもり》は、長州藩《ちょうしゅうはん》をつぶすべきかどうか迷《まよ》っていた。そんなとき、龍《りょう》馬《ま》が隆盛《たかもり》に会いにきた。

龍馬《りょうま》はこのとき、「長州藩《ちょうしゅうはん》をつぶすべきでない」と言い、「幕府《ばくふ》の勝海舟《かつかいしゅう》先生に、ぜひ会って話をしてほしい」と訴《うった》えた。

隆盛《たかもり》に会った海舟《かいしゅう》は、「今の幕《ばく》府《ふ》には日本の政治《せいじ》をおこなう力は

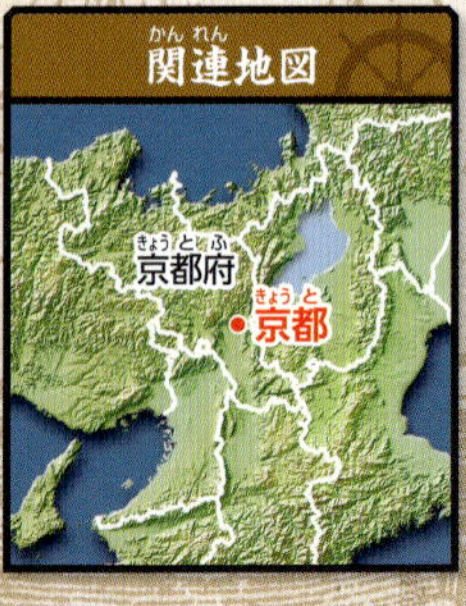

西郷隆盛《さいごうたかもり》(1827〜1877)

薩摩藩《さつまはん》の藩士《はんし》。薩摩藩《さつまはん》のリーダーとして幕府軍《ばくふぐん》に参加《さんか》し、長州藩《ちょうしゅうはん》(現在《げんざい》の山口《やまぐち》県《けん》)との争《あらそ》いに勝利《しょうり》した。後に龍馬《りょうま》のたすけで長州藩《ちょうしゅうはん》と同盟《どうめい》を結《むす》んだ。

(➡P152)

長州征伐《ちょうしゅうせいばつ》に向かう隆盛《たかもり》

隆盛《たかもり》は、幕府軍《ばくふぐん》の司令官《しれいかん》として長州《ちょうしゅう》に向かったが、戦争《せんそう》をしたいとは考えていなかった。

ない」と説明《せつめい》する。さらに「有力な藩《はん》が中心となって新政府《しんせいふ》をつくるべき」と主張《しゅちょう》した。海舟《かいしゅう》の考えに感動した隆盛《たかもり》は、幕府軍《ばくふぐん》を率《ひき》いて出発したが、長州藩《ちょうしゅうはん》をつぶさないため、戦《たたか》わずに降伏《こうふく》させた(第一次長州征伐《ちょうしゅうせいばつ》)。

なるほどエピソード

隆盛《たかもり》を「釣《つ》り鐘《がね》」にたとえた龍馬《りょうま》

龍馬《りょうま》は隆盛《たかもり》の印象《いんしょう》を「西郷《さいごう》さんはまるで釣《つ》り鐘《がね》のような人物で、大きくたたけば大きく響《ひび》き、小さくたたけば小さく響《ひび》く」と海舟《かいしゅう》に話した。その言葉を聞いた海舟《かいしゅう》は、「龍馬《りょうま》は人物を見る目がある」と感心したそうだ。

超《ちょう》ビジュアル！龍《りょう》馬《ま》新聞

第2号

発行所：幕末《ばくまつ》ウィークリー

龍馬《りょうま》は手紙が好《す》きだった!?

龍馬《りょうま》が書いた手紙は数多く残《のこ》っている。どんな内容《ないよう》だったのだろう？

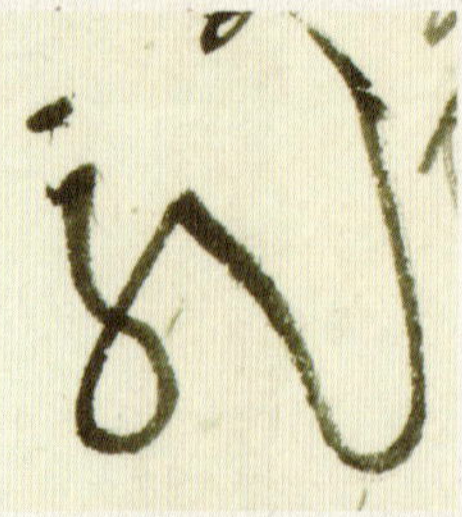

龍馬《りょうま》が自分の署名《しょめい》に書いた「龍《りょう》」の字。

龍馬《りょうま》はとても筆まめだった!?

龍馬《りょうま》は他の志士《しし》に比《くら》べてかなり筆まめで、約《やく》140通の手紙が見つかっている。なくなった手紙もあるはずなので、もっと多くの手紙を書いていただろう。

手紙に絵をかいた!?

龍馬《りょうま》は新婚《しんこん》旅行の様子（左の写真）や、幕府軍《ばくふぐん》と戦《たたか》ったときの様子（⬇P171）などを手紙の中に絵にかいて説明《せつめい》した。

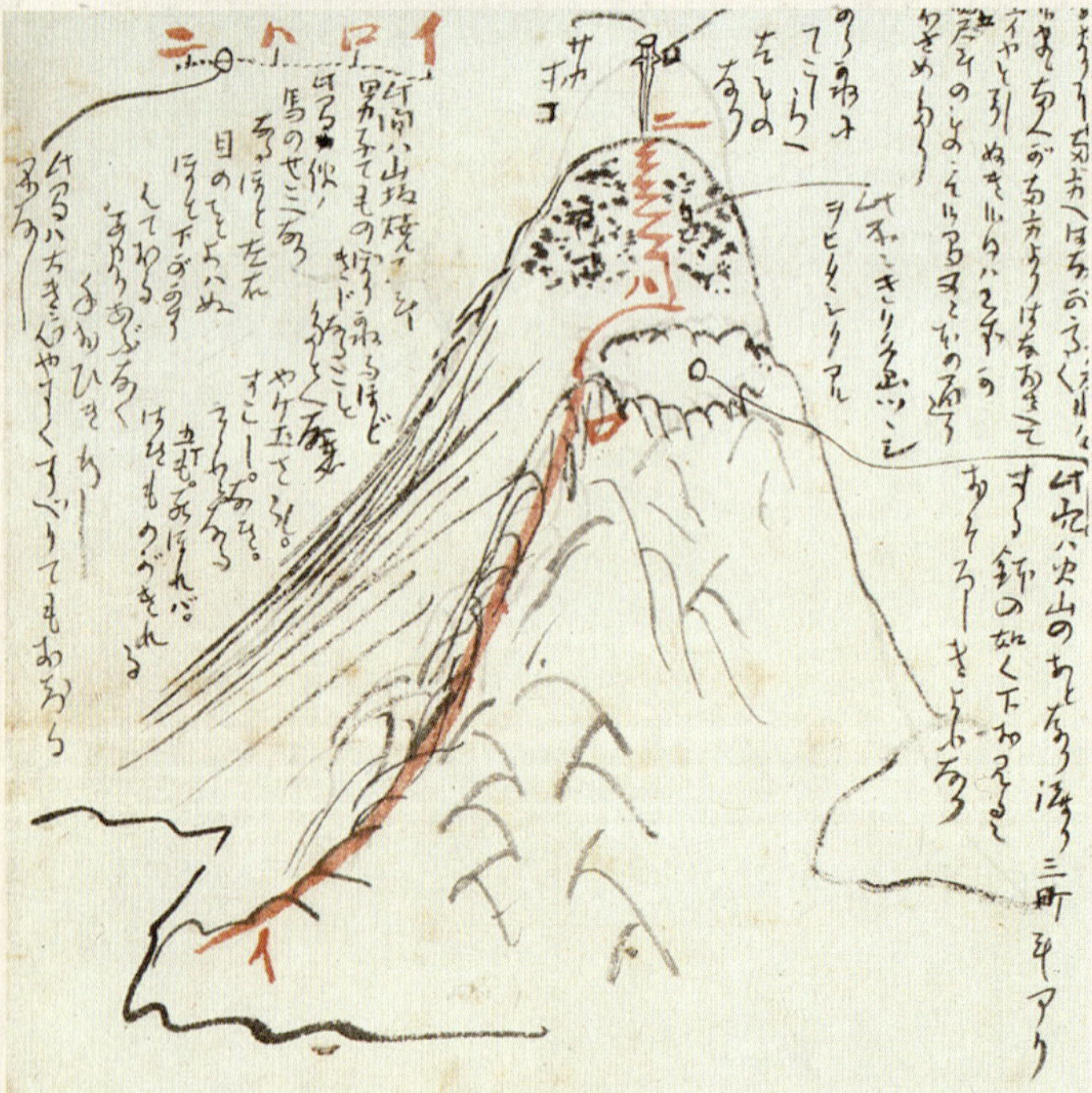

姉・乙女《おとめ》にあてた新婚《しんこん》旅行を伝《つた》える手紙

龍馬《りょうま》がお龍《りょう》と鹿児島《かごしま》に新婚《しんこん》旅行に出かけて、高千穂峰《たかちほのみね》に登山したときの様子を絵で説明《せつめい》している。

京都国立博物館所蔵

ユーモアが好《す》き!?

龍馬《りょうま》の手紙は、ユーモアにあふれているのが特徴《とくちょう》だ。例《たと》えば、「世の中には風呂場《ふろば》で金玉をけがして死ぬような運が悪い人がいるのに、自分は死にそうな目にあっても死なないので運がよい」とか、「『ぶん』と屁《へ》が鳴るような勢《いきお》いでやってみなさい」などの文章を書いている。龍馬《りょうま》は手紙の相手を笑《わら》わせるのが好《す》きだったようだ。

坂本《さかもと》乙女《おとめ》氏《し》に 独占《どくせん》インタビュー

質問《しつもん》 龍馬《りょうま》はどんなことを手紙に書いていましたか？

龍馬《りょうま》は、やっていることや考えていることを、**ありのまま**、わたしに手紙に書いていました。だから、「この手紙には大事なことばかり書いてあるので、**べちゃべちゃとしゃべったり**、手紙を見せたりしてはいけませんよ」などと注意されることもありました。

龍馬《りょうま》の姉・坂本乙女《さかもとおとめし》氏

手紙、長っ！

1867年6月24日、龍馬《りょうま》は乙女《おとめ》に手紙を書きはじめた。
書きたいことがたくさんあるぜよ
姉さんは後藤象二郎《ごとうしょうじろう》を悪人だと言いますが…
後藤《ごとう》はたいへん優《すぐ》れた人物です
それから姉さんが土佐《とさ》を出るのは反対です。京都《きょうと》では戦争《せんそう》がはじまろうとしています
それから…
うわっ！ こんなに長くなってしまった！
このときの手紙の長さは5mにもなった。

龍馬《りょうま》は変名《へんめい》を使っていた!?

幕府《ばくふ》からねらわれていた龍馬《りょうま》は、手紙に変名《へんめい》（別《べつ》の名前）を使うことが多かった。有名な変名《へんめい》が「才谷梅《さいだにうめ》（梅《うめ》）太郎《たろう》」だ。正式な手紙には、諱《いみな》（正式な名前）の「坂本直柔《さかもとなおなり》」と署名《しょめい》した。

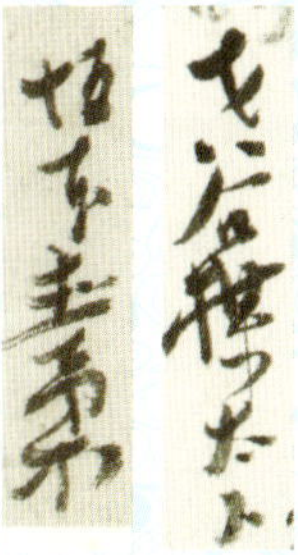

才谷楳太郎《さいだにうめたろう》（右）と坂本直柔《さかもとなおなり》（左）の署名《しょめい》。

高《たか》杉《すぎ》晋《しん》作《さく》が反《はん》乱《らん》を起こす

そのとき龍馬《りょうま》は

海舟《かいしゅう》が江戸《えど》にもどるように命じられたため、神戸《こうべ》海軍《かいぐん》操練所《そうれんじょ》の今後を心配していた。

30歳《さい》

晋作《しんさく》は長州藩《ちょうしゅうはん》を倒幕《とうばく》の勢力《せいりょく》にする

禁門《きんもん》の変《へん》の後、幕府《ばくふ》は、薩摩藩《さつまはん》(現在《げんざい》の鹿児島県《かごしまけん》)などを中心に約《やく》15万人の幕府軍《ばくふぐん》を組織《そしき》すると、長《ちょう》州藩《しゅうはん》(現在《げんざい》の山口県《やまぐちけん》)に攻《せ》めこませた(第一次長州征伐《ちょうしゅうせいばつ》)。長州藩《ちょうしゅうはん》は戦《たたか》うことなく、幕府《ばくふ》に降伏《こうふく》した。その後、長州藩《ちょうしゅうはん》は幕府《ばくふ》に味方する勢《せい》力《りょく》が権力《けんりょく》をにぎった。

長州藩《ちょうしゅうはん》の尊王攘夷派《そんのうじょういは》の高杉晋作《たかすぎしんさく》は、「このままでは長州藩《ちょうしゅうはん》はだめになる」と考えて、功山寺《こうざんじ》(山口《やまぐち》県《けん》)に仲間《なかま》を集めて、反乱《はんらん》を起こした。集まったのは、わずか84人だったが、晋作《しんさく》が戦《たたか》いを続《つづ》けてい

くと、しだいに仲間《なかま》が増《ふ》えていき、奇兵隊《きへいたい》（⬇P104）も味方に加《くわ》わった。

勢力《せいりょく》が大きくなった晋作軍《しんさくぐん》は、長州軍《ちょうしゅうぐん》を破《やぶ》って、藩《はん》の実権《じっけん》をにぎった。そして長州藩《ちょうしゅうはん》の目標《もくひょう》を、「幕府《ばくふ》を倒《たお》すこと」に定めた。

奇兵隊《きへいたい》を率《ひき》いる晋作《しんさく》

晋作《しんさく》がつくった奇兵隊《きへいたい》は、最初《さいしょ》は反乱《はんらん》に協力《きょうりょく》しなかったが、晋作《しんさく》が戦《たたか》いを続《つづ》けるうちに、反乱軍《はんらんぐん》に加《くわ》わった。

高杉晋作《たかすぎしんさく》(1839〜1867)

長州藩士《ちょうしゅうはんし》で、吉田松陰《よしだしょういん》の松下村塾《しょうかそんじゅく》で学んだ。どんな身分でも参加《さんか》できる奇兵隊《きへいたい》をつくった。反乱《はんらん》を起こして藩《はん》の実権《じっけん》をにぎり、幕府《ばくふ》軍《ぐん》と戦《たたか》って勝利《しょうり》した。

（➡P110）

萩城《はぎじょう》を空砲《くうほう》でおどす反乱軍《はんらんぐん》

長州藩《ちょうしゅうはん》の軍艦《ぐんかん》をうばった晋作《しんさく》たちは、海から萩城《はぎじょう》に近寄《ちかよ》り、空砲《くうほう》でおどしをかけた。

なるほどエピソード

龍馬《りょうま》は晋作《しんさく》のことを高く評価《ひょうか》していた！

龍馬《りょうま》は晋作《しんさく》と何度か会っている。すぐれた指導力《しどうりょく》と行動力をもつ晋作《しんさく》を高く評価《ひょうか》していた龍馬《りょうま》は、「天下で才能《さいのう》のある人物といえば、長州《ちょうしゅう》では桂《かつら》小《こ》五郎《ごろう》と高杉晋《たかすぎしん》作《さく》だ」と手紙に書いている。

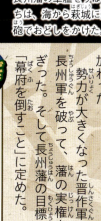

長《ちょう》州《しゅう》藩《はん》の激《げき》動《どう》の2年間!!

1863年

5月 外国船《がいこくせん》を攻撃《こうげき》

攘夷《じょうい》（外国勢力《せいりょく》の追放）を実行するため、長州藩《ちょうしゅうはん》は関門海峡《かんもんかいきょう》を通る外国船を大砲《たいほう》で攻撃《こうげき》した。

6月 奇兵隊《きへいたい》の結成《けっせい》

長州藩《ちょうしゅうはん》は外国の軍艦《ぐんかん》から反撃《はんげき》を受けた。高杉晋作《たかすぎしんさく》は長州藩《ちょうしゅうはん》を守るために、庶民《しょみん》も参加《さんか》できる軍隊《ぐんたい》「奇兵隊《きへいたい》」をつくった。

8月 八月十八日《はちがつじゅうはちにち》の政変《せいへん》

会津藩《あいづはん》や薩摩藩《さつまはん》は、過激《かげき》な長州藩《ちょうしゅうはん》を危険《きけん》に感じ、御所《ごしょ》（天皇《てんのう》の住居《じゅうきょ》）の門を守る役目をしていた長州藩《ちょうしゅうはん》を追放した。

8月 七卿落《しちきょうお》ち

長州藩《ちょうしゅうはん》に味方していた三条実美《さんじょうさねとみ》ら７人の公卿《くぎょう》（朝廷《ちょうてい》に仕える人びと）は、追放された長州藩士《ちょうしゅうはんし》とともに長州《ちょうしゅう》へにげた。

追いつめられた長州藩《ちょうしゅうはん》を高杉晋作《たかすぎしんさく》が復活《ふっかつ》させる

尊王攘夷《そんのうじょうい》（天皇《てんのう》をうやまい、外国勢力《せいりょく》を追放せよという考え）を最《もっと》も激《はげ》しく主張《しゅちょう》し、実行したのは長州藩《ちょうしゅうはん》（現在《げんざい》の山口県《やまぐちけん》）だった。

長州藩《ちょうしゅうはん》は関門海峡《かんもんかいきょう》を通る外国船を砲撃《ほうげき》する一方、攘夷《じょうい》に賛成《さんせい》する公卿《くぎょう》（朝廷《ちょうてい》に仕える人びと）を味方につけ、朝廷内《ちょうていない》で勢力《せいりょく》を広げていった。これに対し、幕府《ばくふ》は会津《あいづ》藩《はん》（現在《げんざい》の福島県《ふくしまけん》）や薩摩藩《さつまはん》（現在《げんざい》の鹿児島県《かごしまけん》）と手を結《むす》び、京都《きょうと》から長州藩《ちょうしゅうはん》を追放した。

翌年《よくとし》の池田屋事件《いけだやじけん》や禁門《きんもん》の変《へん》で追いこまれた長州藩《ちょうしゅうはん》は、下関戦争《しものせきせんそう》でも外国に大敗《たいはい》し、攻《せ》めてくる幕《ばく》府軍《ふぐん》に降伏《こうふく》した。長州藩《ちょうしゅうはん》は幕府《ばくふ》に味方する勢力《せいりょく》が権力《けんりょく》をにぎったが、高杉晋作《たかすぎしんさく》が反乱《はんらん》を起こし、藩《はん》の実権《じっけん》をうばい返したのだった。

1864年

6月 池田屋事件《いけだやじけん》(→P90)

京都《きょうと》に残《のこ》っていた過激《かげき》な長州藩士《ちょうしゅうはんし》は、池田屋《いけだや》で集まっているところを新選組《しんせんぐみ》におそわれ、殺《ころ》された。

7月 禁門《きんもん》の変《へん》(→P96)

池田屋事件《いけだやじけん》に怒《おこ》った長州藩《ちょうしゅうはん》は、京都《きょうと》での勢力《せいりょく》を取りもどそうとして、御所《ごしょ》を攻《せ》めたが、会津軍《あいづぐん》や薩摩軍《さつまぐん》に敗《やぶ》れた。

7月 第一次長州征伐《ちょうしゅうせいばつ》

禁門《きんもん》の変《へん》を起こした長州藩《ちょうしゅうはん》を罰《ばっ》するため、幕府《ばくふ》は、薩摩藩《さつまはん》などと一緒《いっしょ》に幕府軍《ばくふぐん》をつくり、長州《ちょうしゅう》藩《はん》へ軍《ぐん》を進めた。

8月 下関戦争《しものせきせんそう》

1年前の長州藩《ちょうしゅうはん》の攻撃《こうげき》に仕返しするため、イギリスを中心とする外国の軍艦《ぐんかん》17隻《せき》が下関《しものせき》を攻撃《こうげき》。長州藩《ちょうしゅうはん》は負け、大打撃《だいだげき》を受けた。

イギリス軍《ぐん》に占領《せんりょう》された下関《しものせき》。

11月 幕府《ばくふ》に降伏《こうふく》

長州藩《ちょうしゅうはん》の内部では、幕府軍《ばくふぐん》に降伏《こうふく》する勢力《せいりょく》が権力《けんりょく》をにぎり、幕府《ばくふ》にあやまって降伏《こうふく》した。晋作《しんさく》らは追放された。

12月 晋作《しんさく》の反乱《はんらん》(→P102)

晋作《しんさく》は長州藩《ちょうしゅうはん》に反乱《はんらん》を起こし、翌年《よくとし》2月に勝利《しょうり》した。幕府《ばくふ》にしたがおうとする勢力《せいりょく》を追放して、藩《はん》の実権《じっけん》をにぎった。

超《ちょう》ビジュアル！
龍《りょう》馬《ま》新聞

第3号

発行所：亀《かめ》山《やま》新聞社

龍《りょう》馬《ま》が好《す》きだったファッションは？

龍《りょう》馬《ま》はどんな髪型《かみがた》や服、靴《くつ》、小物などが好《す》きだったのだろう？

亀山社中跡《かめやましゃちゅうあと》の前にある龍馬《りょうま》のブーツの像《ぞう》。

髪型《かみがた》は総髪《そうはつ》が好《す》きだった!?

龍馬《りょうま》の髪型《かみがた》は髪《かみ》全部を後ろに束《たば》ねてしばる「総髪《そうはつ》」と呼《よ》ばれるもの。普通《ふつう》の武士《ぶし》は頭の上の部分をそらなければいけなかったが、龍馬《りょうま》は脱藩《だっぱん》していたので、自由な髪型《かみがた》にできた。

総髪《そうはつ》の龍馬《りょうま》。

京都国立博物館所蔵

龍馬《りょうま》の紋服《もんぷく》
胸《むね》に坂本家《さかもとけ》の家紋《かもん》が入っている。服の大きさから、身長は約《やく》172cm、体重は約《やく》80kgと考えられている。

羽織《はおり》と袴《はかま》にこだわった!?

志士《しし》の多くは粗末《そまつ》な着物を着ていたが、龍馬《りょうま》はいつも高級品の袴《はかま》と羽織《はおり》を着ていたそうだ。中岡慎太郎《なかおかしんたろう》は、「あんなにおめかしして、武士《ぶし》にはめずらしい男だ」と言っていたそうだ。

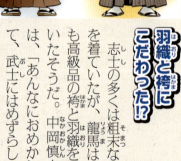

ブーツをはいていた!?

龍馬《りょうま》がブーツをはいている写真が残《のこ》っている。走り回ったり、船に乗ったりすることが多かった龍馬《りょうま》は、動きやすかったブーツを、よくはいていたようだ。

個人蔵・下関市立長府博物館寄託

ブーツをはいた龍馬《りょうま》

この写真のブーツは、グラバーが紹《しょう》介《かい》した店で買ったという説《せつ》がある。

着物が変《か》わった!?
あるとき、龍馬《りょうま》はたてじま模様《もよう》の着物を着て出かけた。
いってらっしゃい!
しかし、帰ってきたときは白い着物を着ていた。
帰ってきたぜよ
あれ!?
その着物、どうしたの?
着物を取られて困《こま》っていたら…
西郷《さいごう》さんが、この着物をくれたんじゃ
どこで着物を取られたのかしら…?

かわいい小物を使っていた!?

龍馬《りょうま》がいつも持ち歩いていた三徳《さんとく》が残《のこ》されている。三徳《さんとく》とは小物入れのことで、鼻紙、書類《しょるい》、ようじの3種類《しゅるい》を入れることができた。表面には牡丹《ぼたん》と菊《きく》の花がデザインされ、金具は蝶《ちょう》をモデルにつくられている。龍馬《りょうま》はかわいらしい小物が好《す》きだったようだ。

龍馬《りょうま》が使っていた三徳《さんとく》。京都国立博物館所蔵

坂本家《さかもとけ》は明智家《あけちけ》の子孫《しそん》!?

坂本家《さかもとけ》は、明智光秀《あけちみつひで》の親類《しんるい》だった明智秀満《あけちひでみつ》の子孫《しそん》だという伝説《でんせつ》がある。坂本家《さかもとけ》の家紋《かもん》に使われている桔梗《ききょう》紋《もん》は、明智家《あけちけ》の家紋《かもん》としても知られている。

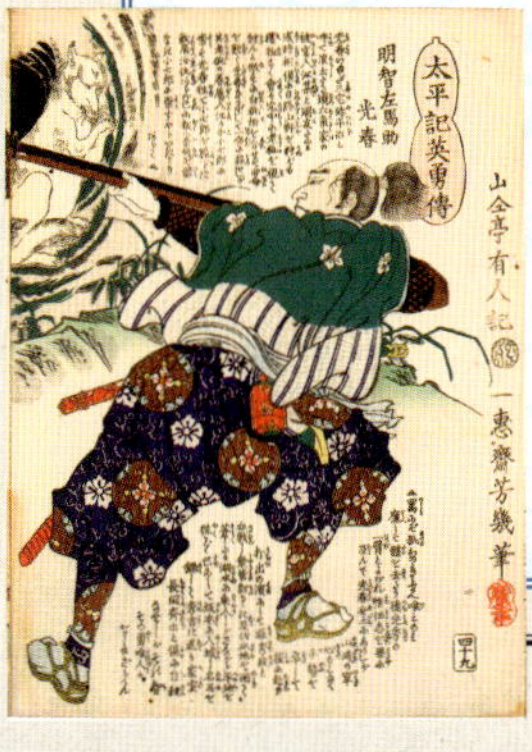

太平記英勇伝
明智左馬助 光春

明智秀満《あけちひでみつ》をえがいた絵。「太平記英勇伝 四十九 明智左馬助光春」東京都立中央図書館特別文庫室所蔵

武市半平太《たけちはんぺいた》

土佐藩《とさはん》

土佐勤王党《とさきんのうとう》をつくった龍馬《りょうま》の仲間《なかま》

武市半平太《たけちはんぺいた》は土佐藩《とさはん》(現在《げんざい》の高知県《こうちけん》)の郷士《ごうし》(下級武士《ぶし》)として生まれたが、「白札《しらふだ》」という身分だった。白札《しらふだ》は、郷《ごう》士《し》であっても上士《じょうし》(上級武士《ぶし》)と同じようにあつかわれた。

龍馬《りょうま》の7歳《さい》年上で、親類《しんるい》だった。若《わか》い頃《ころ》から龍馬《りょうま》と仲《なか》がよく、龍馬《りょうま》は半平《はんぺい》太《た》のことを「あぎ(あご)」と呼《よ》び、半平《はんぺい》太《た》は龍馬《りょうま》のことを「あざ」と呼《よ》んでいた。半平太《はんぺいた》は男前で、身長が180㎝くらいあったといわれる。いつも冷静《れいせい》で、とてもまじめな性格《せいかく》で、龍馬《りょうま》から「半平太《はんぺいた》は窮屈《きゅうくつ》なことばかり言う」と、からかわれていたそうだ。剣術《けんじゅつ》も得意《とくい》で、土佐《とさ》で剣術《けんじゅつ》道場を開いた後、江戸《えど》の三大道場のひとつ「士学館《しがくかん》」で剣術修《けんじゅつしゅ》行《ぎょう》をした。

その後、「土佐藩《とさはん》を勤王《きんのう》(天皇《てんのう》に尽《つ》くすこと)の藩《はん》にするべき」と考えた半平《はんぺい》太《た》は、龍馬《りょうま》たちとともに土佐勤王党《とさきんのうとう》をつくった。そして、参政《さんせい》(藩《はん》の重役)だった吉田東洋《よしだとうよう》(⬇P111)を暗殺《あんさつ》し、藩《はん》の実権《じっけん》をにぎった。しかし東洋《とうよう》を信頼《しんらい》していた山内容堂《やまうちようどう》(⬇P185)の怒《いか》りを買い、切腹《せっぷく》させられた。

出身地《しゅっしんち》	土佐《とさ》(現在《げんざい》の高知県《こうちけん》)
生年月日《せいねんがっぴ》	1829年9月27日
死亡年月日《しぼうねんがっぴ》	1865年5月11日
享年《きょうねん》	37歳《さい》(切腹《せっぷく》)

肖像《しょうぞう》

半平太《はんぺいた》の家
高知城《こうちじょう》から約《やく》7㎞東の場所に、現在《げんざい》も半平太《はんぺいた》の家が残《のこ》っている(高知県《こうちけん》)。

幕府《ばくふ》

勝海舟《かつかいしゅう》

日本海軍《かいぐん》をつくろうとした龍馬《りょうま》の師匠《ししょう》

勝海舟《かつかいしゅう》は幕府《ばくふ》の家臣《かしん》の子として、江《え》戸《ど》で生まれた。家は貧乏《びんぼう》だったが、オランダの学問や西洋式の砲術《ほうじゅつ》（大砲《たいほう》をうつ技術《ぎじゅつ》）などをけんめいに勉強して、幕府《ばくふ》から認《みと》められた。さらに長崎《ながさき》でオランダ人から航海術《こうかいじゅつ》を学んだ後、1860年、幕府《ばくふ》の蒸気船《じょうきせん》「咸臨丸《かんりんまる》」を指揮《しき》して、アメリカへ行った。

アメリカの進んだ文明を見た海舟《かいしゅう》は、「日本に最《もっと》も必要《ひつよう》なのは強い海軍《かいぐん》だ」と考えた。そんなとき、龍馬《りょうま》が海《かい》舟《しゅう》のもとを訪《おとず》れてきた。海舟《かいしゅう》が海軍《かいぐん》の大切さを説明《せつめい》すると、感激《かんげき》した龍馬《りょうま》は、その場で弟子《でし》になりたいと申し出た。龍馬《りょうま》は、「日本第一の人物、勝海《かつかい》舟《しゅう》先生の弟子《でし》になった」と、その喜《よろこ》びを姉の乙女《おとめ》に手紙で伝《つた》えている。

海舟《かいしゅう》は龍馬《りょうま》とともに、神戸海軍操練《こうべかいぐんそうれん》所《じょ》を開設《かいせつ》し、すぐれた人材《じんざい》を集めて海《かい》軍《ぐん》をつくろうとした。しかしわずか1年で操練所《そうれんじょ》は閉鎖《へいさ》され、海舟《かいしゅう》は江戸《えど》に呼《よ》びもどされた。

龍馬《りょうま》の死後、江戸城《えどじょう》を総攻撃《そうこうげき》しようとする新政府軍《しんせいふぐん》の西郷隆盛《さいごうたかもり》に会い、攻《こう》撃《げき》を中止させるように説得《せっとく》した。

出身地《しゅっしんち》	江戸《えど》（現在《げんざい》の東京都《とうきょうと》）
生年月日《せいねんがっぴ》	1823年1月30日
死亡年月日《しぼうねんがっぴ》	1899年1月19日
享年《きょうねん》	77歳《さい》（病死）

肖像《しょうぞう》

海舟《かいしゅう》と隆盛《たかもり》の会見の地

江戸攻撃《えどこうげき》を中止させるため、海舟《かいしゅう》が隆盛《たかもり》を説得《せっとく》した場所に石碑《せきひ》が立っている（東京都《とうきょうと》）。

長州藩《ちょうしゅうはん》

奇兵隊《きへいたい》を率《ひき》いて長州藩《ちょうしゅうはん》の実権《じっけん》をにぎる

高杉晋作《たかすぎしんさく》

出身地《しゅっしんち》	長門《ながと》(現在《げんざい》の山口県《やまぐちけん》)
生年月日《せいねんがっぴ》	1839年8月20日
死亡年月日《しぼうねんがっぴ》	1867年4月14日
享年《きょうねん》	29歳《さい》(病死)

肖像《しょうぞう》

　高杉晋作《たかすぎしんさく》は長州藩《ちょうしゅうはん》(現在《げんざい》の山口県《やまぐちけん》)の藩士《はんし》で、19歳《さい》のときに吉田松陰《よしだしょういん》の松下村塾《しょうかそんじゅく》に入り、尊王攘夷《そんのうじょうい》(天皇《てんのう》をうやまい、外国勢力《せいりょく》を追い払《はら》うこと)の考え方を教えられた。24歳《さい》のとき、清《しん》(中国《ちゅうごく》)の上海《シャンハイ》に渡《わた》った晋作《しんさく》は、清《しん》が欧米《おうべい》各国《かっこく》に支配《しはい》されている様子を見て、「このままでは日本も植民地《しょくみんち》にされてしまう」と考えた。晋作《しんさく》は日本にもどると、品川《しながわ》(東京都《とうきょうと》)のイギリス公使館を放火するなど、攘夷《じょうい》活動を進めた。

　１８６３年、晋作《しんさく》は外国などから長州藩《ちょうしゅうはん》を守るため、庶民《しょみん》が参加《さんか》できる軍《ぐん》隊《たい》「奇兵隊《きへいたい》」をつくった。翌年《よくとし》、晋作《しんさく》は奇兵隊《きへいたい》などを率《ひき》いて反乱《はんらん》を起こし、長《ちょう》州藩《しゅうはん》の実権《じっけん》をうばった。

　晋作《しんさく》は、薩長同盟実現《さっちょうどうめいじつげん》のために活動する龍馬《りょうま》に感謝《かんしゃ》し、ピストルを贈《おく》った。寺田屋事件《てらだやじけん》(⬇P１４６)のとき、龍馬《りょうま》はこのピストルで戦《たたか》った。小倉口《こくらぐち》の戦《たたか》い(⬇P１７０)のときは、龍馬《りょうま》に応援《おうえん》を頼《たの》み、幕府軍《ばくふぐん》に勝利《しょうり》した。しかし、幕府《ばくふ》が倒《たお》れる直前に病死した。

功山寺《こうざんじ》の晋作像《しんさくぞう》

晋作《しんさく》は功山寺《こうざんじ》に集まった84人の仲間《なかま》で反乱《はんらん》を起こした。写真の晋作像《しんさくぞう》は、そのときの姿《すがた》を表している(山口県《やまぐちけん》)。

土佐藩《とさはん》

暗殺《あんさつ》された土佐藩《とさはん》の参政《さんせい》

吉田東洋《よしだとうよう》

土佐藩《とさはん》（現在《げんざい》の高知県《こうちけん》）の上士《じょうし》（上級武士《ぶし》）だった吉田東洋《よしだとうよう》は、藩主《はんしゅ》の山内容堂《やまうちようどう》（➡P185）に信頼《しんらい》され、参政《さんせい》（藩《はん》の重役）になった。容堂《ようどう》が藩《はん》主《しゅ》をやめた後、土佐藩《とさはん》の政治《せいじ》をまかされた。「土佐藩《とさはん》を勤王《きんのう》（天皇《てんのう》に尽《つ》くすこと）の藩《はん》にしたい」という武市半《たけちはん》平太《ぺいた》の訴《うった》えを無視《むし》したため、半平太《はんぺいた》の指示《しじ》を受けた土佐勤王党員《とさきんのうとういん》によって暗殺《あんさつ》された。

東洋暗殺《とうようあんさつ》の地

東洋《とうよう》は高知城《こうちじょう》から帰る途中《とちゅう》、土《と》佐勤王党員《さきんのうとういん》に暗《あん》殺《さつ》された。

出身地《しゅっしんち》	土佐《とさ》（現在《げんざい》の高知県《こうちけん》）
生年月日《せいねんがっぴ》	1816年（誕生日《たんじょうび》は不明《ふめい》）
死亡年月日《しぼうねんがっぴ》	1862年4月8日
享年《きょうねん》	47歳《さい》（暗殺《あんさつ》）

肖像《しょうぞう》

土佐藩《とさはん》

「人斬《ひとき》り以蔵《いぞう》」と呼《よ》ばれた暗殺者《あんさつしゃ》

岡田以蔵《おかだいぞう》

岡田以蔵《おかだいぞう》は土佐藩《とさはん》の郷士《ごうし》（下級武《ぶ》士《し》）で、武市半平太《たけちはんぺいた》の道場や、江戸《えど》の三大道場のひとつ「士学館《しがくかん》」で剣術《けんじゅつ》を学んだ。半平太《はんぺいた》の土佐勤王党《とさきんのうとう》に参《さん》加《か》して京都《きょうと》に入ると、半平太《はんぺいた》の指示《しじ》で幕府《ばくふ》に味方する人びとを次つぎと切り殺《ころ》した。「人斬《ひとき》り以蔵《いぞう》」と呼《よ》ばれて恐《おそ》れられた以蔵《いぞう》だったが、山内容《やまうちよう》堂《どう》が土佐勤王党員《とさきんのうとういん》の処罰《しょばつ》をはじめると、京都《きょうと》でつかまり、土佐《とさ》に送られて処刑《しょけい》された。

出身地《しゅっしんち》	土佐《とさ》（現在《げんざい》の高知県《こうちけん》）
生年月日《せいねんがっぴ》	1838年（誕生日《たんじょうび》は不明《ふめい》）
死亡年月日《しぼうねんがっぴ》	1865年5月11日
享年《きょうねん》	28歳《さい》（刑死《けいし》）

以蔵《いぞう》の墓《はか》

きびしい取り調べを受けた以蔵《いぞう》は、仲間《なかま》の罪《つみ》も白状《はくじょう》したという。

松平春嶽《まつだいらしゅんがく》

龍馬《りょうま》に大金を貸《か》した名君《めいくん》

松平春嶽《まつだいらしゅんがく》は、越前藩《えちぜんはん》(現在《げんざい》の福井《ふくい》県《けん》)の藩主《はんしゅ》で、「松平慶永《まつだいらよしなが》」の名前でも知られる。西洋の技術《ぎじゅつ》や学問を早くから取り入れ、藩《はん》の力を強くした。井伊直弼《いいなおすけ》と対立して藩主《はんしゅ》をやめさせられた後も、藩《はん》の実権《じっけん》をにぎり、朝廷《ちょうてい》と幕府《ばくふ》が協力関係《きょうりょくかんけい》を築《きず》けるように努力《どりょく》した。龍馬《りょうま》と親しくなり、勝海舟《かつかいしゅう》を紹介《しょうかい》したり、神戸《こうべ》海軍《かいぐん》操練所《そうれんじょ》の資金《しきん》を貸《か》したりした。

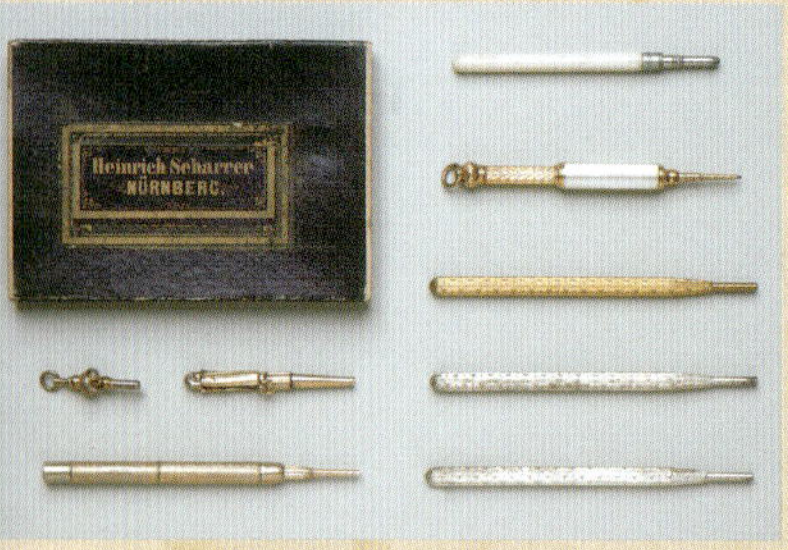

春嶽《しゅんがく》のシャープペンシル

春嶽《しゅんがく》は早くから西洋文明に強い興《きょう》味《み》をもっていた。

出身地《しゅっしんち》	江戸《えど》(現在《げんざい》の東京都《とうきょうと》)
生年月日《せいねんがっぴ》	1828年9月2日
死亡年月日《しぼうねんがっぴ》	1890年6月2日
享年《きょうねん》	63歳《さい》(病死)

肖像《しょうぞう》

熊本藩《くまもとはん》

横井小楠《よこいしょうなん》

龍馬《りょうま》と語り合った学者

熊本藩《くまもとはん》(現在《げんざい》の熊本県《くまもとけん》)の学者だった横井小楠《よこいしょうなん》は、松平春嶽《まつだいらしゅんがく》に才能《さいのう》を認《みと》められ、越前藩《えちぜんはん》に招《まね》かれた。そして藩《はん》を豊《ゆた》かにする政策《せいさく》を次つぎと提案《ていあん》した。この時期、越前《えちぜん》にきていた龍《りょう》馬《ま》に会い、「貿易《ぼうえき》で日本を豊《ゆた》かにし、軍隊《ぐんたい》を強くするべき」と主張《しゅちょう》した。その後も龍馬《りょうま》と何度も会い、龍馬《りょうま》の考え方に強い影響《えいきょう》を与《あた》えた。

小楠像《しょうなんぞう》

小楠《しょうなん》を尊敬《そんけい》していた龍《りょう》馬《ま》は、熊本《くまもと》にいた小楠《しょうなん》のもとを3回ほど訪《たず》ねたという(熊本県《くまもとけん》)。

出身地《しゅっしんち》	肥後《ひご》(現在《げんざい》の熊本県《くまもとけん》)
生年月日《せいねんがっぴ》	1809年8月13日
死亡年月日《しぼうねんがっぴ》	1869年1月5日
享年《きょうねん》	61歳《さい》(暗殺《あんさつ》)

肖像《しょうぞう》

幕府《ばくふ》

志士《しし》に恐《おそ》れられた新選組《しんせんぐみ》局長

近藤勇《こんどういさみ》

武蔵《むさし》(現在《げんざい》の東京都《とうきょうと》)で剣術《けんじゅつ》を学んだ近藤勇《こんどういさみ》は、新選組《しんせんぐみ》をつくって局長となった。そして京都守護職《きょうとしゅごしょく》・松平《まつだいら》容保《かたもり》(⬇P207)のもとで、京都《きょうと》の尊王攘夷派《そんのうじょういは》(天皇《てんのう》をうやまい、外国勢力《せいりょく》を追放せよと主張《しゅちょう》する人びと)を取りしまり、池田屋事件《いけだやじけん》(⬇P90)などで活躍《かつやく》した。しかし幕府《ばくふ》がほろびた後、新政府《しんせいふ》に処刑《しょけい》された。

池田屋跡《いけだやあと》

池田屋《いけだや》があった場所には、現在《げんざい》、石碑《せきひ》が立っている(京都府《きょうとふ》)。

出身地《しゅっしんち》	武蔵《むさし》(現在《げんざい》の東京都《とうきょうと》)
生年月日《せいねんがっぴ》	1834年10月9日
死亡年月日《しぼうねんがっぴ》	1868年4月25日
享年《きょうねん》	35歳《さい》(刑死《けいし》)

肖像《しょうぞう》

幕府《ばくふ》

隊員《たいいん》にきびしかった新選組《しんせんぐみ》副長《ふくちょう》

土方歳三《ひじかたとしぞう》

近藤勇《こんどういさみ》と一緒《いっしょ》に剣術《けんじゅつ》を学んだ土方《ひじかた》歳三《としぞう》は、勇《いさみ》と一緒《いっしょ》に新選組《しんせんぐみ》をつくり、副長《ふくちょう》となった。新選組《しんせんぐみ》を強い戦《せん》闘集団《とうしゅうだん》に育てるため、隊士《たいし》たちをきびしく指導《しどう》し、規則《きそく》を破《やぶ》った者は容《よう》赦《しゃ》なく切腹《せっぷく》させた。幕府《ばくふ》がほろびた後、新選組《しんせんぐみ》を率《ひき》いて新政府軍《しんせいふぐん》と戦《たたか》ったが負け続《つづ》け、最後《さいご》は箱館《はこだて》(北海道《ほっかいどう》)に渡《わた》って旧幕府軍《きゅうばくふぐん》に参加《さんか》して戦《たたか》ったが、戦死《せんし》した。

歳三《としぞう》の戦死地《せんしち》

歳三《としぞう》は幕府《ばくふ》がほろびた後、新政府軍《しんせいふぐん》と箱館《はこだて》で戦《たたか》ったが戦死《せんし》した(北海道《ほっかいどう》)。

出身地《しゅっしんち》	武蔵《むさし》(現在《げんざい》の東京都《とうきょうと》)
生年月日《せいねんがっぴ》	1835年5月5日
死亡年月日《しぼうねんがっぴ》	1869年5月11日
享年《きょうねん》	35歳《さい》(戦死《せんし》)

肖像《しょうぞう》

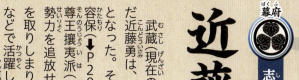

幕末《ばくまつ》おもしろコラム

志《し》士《し》たちの筆《ひっ》跡《せき》診《しん》断《だん》!!

志《し》士《し》たちが残《のこ》した手紙から、性《せい》格《かく》がわかる!?

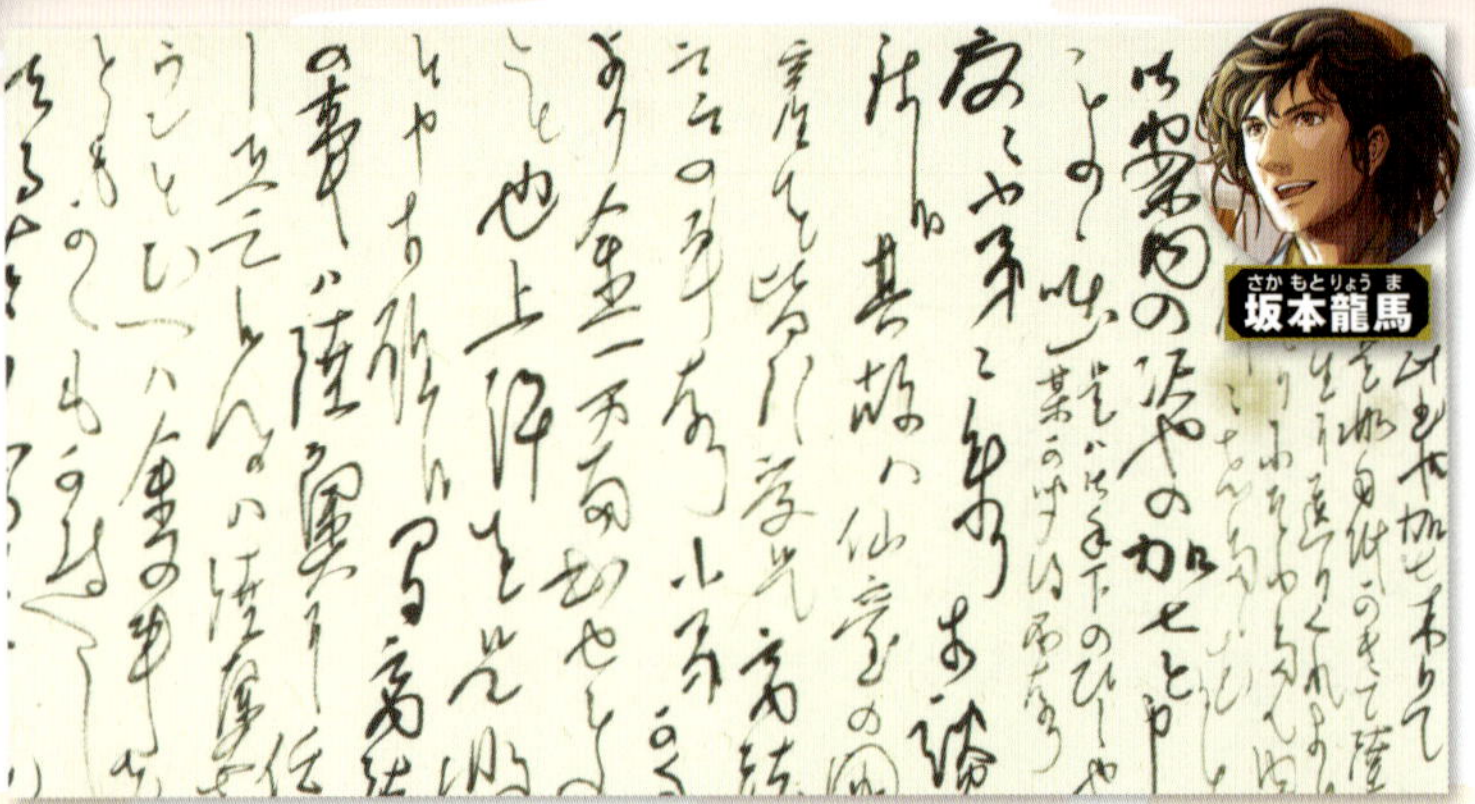
坂《さか》本《もと》龍《りょう》馬《ま》

診《しん》断《だん》 字の大きさがばらばらで、のびのびした性格《せいかく》を感じさせる。紙いっぱいに字が書きこまれており、言いたいことがたくさんある人物であろう。

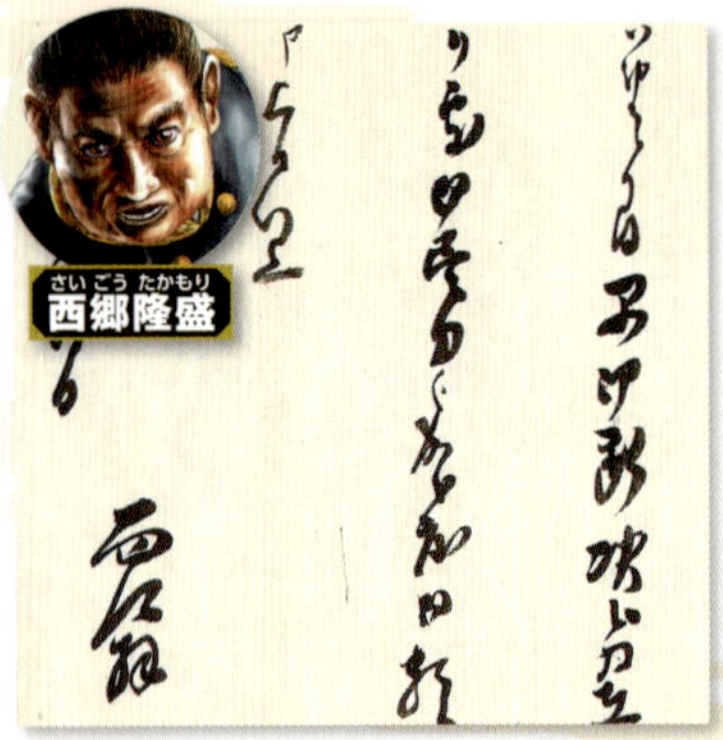
西《さい》郷《ごう》隆《たか》盛《もり》

診《しん》断《だん》 字の線が太く、行と行の間が広い。度胸《どきょう》があり、心が広い人物であることが想像《そうぞう》できる。

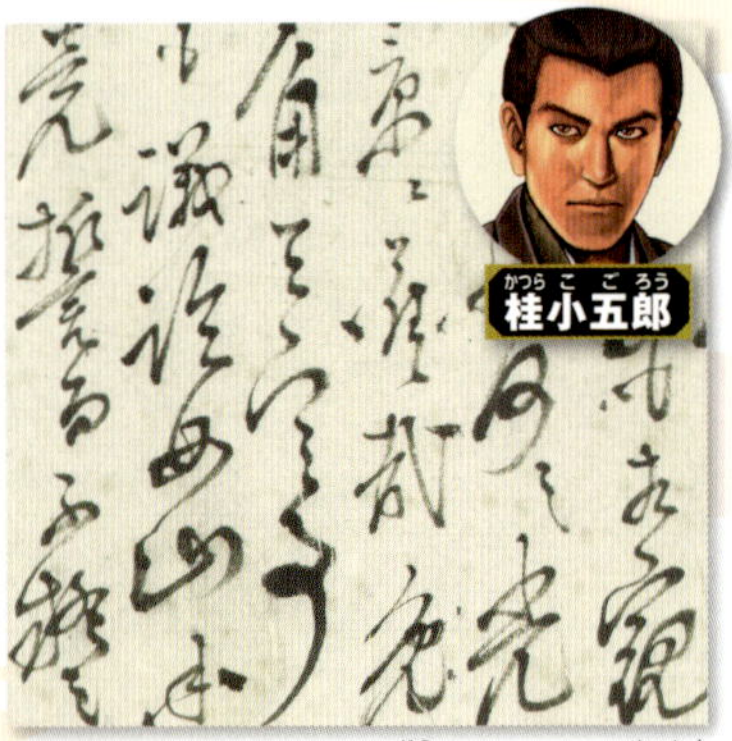
桂《かつら》小《こ》五《ご》郎《ろう》

診《しん》断《だん》 字が大きく、堂《どう》どうとした性格《せいかく》を感じさせる。字がまっすぐ並《なら》んでおり、意外に神経質《しんけいしつ》かも。

高《たか》杉《すぎ》晋《しん》作《さく》

診《しん》断《だん》 勢《いきお》いのある字であるが、字は細く、行間も広い。激《はげ》しさと繊細《せんさい》さの両方をもつ人物だろう。

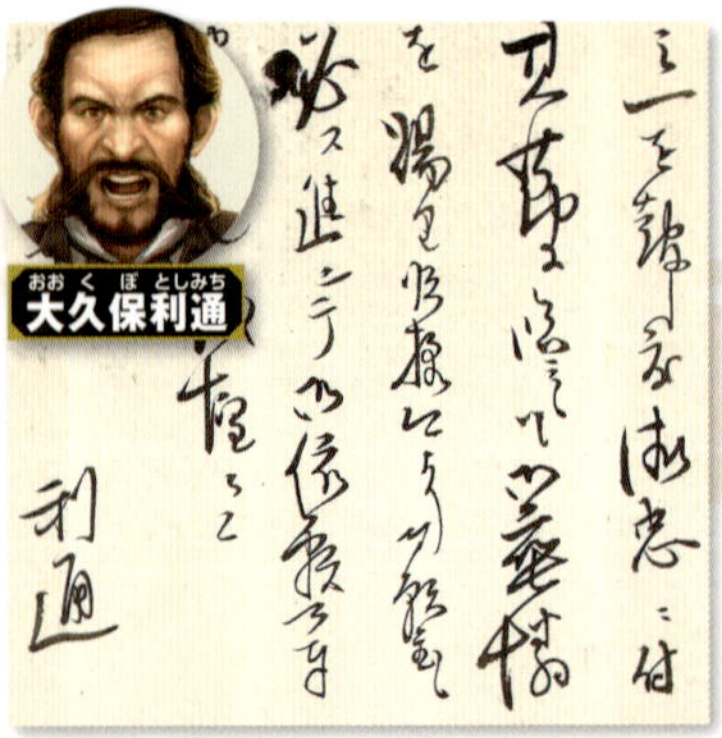
大《おお》久《く》保《ぼ》利《とし》通《みち》

診《しん》断《だん》 堂《どう》どうとした迷《まよ》いのない字で、自信《じしん》にあふれた人物と思われる。秀才《しゅうさい》タイプであろう。

3章

薩《さっ》長《ちょう》同《どう》盟《めい》と寺《てら》田《だ》屋《や》事《じ》件《けん》

1864年 神戸海軍操練所《こうべかいぐんそうれんじょ》——
みんな すまない… 江戸《えど》にもどれと 命令《めいれい》が出た
幕府《ばくふ》は、おれがここで 攘夷《じょうい》の志士《しし》を育てている と思っている
今の役目もやめさせ られるだろう……
そうなれば この海軍操練所《かいぐんそうれんじょ》も なくなる
みんなのことは 薩摩《さつま》の西郷《さいごう》さんに 頼《たの》んである
先生、わしは あきらめんぜよ！
ここが なくなっても
船が手に入れば、この仲間《なかま》で訓練《くんれん》が できるぜよ！
金は荷物を運んで かせげばいい！

「社中《しゃちゅう》」をつくるのか
英語《えいご》でいう「カンパニー」だな!
!
そうだ社中《しゃちゅう》だ!
わしらはこれから社中《しゃちゅう》として、活動していくぜよ!
おぉー
そのためには船を必《かなら》ず手に入れる!
日本最初《さいしょ》の会社といわれるこの「社中《しゃちゅう》」は、亀山《かめやま》に拠点《きょてん》を置《お》き、後に長崎《ながさき》の「亀山社中《かめやましゃちゅう》」と呼《よ》ばれるようになる。
約《やく》半年後
1865年
京都《きょうと》 薩摩藩邸《さつまはんてい》——
それで……船は手に入らなかったと…
がっくし
手は尽《つ》くしたぜよ…
実はな、龍馬《りょうま》さん。幕府《ばくふ》がまた長州《ちょうしゅう》を攻《せ》めようとしておる!
せっかく前回西郷《さいごう》さんが戦《たたか》わずにおさめたのに……

おいは、長州《ちょうしゅう》と戦《たたか》わないよう説得《せっとく》するために薩摩《さつま》へ帰る 龍馬《りょうま》さんも一緒《いっしょ》に来んか？
薩摩《さつま》か…
社中《しゃちゅう》の仲間《なかま》も脱藩《だっぱん》した者ばかりだ 京《きょう》にいると捕《つか》まってしまうから、薩摩《さつま》に来たほうがいい
確《たし》かにそうだな 行くぜよ、西郷《さいごう》さん！
こうして龍馬《りょうま》は薩摩《さつま》藩《はん》の船で薩摩《さつま》へと向かった。
西郷《さいごう》さん
幕府《ばくふ》はもうだめだ 薩摩《さつま》は長州《ちょうしゅう》と手を結《むす》ぶべきぜよ！

薩摩《さつま》はおいが説得《せっとく》できても
長州《ちょうしゅう》が薩摩《さつま》を許《ゆる》さんでしょう
ぱっ
わしに任《まか》せてくれっ！
必《かなら》ず長州《ちょうしゅう》に話をつけるっ！
…わかった
任《まか》せたぞ龍馬《りょうま》さん！
よーし
やるぞぉー!!
鹿児島《かごしま》へ着いた龍馬《りょうま》は、薩長《さっちょう》同盟《どうめい》に向けて動き出した。

約《やく》1か月後
下関《しものせき》（山口県《やまぐちけん》）――
桂《かつら》さん！長州《ちょうしゅう》の代表として薩摩《さつま》の西郷《さいごう》さんと会って話してくれ！
ズズ…
わかった
会う
長州藩士《ちょうしゅうはんし》
桂小五郎《かつらこごろう》
えっ
あっさり…
だから会う
もう薩摩《さつま》がわれわれと戦《たたか》うつもりがないのは知っている
会っても危険《きけん》はないだろう……
スッ
…だがな坂本《さかもと》さん
京《きょう》で二度、同士《どうし》を殺《ころ》されたうらみが、消えていないことだけは…
頭に入れておいてもらいたい！

そして2週間後 西郷《さいごう》と会う約束《やくそく》の日
……申し訳《わけ》ない
元土佐藩士《もととさはんし》
中岡慎太郎《なかおかしんたろう》
中岡《なかおか》、どうしてひとりなんだ？ 西郷《さいごう》さんを連《つ》れてくるはずだろ？
西郷《さいごう》さんは急用ができて京《きょう》に行ってしまったのだ
フッ
どうやら薩摩《さつま》にまんまとだまされたな
帰る
待ってくれ桂《かつら》さん！ わしが薩摩《さつま》に謝《あやま》らせる！
どうやって？
どうやって・・
！
薩摩《さつま》に長州《ちょうしゅう》の武器《ぶき》と船を買ってもらおう！
何？

京都《きょうと》
薩摩藩邸《さつまはんてい》――
龍馬《りょうま》さん、すまない
あの日は京《きょう》に
行かねばならず…
いいぜよ
だが長州《ちょうしゅう》のために
してほしいこと
がある！
長州《ちょうしゅう》は外国から
武器《ぶき》や船を買うのを
禁止《きんし》されているから
長州《ちょうしゅう》
お金
薩摩《さつま》
武器《ぶき》と船
金は長州《ちょうしゅう》が出し、
薩摩《さつま》が買う。それを
長州《ちょうしゅう》に渡《わた》してくれ！
いい考えだ！
これなら長州《ちょうしゅう》も
許《ゆる》してくれるだろう
亀山社中《かめやましゃちゅう》
武器《ぶき》と船を買う
のは、わしら社中《しゃちゅう》が
引き受ける！
考えましたな！
お任《まか》せします！
よしっ
龍馬《りょうま》が長州《ちょうしゅう》と
薩摩《さつま》のために走り
回っている頃《ころ》
土佐《とさ》では、
武市半平太《たけちはんぺいた》が
吉田東洋暗殺《よしだとうようあんさつ》の罪《つみ》で
切腹《せっぷく》させられた。
半平太《はんぺいた》…

ほしかった最新式《さいしんしき》の銃《じゅう》だ!
龍馬《りょうま》さんのおかげだ!
長州藩士《ちょうしゅうはんし》
高杉晋作《たかすぎしんさく》
龍馬《りょうま》の働《はたら》きによって長州《ちょうしゅう》は船と武器《ぶき》を手に入れることができた。
長州《ちょうしゅう》からは薩摩《さつま》に米を売ってもらうことになったぜよ
その話は聞いている
桂《かつら》さん
これでわかってくれたか? 薩摩《さつま》は敵《てき》じゃないと
わかった もう一度 薩摩《さつま》に会う!
桂《かつら》さんっ!
薩摩《さつま》にすぐ知らせるからできるだけ早く会いに行ってくれ
坂本《さかもと》さんは?
ユニオン号の件《けん》を先にまとめてから行くぜよ!

ユニオン号は、薩摩《さつま》が長州《ちょうしゅう》の代わりに買った船である。
龍馬《りょうま》は長州《ちょうしゅう》にかけあって、社中《しゃちゅう》が使えるようにしたのだ。
よおし、やっと船も手に入った!
京《きょう》へ…
ガッ
龍馬《りょうま》さん!
京《きょう》には命をねらってるやつもいる。護身用《ごしんよう》にもっていってくれ
おー ピストルじゃ
ありがとう高杉《たかすぎ》さん!
必《かなら》ず薩長同盟《さっちょうどうめい》を成立《せいりつ》させるぜよ
ダッ
ところが…
京都《きょうと》 薩摩藩邸《さつまはんてい》――
同盟《どうめい》について何も話してないだとっ!
桂《かつら》さんっ!
10日以上《いじょう》も何をしていたんですっ!
どうして日本の将来《しょうらい》について話し合おうとしないっ!

坂本《さかもと》さん…
薩摩《さつま》はまだ幕府《ばくふ》を選《えら》ぶこともできるが長州《ちょうしゅう》はちがう……
長州《ちょうしゅう》は、幕府《ばくふ》と戦《たたか》う覚悟《かくご》だ！
同盟《どうめい》を結《むす》べば、薩摩《さつま》も幕府《ばくふ》の敵《てき》になるのだから
こちらから頭を下げて頼《たの》むのが当然《とうぜん》なのだろう…
しかし…薩摩《さつま》に殺《ころ》された仲間《なかま》のことを思うと……
どうしてもできないのだ…
桂《かつら》さんの気持ちはよくわかった…
わしがなんとかする
西郷《さいごう》さん

頼《たの》むっ
薩摩《さつま》から同盟《どうめい》を申し出てくれ！
桂《かつら》さんは失《うしな》った仲間《なかま》への思いから頼《たの》めないだけだ！
この同盟《どうめい》は日本の未来《みらい》のために必要《ひつよう》だ！
わかるだろう西郷《さいごう》さん！
日本の未来《みらい》のためか…
…わかった
こちらから申し出よう！
西郷《さいごう》さんっ
こうして薩摩《さつま》の申し出で薩長同盟《さっちょうどうめい》が結《むす》ばれた。

薩長同盟《さっちょうどうめい》によって薩摩《さつま》は長州《ちょうしゅう》の味方になることを約束《やくそく》した。
伏見《ふしみ》（京都府《きょうとふ》）寺田屋《てらだや》――
大きなことを成《な》しとげたぜよ！
日本が変《か》わりますよ！
しかし京《きょう》は、幕府《ばくふ》の見回りが多くて安心できません
三吉慎蔵《みよししんぞう》は、護衛《ごえい》として、長州《ちょうしゅう》から龍馬《りょうま》についてきた。
三吉慎蔵《みよししんぞう》
そうだな…この宿は安全だからとお龍《りょう》もあずけているが…
ここも、もう危《あぶ》ないな…
ちゃぷ
ガタガチャ

龍《りょう》馬《ま》さんにげてー！
動くなっ
幕府《ばくふ》の取りしまりである！

パーンッ
パーンッ
パーンッ
うそをつけっ
ザッ
薩摩《さつま》藩士《はんし》を取りしまるとはどういうことだ！
シャッ
龍馬《りょうま》さんっ
チャッ

やられたかっ
龍馬《りょうま》さん けがは!?
大丈夫《だいじょうぶ》だ! 弾《たま》を追加《ついか》する
チャッ
だめだ三吉君《みよしくん》、けがで弾《たま》が入れられん
えっ
にげるぞ
急げっ!
ダッ
はいっ
ケガ人は外へ出せ
道をあけろ
気をつけろ
ガッ

にげたぞ!
待てーっ
はぁ
はぁ
なんとかにげきったが…
わしはもう…動けん…
はぁ
はぁ
龍馬《りょうま》さん
もうここで切腹《せっぷく》しましょう
ばかいうな
わしはこの国のためにまだすることがある!
はぁ はぁ
薩摩藩邸《さつまはんてい》にたすけを呼《よ》びに行ってくれ…
龍馬《りょうま》さん…

その頃《ころ》、伏見《ふしみ》の薩摩藩邸《さつまはんてい》では——
龍馬《りょうま》さんが寺田屋《てらだや》でおそわれました！
すぐにたすけをお願《ねが》いします！
お龍《りょう》のすばやい行動によって
龍馬《りょうま》は薩摩藩士《さつまはんし》にたすけられた。
数日後——
お前は命の恩人《おんじん》ぜよ…
元気になったらしっかり恩返《おんがえ》ししてもらいますよ
簡単《かんたん》に返せる恩《おん》じゃなさそうだな…
…お龍《りょう》
スル…

わしの一生かけて恩返《おんがえ》しするから死ぬまでそばにいてくれ…
…龍馬《りょうま》さんそれって…
返事は？
もちろんどこへでもついていきます！
こうしてお龍《りょう》と龍馬《りょうま》は夫婦《ふうふ》になった。
そして1か月後龍馬《りょうま》はお龍《りょう》とともに薩摩《さつま》へ行き、釣《つ》りや温泉《おんせん》などを楽しんだ。
龍馬《りょうま》たちのこの旅行は、日本最初《さいしょ》の新婚《しんこん》旅行といわれている。
龍馬《りょうま》さんあの山見て！
おこるかなぁ
高杉《たかすぎ》さんがくれたピストル、寺田屋《てらだや》からにげるときになくしちゃったんだよなぁ…
何！なくしたっ!?

1865年

31歳《さい》

隆《たか》盛《もり》と鹿《か》児《ご》島《しま》に行く

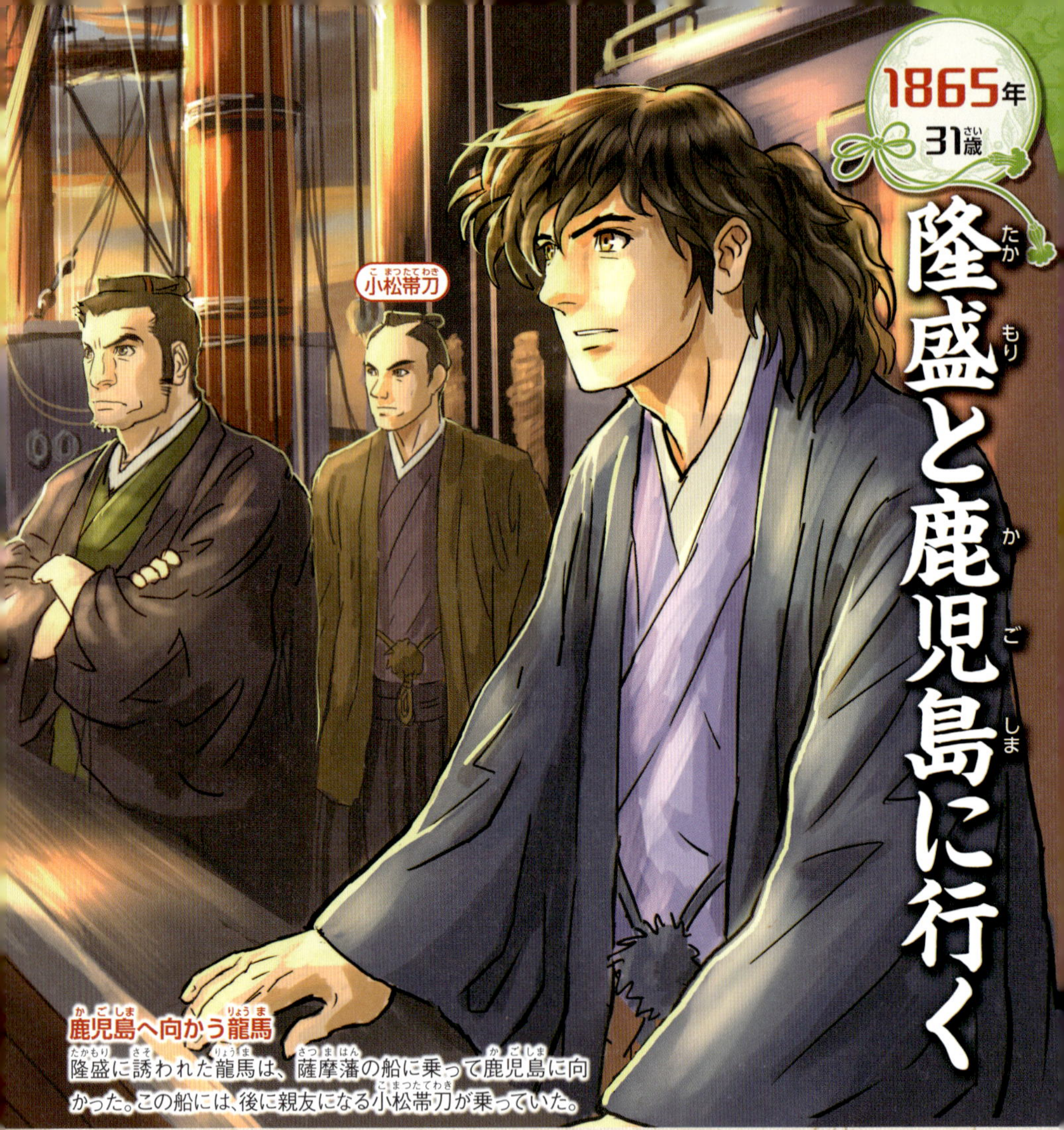

鹿児島《かごしま》へ向かう龍馬《りょうま》

隆盛《たかもり》に誘《さそ》われた龍馬《りょうま》は、薩摩藩《さつまはん》の船に乗って鹿児島《かごしま》に向かった。この船には、後に親友になる小松帯刀《こまつたてわき》が乗っていた。

龍馬《りょうま》は薩長同盟《さっちょうどうめい》に向けて動きはじめる

神戸《こうべ》海軍操練所《かいぐんそうれんじょ》が閉鎖《へいさ》され、生《せい》徒《と》だった龍馬《りょうま》たちは行く場所がなくなってしまった。勝海舟《かつかいしゅう》から、「操練所《そうれんじょ》の生徒《せいと》たちを守ってくれ」と頼《たの》まれていた薩摩藩《さつまはん》（現在《げんざい》の鹿《か》児島県《ごしまけん》）の西郷隆盛《さいごうたかもり》は、龍馬《りょうま》たちに鹿児島《かごしま》へ来るように誘《さそ》った。龍《りょう》馬《ま》は鹿児島《かごしま》に行くことに決めた。

鹿児島《かごしま》へ向かう船の中で、龍馬《りょうま》は隆盛《たかもり》に、「薩摩《さつま》と長州《ちょうしゅう》（現在《げんざい》の山《やま》口県《ぐちけん》）は手を結《むす》ぶべきだ」と訴《うった》えたという。隆盛《たかもり》は賛成《さんせい》したが、「長《ちょう》州《しゅう》は薩摩《さつま》を許《ゆる》さないだろう」と話した。龍馬《りょうま》は、「必《かなら》ず長州《ちょうしゅう》を説得《せっとく》

龍馬《りょうま》と隆盛《たかもり》はさらに親しくなる！

小松帯刀《こまつたてわき》(1835〜1870)

薩摩藩《さつまはん》の家老《かろう》で、隆盛《たかもり》や大久保利通《おおくぼとしみち》が自由に活動できるように支《ささ》え続《つづ》けた。龍馬《りょうま》と親しくなり、亀山社中《かめやましゃちゅう》(➡P138)をつくる手だすけをした。

(➡P155)

龍馬《りょうま》に怒《おこ》る桂小五郎《かつらこごろう》

龍馬《りょうま》は下関《しものせき》で隆盛《たかもり》と小五郎《こごろう》を会わせようとした。しかし、隆盛《たかもり》が約束《やくそく》を破《やぶ》って来なかったので、小五郎《こごろう》は怒《おこ》った。

する」と約束《やくそく》したのだった。

薩摩《さつま》から下関《しものせき》(山口県《やまぐちけん》)に向かった龍馬《りょうま》は長州藩《ちょうしゅうはん》の桂小五郎《かつらこごろう》と会い、隆盛《たかもり》と話し合いをするように説得《せっとく》した。小五郎《こごろう》は会うことに決めたが、約束《やくそく》の日に隆盛《たかもり》は来なかった。小五郎《こごろう》は激《はげ》しく怒《おこ》った。

ウソ！ホント!?

隆盛《たかもり》の家は雨もりしていた!?

隆盛《たかもり》が鹿児島《かごしま》の自宅《じたく》に龍馬《りょうま》を招《まね》いたとき、雨もりしていた。西郷《さいごう》の妻《つま》が修理《しゅうり》してほしいと頼《たの》むと、隆《たか》盛《もり》は「今は日本中の家が雨もりしている。自分の家だけ直すわけにいかない」と怒《おこ》ったそうだ。それを聞いた龍馬《りょうま》は感心したという。

幕末《ばくまつ》の歴史《れきし》
1865年

半平太《はんぺいた》が切腹《せっぷく》する

土佐勤王党《とさきんのうとう》が勢力《せいりょく》を失《うしな》う！

切腹《せっぷく》する半平太《はんぺいた》
土佐藩《とさはん》の前藩主《ぜんはんしゅ》・山内容堂《やまうちようどう》は土佐《とさ》勤王党《きんのうとう》をきびしく取りしまり、半平太《はんぺいた》は切腹《せっぷく》を命じられた。

そのとき龍馬《りょうま》は
下関《しものせき》で桂小五郎《かつらこごろう》と西郷隆盛《さいごうたかもり》を会わせる準備《じゅんび》を進めていた。
31歳《さい》

吉田東洋《よしだとうよう》を暗殺《あんさつ》した罪《つみ》で切腹《せっぷく》を命じられる

土佐勤王党《とさきんのうとう》を率《ひき》いる武市半平太《たけちはんぺいた》は、吉田東洋《よしだとうよう》を暗殺《あんさつ》して、土佐藩《とさはん》（現在《げんざい》の高知県《こうちけん》）の実権《じっけん》をにぎった。半平太《はんぺいた》は土佐藩《とさはん》を勤王《きんのう》（天皇《てんのう》に尽《つ》くすこと）の藩《はん》にするために努力《どりょく》する一方、京都《きょうと》に勤王党員《きんのうとういん》の岡田以蔵《おかだいぞう》（⬇P111）を送り、幕府《ばくふ》の役人などを暗殺《あんさつ》させていた。

ところが、江戸《えど》から土佐藩《とさはん》にもどった前藩主《ぜんはんしゅ》・山内容堂《やまうちようどう》は、半平太《はんぺいた》から藩《はん》の実権《じっけん》をうばうと、吉田東洋《よしだとうよう》を暗殺《あんさつ》した犯人《はんにん》を探《さが》しはじめた。そして勤王党《きんのうとう》の党員《とういん》たちを次つぎと捕《つか》まえ、処刑《しょけい》していった。

関連地図《かんれんちず》

半平太《はんぺいた》が切腹《せっぷく》するまで

1 半平太《はんぺいた》が藩《はん》の実権《じっけん》をにぎる

土佐勤王党《とさきんのうとう》をつくった半平太《はんぺいた》は、党員《とういん》に命じて参《さん》政《せい》・吉田東洋《よしだとうよう》を暗殺《あんさつ》させ、土佐藩《とさはん》の実権《じっけん》をにぎる。

2 容堂《ようどう》が土佐《とさ》に帰る

井伊直弼《いいなおすけ》と対立して、1859年から江戸《えど》の屋敷《やしき》に閉《と》じこめられていた土佐藩《とさはん》の前藩主《ぜんはんしゅ》・容堂《ようどう》は、東洋暗《とうようあん》殺《さつ》の翌年《よくとし》に土佐《とさ》にもどった。

3 勤王党《きんのうとう》への処罰《しょばつ》がはじまる

東洋暗殺《とうようあんさつ》の犯人《はんにん》を探《さが》していた容堂《ようどう》は、土佐勤王党《とさきんのうとう》の党員《とういん》を次つぎと捕《つか》まえて、切腹《せっぷく》させた。さらに半平《はんぺい》太《た》を捕《つか》まえてろうやに入れた。

4 半平太《はんぺいた》が切腹《せっぷく》させられる

半平太《はんぺいた》は容堂《ようどう》から切腹《せっぷく》を命じられ、岡田以蔵《おかだいぞう》ら、他の勤王党員《きんのうとういん》も多くが処刑《しょけい》・処罰《しょばつ》された。これにより土佐勤王党《とさきんのうとう》は活動できなくなった。

ビジュアル資料《しりょう》

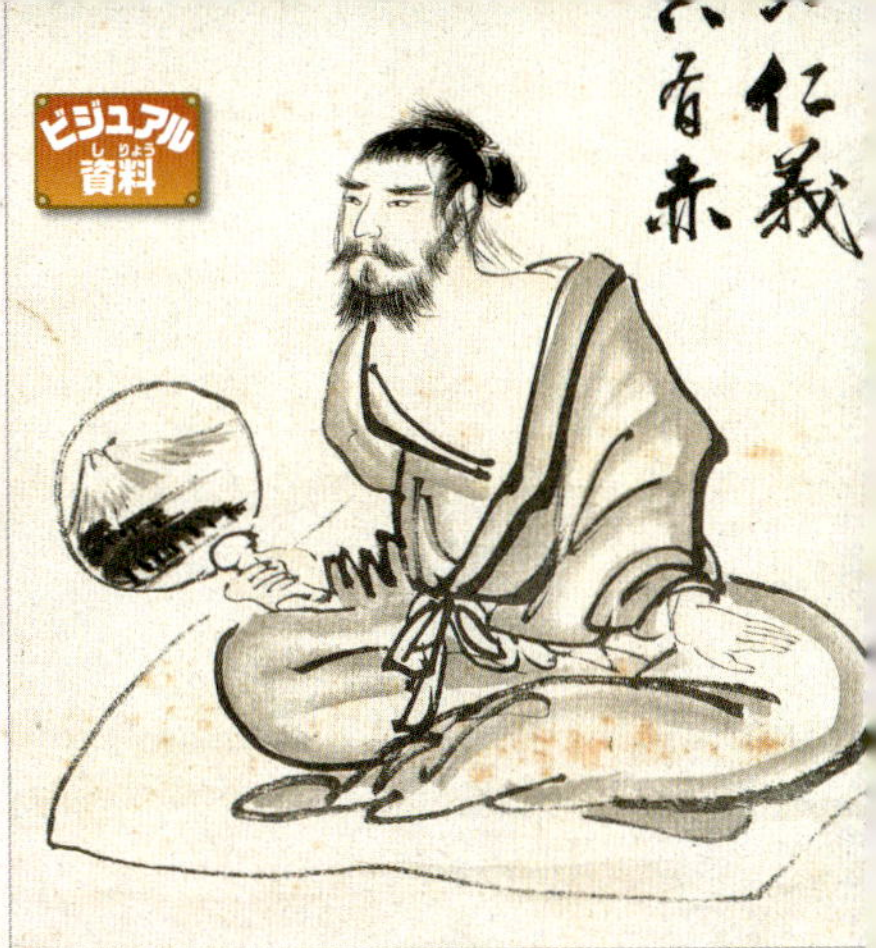

ろうやに入れられた半平太《はんぺいた》(自画像《じがぞう》)

きびしい罰《ばつ》を受けることを覚悟《かくご》した半平太《はんぺいた》は、自画像《じがぞう》をかいて妻《つま》や姉に送った。

山内容堂《やまうちようどう》(1827～1872)

土佐藩《とさはん》の藩主《はんしゅ》。藩主《はんしゅ》をやめた後は江戸《えど》にいたが、土佐勤王党《とさきんのうとう》が政治《せいじ》を動かすようになると土佐《とさ》にもどって実権《じっけん》をにぎり、半《はん》平太《ぺいた》らを切腹《せっぷく》させた。

(➡P185)

半平太《はんぺいた》も捕《つか》まり、後藤象二郎《ごとうしょうじろう》(➡P184)からきびしい取り調べを受け、容堂《ようどう》から切腹《せっぷく》を命じられた。これにより、土佐勤王党《とさきんのうとう》は完全《かんぜん》に勢力《せいりょく》を失《うしな》い、中岡慎太郎《なかおかしんたろう》(➡P154)は土佐藩《とさはん》から脱藩《だっぱん》し、龍馬《りょうま》と一緒《いっしょ》に活動するようになった。

なるほどエピソード　岡田以蔵《おかだいぞう》は海舟《かいしゅう》のボディーガードだった!?

岡田以蔵《おかだいぞう》は、龍馬《りょうま》から頼《たの》まれて海舟《かいしゅう》のボディーガードをしていた。あるとき海舟《かいしゅう》をおそった暗殺者《あんさつしゃ》を以蔵《いぞう》が切った。海舟《かいしゅう》は「殺《ころ》すのはよくない」と注意したが、以蔵《いぞう》は「わたしがいなかったら、先生は死んでました」と答えたそうだ。

1865年 31歳《さい》

龍馬《りょうま》が海運業をはじめる!

亀《かめ》山《やま》社《しゃ》中《ちゅう》をつくる

グラバーから武器《ぶき》を買う龍馬《りょうま》

亀山社中《かめやましゃちゅう》をつくった龍馬《りょうま》は、イギリス人商人のグラバーから最新式《さいしんしき》の武器《ぶき》などを買った。

両藩《りょうはん》が必要《ひつよう》な物を運んだ亀山社中《かめやましゃちゅう》

薩摩藩《さつまはん》（現在《げんざい》の鹿児島県《かごしまけん》）の西郷《さいごう》隆盛《たかもり》が、会う約束《やくそく》を破《やぶ》ったので、長州藩《ちょうしゅうはん》（現在《げんざい》の山口県《やまぐちけん》）の桂小五郎《かつらこごろう》は、「やはり薩摩《さつま》は信用《しんよう》できない」と怒《おこ》った。龍馬《りょうま》は、どうにかして、ふたりを仲直《なかなお》りさせたかった。

この頃《ころ》、幕府《ばくふ》に逆《さか》らった長州藩《ちょうしゅうはん》は外国から武器《ぶき》や船を買うことを禁止《きんし》されていた。そこで龍馬《りょうま》は、長州藩《ちょうしゅうはん》の代わりに、薩摩藩《さつまはん》が外国から武器《ぶき》や船を買い、それを長州《ちょうしゅう》藩《はん》に送るのはどうかと提案《ていあん》した。小五郎《こごろう》は賛成《さんせい》し、長州藩《ちょうしゅうはん》からは薩《さつ》摩《ま》藩《はん》に必要《ひつよう》な米を送ることを約束《やくそく》

関連《かんれん》地図

亀山社中《かめやましゃちゅう》の跡《あと》

亀山社中《かめやましゃちゅう》は「亀山焼《かめやまやき》」という陶器《とうき》が焼《や》かれていた場所につくられた。「社中《しゃちゅう》」とは「人の集まり」という意味。

亀山社中《かめやましゃちゅう》が運んだ米と武器《ぶき》

龍馬《りょうま》は亀山社中《かめやましゃちゅう》の船で、薩摩《さつま》から長州《ちょうしゅう》に武器《ぶき》を運び、長州《ちょうしゅう》から薩摩《さつま》に米を運んだ。

ビジュアル資料《しりょう》

ミニエー銃《じゅう》

当時の最新式《さいしんしき》の銃《じゅう》で、亀山《かめやま》社中《しゃちゅう》が長州藩《ちょうしゅうはん》に運んだ。

させた。こうして、薩摩藩《さつまはん》と長州《ちょうしゅう》藩《はん》は少しずつ仲《なか》よくなっていった。

龍馬《りょうま》は、武器《ぶき》や船を買って運ぶ仕事を、「亀山社中《かめやましゃちゅう》」で引き受けた。亀山社中《かめやましゃちゅう》は、龍馬《りょうま》が海運業をするために、海軍操練所《かいぐんそうれんじょ》の仲間《なかま》たちと長崎《ながさき》につくった団体《だんたい》で、現在《げんざい》の会社のような存在《そんざい》だ。亀山社中《かめやましゃちゅう》は、イギリス人商人のグラバーから最新式《さいしんしき》の武器《ぶき》や船「ユニオン号」を買い、長州藩《ちょうしゅうはん》に送り届《とど》けた。

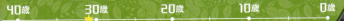

なぞとき幕末《ばくまつ》？

亀山社中《かめやましゃちゅう》はどんな会社だった？

海運業をはじめた亀山社中《かめやましゃちゅう》
龍馬《りょうま》は、薩摩藩《さつまはん》が買ったユニオン号を、亀山社中《かめやましゃちゅう》が操縦《そうじゅう》するという約束《やくそく》をして、海運業をはじめた。

「海外で仕事がしたい」という志《こころざし》が大切だった

1865年、龍馬《りょうま》が長崎《ながさき》の亀山《かめやま》につくった「亀山社中《かめやましゃちゅう》」は、日本最初《さいしょ》の会社といわれる。亀山社中《かめやましゃちゅう》は、長州藩《ちょうしゅうはん》(現在《げんざい》の山口県《やまぐちけん》)が金を出し、薩摩藩《さつまはん》(現在《げんざい》の鹿児島県《かごしまけん》)が購入《こうにゅう》したユニオン号で海運業をおこなった。亀山社中《かめやましゃちゅう》は薩摩藩《さつまはん》と長州藩《ちょうしゅうはん》を仲《なか》よくさせるために、両藩《りょうはん》の間で武器《ぶき》や米などを輸送《ゆそう》した。結成《けっせい》から2年後には、土佐藩《とさはん》(現在《げんざい》の高知県《こうちけん》)の援助《えんじょ》を受けて「海援隊《かいえんたい》」と名前を改《あら》めた。

亀山社中《かめやましゃちゅう》のメンバーは、土佐藩《とさはん》の出身者で、神戸海軍操練所《こうべかいぐんそうれんじょ》の生徒《せいと》だった者が多かったが、龍馬《りょうま》は身分や出身などにしばられない、

ビジュアル資料《しりょう》

幕末《ばくまつ》の長崎《ながさき》

港には巨大《きょだい》な外国船がうかび、長崎《ながさき》で貿易《ぼうえき》や海運がさかんだったことがわかる。

ビジュアル資料《しりょう》

坂本龍馬《さかもとりょうま》

海援隊《かいえんたい》の仲間《なかま》たち

亀山社中《かめやましゃちゅう》から発展《はってん》した海援隊《かいえんたい》には、土佐藩以外《とさはんいがい》の出身者も多かった。

自由な組織《そしき》を目指していた。その龍馬《りょうま》の考えは、「海外で仕事をしたいという志《こころざし》があれば、どの藩《はん》の出身でも海援隊《かいえんたい》に入隊《にゅうたい》できる」という海援隊《かいえんたい》の規則《きそく》によく表れている。また、「必要《ひつよう》なお金は自分たちでかせぐ」というのも、龍馬《りょうま》の基本的《きほんてき》な考えだった。

海援隊《かいえんたい》の5つのルール

海外で活躍《かつやく》したい者なら、だれでも入隊《にゅうたい》を許可《きょか》する！
隊《たい》のあらゆる問題は、隊長《たいちょう》の処分《しょぶん》にまかせよ！
隊士《たいし》はたすけ合い、勝手なことはするな！
隊士《たいし》は航海術《こうかいじゅつ》や外国語などの勉強をせよ！
隊《たい》に必要《ひつよう》な金は、隊《たい》がかせぐ！

龍馬《りょうま》はどんな物を使っていたの？

龍馬《りょうま》はふだん、どんな物を身につけたり、使ったりしていたのだろう？

中国製《ちゅうごくせい》の鏡《かがみ》を使っていた!?

龍馬《りょうま》が泊《と》まっていた京都《きょうと》の近江屋《おうみや》の主人・井口新助《いぐちしんすけ》の妻《つま》から借《か》りて使っていたという鏡《かがみ》が残《のこ》っている。中《ちゅう》国製《ごくせい》といわれ、直径《ちょっけい》は約《やく》20cmで葡萄《ぶどう》の模様《もよう》がある。

京都国立博物館所蔵

龍馬《りょうま》が使った銅製《どうせい》の鏡《かがみ》。

兄からもらった刀を大切にしていた!?

龍馬《りょうま》が兄の権平《ごんぺい》に「坂本家《さかもとけ》の家宝《かほう》の刀をください」と書いた手紙が残《のこ》っている。また、「贈《おく》っていただいた吉行《よしゆき》の刀をいつも差《さ》して歩いています」と書いた手紙もある。2016年の調査《ちょうさ》で下の写真の刀が吉行《よしゆき》であることがわかった。

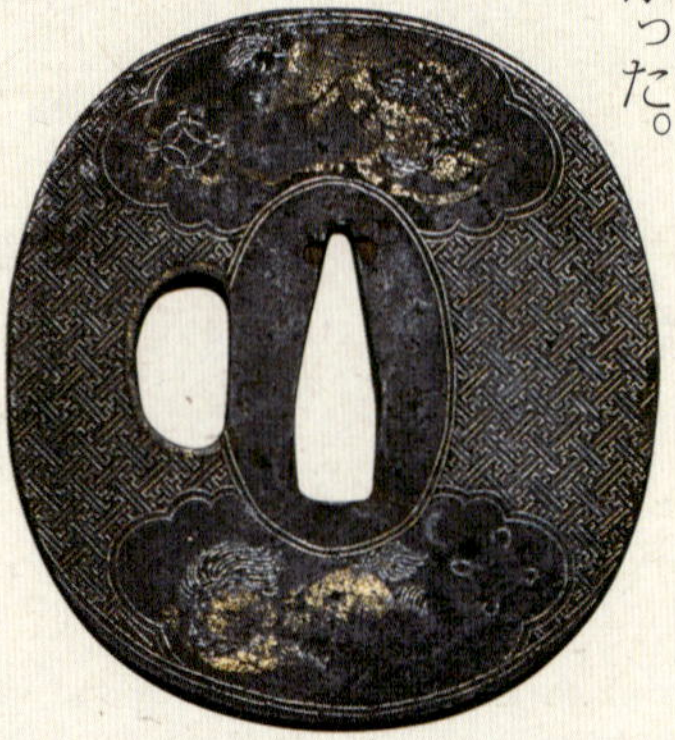

龍馬《りょうま》の刀の鍔《つば》

寺田屋事件《てらだやじけん》のときに龍馬《りょうま》が腰《こし》に差《さ》していた刀の鍔《つば》で、寺田屋《てらだや》に残《のこ》されていたといわれる。刀は残《のこ》っていない。

京都府立総合資料館所蔵、京都文化博物館管理

京都国立博物館所蔵

亀山焼《かめやまやき》の焼《や》き物を使っていた⁉

長崎《ながさき》の亀山《かめやま》では、亀山社中《かめやましゃちゅう》ができる前に、亀山焼《かめやまやき》という陶器《とうき》が焼《や》かれていた。龍馬《りょうま》は、亀山焼《かめやまやき》の製品《せいひん》が好《す》きで、よく使っていたそうだ。龍馬《りょうま》が下関《しものせき》に泊《と》まっていたときに使っていた亀山焼《かめやまやき》の飯碗《めしわん》と湯のみが現在《げんざい》も残《のこ》されている。飯碗《めしわん》には龍《りゅう》がデザインされている。

龍馬《りょうま》が使っていた亀山焼《かめやまやき》の飯碗《めしわん》（右）と湯のみ（左）。

龍馬《りょうま》は大酒飲みだった⁉

龍馬《りょうま》はとても酒に強かったそうで、1升《しょう》5合《ごう》（約《やく》2・7リットル）の酒を大きなどんぶりに注いで、一気に飲みほすことができたそうだ。酔《よ》うと陽気になったという。

新しい物が好《す》き!!
ある土佐藩士《とさはんし》が龍馬《りょうま》に会った。
わたしも龍馬《りょうま》さんのように短い刀にしました
刀なんて古い！
これからは、これの時代ぜよ！
ピストル！
数年後。
龍馬《りょうま》さん、わたしもピストルを手に入れました！
ピストルなんて古い！
これからは、これの時代ぜよ！
*『万国公法《ばんこくこうほう》』？

＊世界で使われる法律《ほうりつ》がまとめられている本。

※この話はつくり話といわれているが、新しい物をすぐに取り入れる龍馬《りょうま》の考え方がよく表れている。

龍馬《りょうま》の刀「吉行《よしゆき》」

龍馬《りょうま》が暗殺《あんさつ》されたときにもっていた刀で、刃《は》の長さは71.5cm。
柄《え》をつける穴《あな》の部分の近くに「吉行《よしゆき》」と刻《きざ》まれている。

1866年 32歳《さい》

薩《さっ》長《ちょう》同《どう》盟《めい》が成《せい》立《りつ》する

龍《りょう》馬《ま》の熱《あつ》い心が隆《たか》盛《もり》を動かす！

隆《たか》盛《もり》の心に届《とど》いた龍《りょう》馬《ま》の熱《あつ》い言葉

亀山社中《かめやましゃちゅう》が届《とど》けた最新《さいしん》の武器《ぶき》を手にした長州藩《ちょうしゅうはん》(現在《げんざい》の山口県《やまぐちけん》)は、薩摩藩《さつまはん》(現在《げんざい》の鹿児島県《かごしまけん》)を信《しん》用《よう》するようになった。その後、両《りょう》藩《はん》の代表者が京都《きょうと》の薩摩藩邸《さつまはんてい》に集まり、同盟《どうめい》を結《むす》ぶ話し合いをすることになった。

ところが10日以上《いじょう》経《た》っても、同《どう》盟《めい》の話は進まなかった。薩摩藩《さつまはん》の西郷隆盛《さいごうたかもり》らは自分たちから同盟《どうめい》を申し出る理由はないと考えていた。一方の長州藩《ちょうしゅうはん》の桂小五郎《かつらこごろう》は、薩摩藩《さつまはん》に殺《ころ》された仲間《なかま》を思い、自分から言い出せなかったのだ。

隆盛《たかもり》のもとにかけつける龍馬《りょうま》

隆盛《たかもり》のもとにかけつけた龍馬《りょうま》は、「薩摩《さつま》から同盟《どうめい》をお願《ねが》いするべきだ」と伝《つた》えた。

薩長同盟《さっちょうどうめい》の成立《せいりつ》

龍馬《りょうま》の説得《せっとく》により、隆盛《たかもり》から「同盟《どうめい》したい」とお願《ねが》いして薩長同盟《さっちょうどうめい》が成立《せいりつ》した。

薩長同盟《さっちょうどうめい》のおもな内容《ないよう》

- 長州藩《ちょうしゅうはん》が幕府《ばくふ》と戦《たたか》って負けそうになったら、薩摩藩《さつまはん》はたすけるように努力《どりょく》する。
- 戦争《せんそう》が終わったら、薩摩藩《さつまはん》は長州藩《ちょうしゅうはん》が無実《むじつ》であることを朝廷《ちょうてい》に働《はたら》きかける。
- 会津藩《あいづはん》などが薩摩藩《さつまはん》のじゃまをしたら、薩摩《さつま》藩《はん》も戦争《せんそう》に加《くわ》わる。

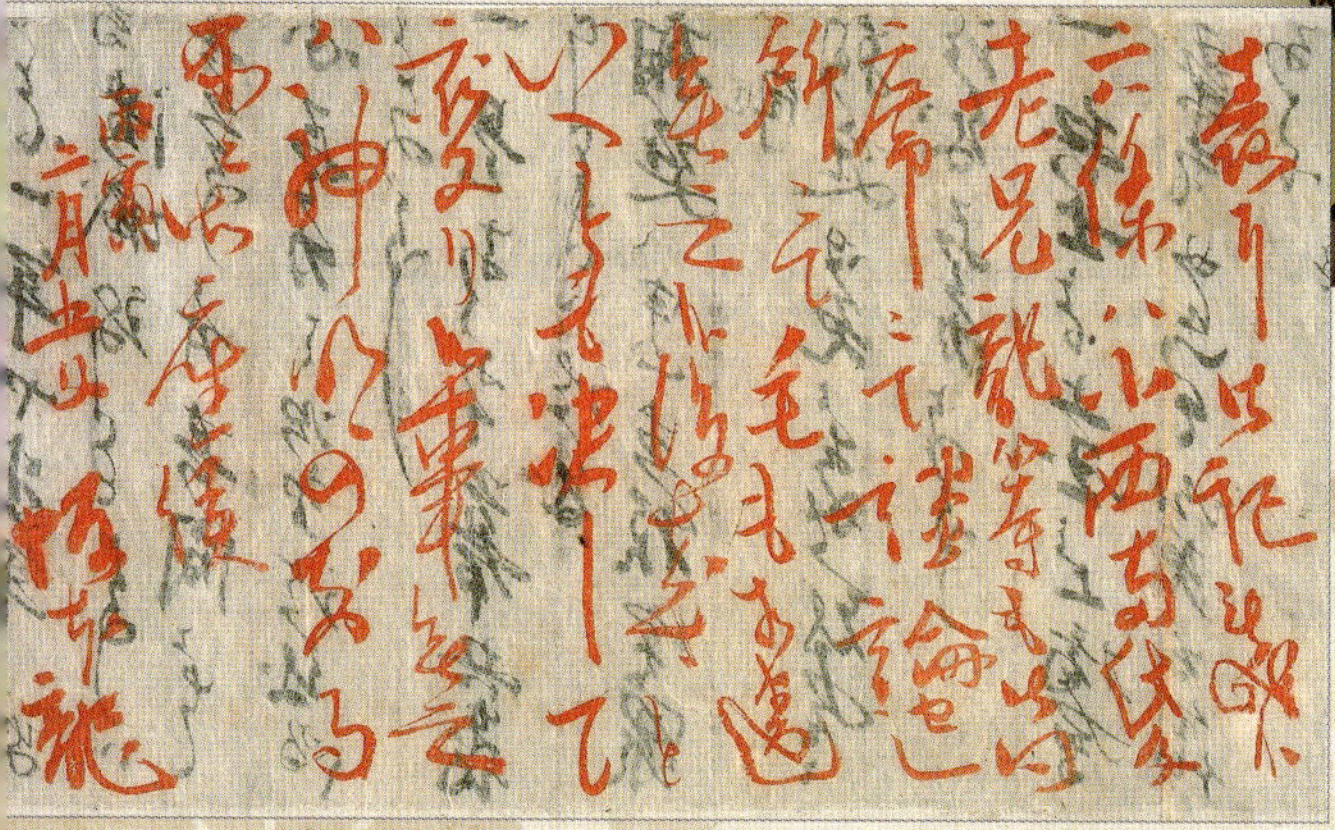

ビジュアル資料《しりょう》

龍馬《りょうま》の裏書《うらが》き

小五郎《こごろう》が薩長同盟《さっちょうどうめい》の内容《ないよう》を書いた紙の裏《うら》に、龍馬《りょうま》が「この内《ない》容《よう》でまちがいない」と赤色で記し、「坂本龍《さかもとりょう》」と署名《しょめい》している。

宮内庁書陵部所蔵

小五郎《こごろう》の思いを知った龍馬《りょうま》は、隆盛《たかもり》のもとにかけつけ、「日本の将来《しょうらい》のために、薩摩《さつま》から同盟《どうめい》を申し出てほしい」と訴《うった》えた。龍馬《りょうま》の言葉にうたれた隆盛《たかもり》は、薩摩《さつま》から同盟《どうめい》を申し出ると約束《やくそく》した。こうして、薩長同盟《さっちょうどうめい》が結《むす》ばれた。

1866年
32歳《さい》

寺田屋事件《てらだやじけん》が起こる

ピストルを構《かま》える龍馬《りょうま》
寺田屋《てらだや》にふみこんできた幕府《ばくふ》の役人に向けて、龍馬《りょうま》はピストルを構《かま》えて立ち向かった。

最後《さいご》まであきらめなかった龍馬《りょうま》

薩長同盟《さっちょうどうめい》が結《むす》ばれた後、龍馬《りょうま》は護衛《ごえい》の三吉慎蔵《みよししんぞう》と伏見《ふしみ》（京都府《きょうとふ》）の寺田屋《てらだや》にもどった。その日の夜、幕府《ばくふ》の役人たちが龍馬《りょうま》たちを捕《つか》まえるために寺田屋《てらだや》を取り囲《かこ》んだ。お龍《りょう》は1階の風呂《ふろ》に入っていたが、役人に気づくと浴衣《ゆかた》だけをはおって2階にかけ上がり、「役人がおそってきました！」と叫《さけ》んだ。

役人たちが部屋に押《お》し寄《よ》せてくると、龍馬《りょうま》はピストルを発射《はっしゃ》して立ち向かった。しかし、刀で指を切られたため、龍馬《りょうま》たちは寺田屋《てらだや》からにげ出し、近くの材木屋《ざいもくや》にかくれた。

龍馬《りょうま》が絶体絶命《ぜったいぜつめい》の危機《きき》を乗り切る！

発見《はっけん》！

寺田屋跡《てらだやあと》

寺田屋《てらだや》があった場所は、現在《げんざい》は庭園になっている（京都府《きょうとふ》）。

ビジュアル資料《しりょう》

龍馬《りょうま》のピストル

寺田屋事件《てらだやじけん》のとき、龍馬《りょうま》が使ったピストルの複製《ふくせい》。本物は龍馬《りょうま》がにげる途中《とちゅう》に捨《す》てたので残《のこ》っていない。

龍馬《りょうま》は血が止まらず、動けなくなっていた。慎蔵《しんぞう》は「ここで切腹《せっぷく》しよう」と言ったが、龍馬《りょうま》は聞き入れず、「薩摩藩邸《さつまはんてい》に行ってくれ」と頼《たの》んだ。慎蔵《しんぞう》はなんとか薩摩藩邸《さつまはんてい》にたどり着き、龍馬《りょうま》は薩摩藩士《さつまはんし》によってたすけ出された。

なるほどエピソード

薩摩藩邸《さつまはんてい》へかけこんだお龍《りょう》

龍馬《りょうま》たちが寺田屋《てらだや》からにげたとき、お龍《りょう》は事件《じけん》を知らせるために薩摩藩邸《さつまはんてい》へ向かった。お龍《りょう》から事件《じけん》を伝《つた》えられた薩摩藩士《さつまはんし》が、龍馬《りょうま》をたすける準備《じゅんび》を整えたとき、三吉《みよし》慎蔵《しんぞう》が走りこんできた。こうして龍《りょう》馬《ま》はぎりぎりでたすかった。

1866年 32歳《さい》

新《しん》婚《こん》旅行を楽しむ

お龍《りょう》を連《つ》れて山を登る龍馬《りょうま》

鹿児島《かごしま》に着いた龍馬《りょうま》とお龍《りょう》は、約《やく》1か月間、山登りや温泉《おんせん》、釣《つ》りなどを一緒《いっしょ》に楽しんだ。

龍馬《りょうま》とお龍《りょう》が楽しんだ日本最初《さいしょ》のハネムーン

お龍《りょう》は寺田屋《てらだや》でおそわれ、けがをした龍馬《りょうま》を必死《ひっし》で看病《かんびょう》した。回《かい》復《ふく》した龍馬《りょうま》は、命の恩人《おんじん》であるお龍《りょう》と一生をともにする決意をする。この事件《じけん》の後、龍馬《りょうま》は兄の権《ごん》平《ぺい》に送った手紙で、お龍《りょう》のことを「名前は龍《りょう》。今はわたしの妻《つま》です」と紹介《しょうかい》している。

龍馬《りょうま》たちは西郷隆盛《さいごうたかもり》のすすめで、薩摩《さつま》(現在《げんざい》の鹿児島県《かごしまけん》)に行って、ゆっくりすごすことになった。鹿児島《かごしま》に到着《とうちゃく》したふたりは温《おん》泉《せん》に入ったり、滝《たき》を見物したり、川で魚釣《さかなつ》りをしたりして楽しん

ふたりは鹿《か》児《ご》島《しま》で人生で最《さい》高《こう》の時間をすごす

新婚《しんこん》の碑《ひ》

龍馬《りょうま》とお龍《りょう》が数日泊《と》まった塩浸温泉《しおひたしおんせん》には、ふたりの新婚《しんこん》旅行を記念《きねん》して銅像《どうぞう》が立っている(鹿児島県《かごしまけん》)。

天《あま》の逆鉾《さかほこ》を抜《ぬ》くふたり

龍馬《りょうま》とお龍《りょう》が登った高千穂峰《たかちほのみね》の山頂《さんちょう》には「天《あま》の逆鉾《さかほこ》」(日本神話に登場する矛《ほこ》)があり、ふたりで引き抜《ぬ》いたそうだ。

だ。さらに高千穂峰《たかちほのみね》(鹿児島県《かごしまけん》・宮崎県《みやざきけん》)に登り、山頂《さんちょう》に立っていた「天《あま》の逆鉾《さかほこ》」を引き抜《ぬ》いたりした。ふたりの旅行は日本最初《さいしょ》の新《しん》婚《こん》旅行といわれている。激動《げきどう》の龍《りょう》馬《ま》の人生において、最《もっと》も心安らいだ期間であった。

なるほどエピソード

ワイルウェフ号が台風で沈没《ちんぼつ》する

龍馬《りょうま》たちが新婚《しんこん》旅行を終えた頃《ころ》、亀山社中《かめやましゃちゅう》の船・ワイルウェフ号が五島列島《ごとうれっとう》(長崎県《ながさきけん》)付近《ふきん》で暴風《ぼうふう》雨《う》にあい、沈没《ちんぼつ》してしまった。龍《りょう》馬《ま》が後継者《こうけいしゃ》として期待していた池《いけ》内蔵《くら》太《た》をはじめ、12人が死亡《しぼう》した。

五島列島《ごとうれっとう》の中通島《なかどおりじま》には、祈《いの》る龍馬像《りょうまぞう》が立っている(長崎県《ながさきけん》)。

超《ちょう》ビジュアル！
龍《りょう》馬《ま》新聞
第5号
発行所：
伏《ふし》見《み》通《つう》信《しん》社《しゃ》

お龍《りょう》はどんな女《じょ》性《せい》だった？

お龍《りょう》は、ユニークな女性《じょせい》といわれているが、どんな人だったのだろう？

楢崎龍氏《ならさきりょうし》に独占《どくせん》インタビュー

龍馬《りょうま》の妻《つま》・楢崎龍氏《ならさきりょうし》

質問《しつもん》 **龍馬《りょうま》と出会うまでのことを教えてください**

わたしは京都《きょうと》の出身で、父の楢崎将作《ならさきしょうさく》は医師《いし》でした。家は**裕福《ゆうふく》**で、**花道**や**茶道**などを習っていましたが、父が病死すると家は貧《まず》しくなりました。このため**志士《しし》の方がた**をお世話する仕事をしていたのです。そうして**龍馬《りょうま》さん**と出会ったのです。

命がけで妹をたすけに行った!?

お龍《りょう》の妹が、悪者にだまされて連《つ》れていかれたことがあった。お龍《りょう》はひとりで悪者の家に乗りこむと、「妹を返せ」とさけんで悪者の顔をなぐりつけ、「殺《ころ》すぞ」とおどされても、妹を連《つ》れ帰ったそうだ。

月琴《げっきん》という楽器《がっき》を上手《じょうず》に弾《ひ》いた!?

お龍《りょう》は、中国《ちゅうごく》から伝《つた》わった月琴《げっきん》という弦楽器《げんがっき》を弾《ひ》くのが上手《じょうず》だったそうだ。この他、茶道や生け花などの趣味《しゅみ》もあった。しかし、家事はあまり得意《とくい》ではなかったようだ。

男《だん》の服を着るのが趣味《しゅみ》だった!?

お龍《りょう》は男性《だんせい》の服を着て、龍馬《りょうま》と一緒《いっしょ》に茶屋（芸者《げいしゃ》を呼《よ》んで遊ぶ場所）で遊んだといわれる。当時の女性《じょせい》ではあり得《え》ないことだった。

また、寺田屋《てらだや》事件《じけん》の後、薩摩《さつま》藩士《はんし》たちが龍馬《りょうま》を伏見《ふしみ》から京都《きょうと》まで運ぶとき、お龍《りょう》も藩士《はんし》の格好《かっこう》をして隊列《たいれつ》に加《くわ》わったそうだ。

ピストルをうつ練習をしていた!?

龍馬《りょうま》はお龍《りょう》にピストルをうつ練習をさせていたようだ。乙女《おとめ》あての手紙の中で、「この頃《ごろ》は、ピストルをかなり上手《じょうず》にうつようになりました」と書いている。お龍《りょう》は刀を見ても恐《こわ》がらないので、龍馬《りょうま》は「本当におもしろい女性《じょせい》だ」と感心していた。

お龍《りょう》の夢《ゆめ》は…？

龍馬《りょうま》はお龍《りょう》を連《つ》れて歩いた!?

龍馬《りょうま》はお龍《りょう》を連《つ》れて町を歩いていた。当時、男女が寄《よ》りそって一緒《いっしょ》に歩くのはめずらしかったが、ふたりは堂《どう》どうと並《なら》んで歩いていたそうだ。

人物図鑑《じんぶつずかん》

薩摩藩《さつまはん》

西郷隆盛《さいごうたかもり》

龍馬《りょうま》を支《ささ》え続《つづ》けた薩摩藩《さつまはん》のリーダー

出身地《しゅっしんち》	薩摩《さつま》(現在《げんざい》の鹿児島県《かごしまけん》)	
生年月日《せいねんがっぴ》	1827年12月7日	
死亡年月日《しぼうねんがっぴ》	1877年9月24日	
享年《きょうねん》	51歳《さい》(自害《じがい》)	肖像《しょうぞう》

薩摩藩《さつまはん》(現在《げんざい》の鹿児島県《かごしまけん》)のリーダーだった西郷隆盛《さいごうたかもり》は、神戸海軍操練所《こうべかいぐんそうれんじょ》が閉鎖《へいさ》されたとき、行く当てがなくなっていた龍馬《りょうま》たちを薩摩《さつま》に連《つ》れて行った。龍馬《りょうま》が隆盛《たかもり》の家に泊《と》まったとき、隆盛《たかもり》の妻《つま》が龍馬《りょうま》に求《もと》められるまま古いふんどしを貸《か》すと、後でそれを知った隆盛《たかもり》は、「坂本《さかもと》さんはお国のために命を捨《す》てようとする人だ。すぐに新しいのと替《か》えて差《さ》し上げろ」と激《はげ》しく怒《おこ》ったという。隆盛《たかもり》がこんなに怒《おこ》ったのは、このときだけだったそうで、それほど龍馬《りょうま》を大切に思っていた。

その後、薩長同盟《さっちょうどうめい》を結《むす》ぶとき、龍馬《りょうま》から「薩摩《さつま》から長州《ちょうしゅう》(現在《げんざい》の山口県《やまぐちけん》)に同盟《どうめい》を申し出てほしい」と頼《たの》まれると、そのとおりにして同盟《どうめい》を実現《じつげん》させた。これ以降《いこう》、隆盛《たかもり》は長州藩《ちょうしゅうはん》と組んで武力《ぶりょく》で幕府《ばくふ》をほろぼすための活動を続《つづ》けたが、国内で戦争《せんそう》が起きるのをさけたかった龍馬《りょうま》は、大政奉還《たいせいほうかん》(➡P178)をさせて、幕府《ばくふ》を倒《たお》した。

隆盛《たかもり》と伝《つた》えられる写真

右から2番目の人物は隆盛《たかもり》という説《せつ》がある。確実《かくじつ》に隆盛《たかもり》とされる写真や肖像画《しょうぞうが》は残《のこ》っていない。

長州藩《ちょうしゅうはん》

桂小五郎《かつらこごろう》（木戸孝允《きどたかよし》）

長州藩《ちょうしゅうはん》のリーダーとして薩長同盟《さっちょうどうめい》を結《むす》ぶ

出身地《しゅっしんち》	長門《ながと》（現在《げんざい》の山口県《やまぐちけん》）
生年月日《せいねんがっぴ》	1833年6月26日
死亡年月日《しぼうねんがっぴ》	1877年5月26日
享年《きょうねん》	45歳《さい》（病死）

肖像《しょうぞう》

桂小五郎《かつらこごろう》は長州藩《ちょうしゅうはん》（現在《げんざい》の山口県《やまぐちけん》）の藩士《はんし》で、17歳《さい》のとき吉田松陰《よしだしょういん》の門下生になった。その後、江戸《えど》の三大道場のひとつ「練兵館《れんぺいかん》」で剣術《けんじゅつ》を学び、塾頭《じゅくとう》をつとめるほどの腕前《うでまえ》になった。

長州藩《ちょうしゅうはん》には、久坂玄瑞《くさかげんずい》をはじめ、過《か》激《げき》な尊王攘夷派《そんのうじょういは》（天皇《てんのう》をうやまい、外国勢力《せいりょく》を追放せよと主張《しゅちょう》する人びと）が多かったが、小五郎《こごろう》はおだやかに物事を進めていくタイプだった。その後、長州藩《ちょうしゅうはん》の仲間《なかま》の多くが池田屋事件《いけだやじけん》（➡P90）や禁門《きんもん》の変《へん》（➡P96）などで死んでしまったため、小五郎《こごろう》は長州藩《ちょうしゅうはん》のリーダーとなった。

龍馬《りょうま》から「薩長同盟《さっちょうどうめい》を結《むす》ぶべき」とすすめられた小五郎《こごろう》は、薩摩藩《さつまはん》（現在《げんざい》の鹿児島県《かごしまけん》）の西郷隆盛《さいごうたかもり》らと京都《きょうと》で話し合うことになった。しかし、小五郎《こごろう》は薩摩藩《さつまはん》に殺《ころ》された仲間《なかま》のことを思い、同盟《どうめい》を結《むす》んでほしいと言い出せなかった。その気持ちを理解《りかい》した龍馬《りょうま》は、隆《たか》盛《もり》を説得《せっとく》し、薩長同盟《さっちょうどうめい》が実現《じつげん》した。龍《りょう》馬《ま》は小五郎《こごろう》のことを「長州藩《ちょうしゅうはん》の進む道を決める人」と、高く評価《ひょうか》していた。

小五郎《こごろう》をかくまう幾松《いくまつ》
禁門《きんもん》の変《へん》の後、幕府《ばくふ》に追われていた小五郎《こごろう》は、芸者《げいしゃ》の幾松《いくまつ》にかくまってもらった。後にふたりは結婚《けっこん》した。

中岡慎太郎《なかおかしんたろう》

土佐藩《とさはん》

龍馬《りょうま》と一緒《いっしょ》に薩長同盟《さっちょうどうめい》の実現《じつげん》に努力《どりょく》する

中岡慎太郎《なかおかしんたろう》は、土佐藩《とさはん》(現在《げんざい》の高知《こうち》県《けん》)の藩士《はんし》で、龍馬《りょうま》より3歳《さい》年下だった。24歳《さい》のとき、武市半平太《たけちはんぺいた》がつくった土佐勤王党《とさきんのうとう》に参加《さんか》し、勤王《きんのう》(天皇《てんのう》に尽《つ》くすこと)の活動をはじめた。

土佐藩《とさはん》の前藩主《ぜんはんしゅ》・山内容堂《やまうちようどう》(⬇P185)が勤王党員《きんのうとういん》の処罰《しょばつ》をはじめると慎太郎《しんたろう》は脱藩《だっぱん》し、長州藩《ちょうしゅうはん》(現在《げんざい》の山《やま》口県《ぐちけん》)へにげた。その後、薩長同盟《さっちょうどうめい》を結《むす》ばせるため、京都《きょうと》から薩摩《さつま》(現在《げんざい》の鹿児島県《かごしまけん》)まで行ったり来たりしながら、西郷隆盛《さいごうたかもり》らを説得《せっとく》した。薩長同盟《さっちょうどうめい》が実現《じつげん》できたのは、龍馬《りょうま》だけでなく慎《しん》太郎《たろう》の働《はたら》きも大きかった。また、仲《なか》が悪かった岩倉具視《いわくらともみ》(⬇P206)と三条《さんじょう》実美《さねとみ》(⬇P206)を仲直《なかなお》りさせるなど、朝廷側《ちょうていがわ》でも活躍《かつやく》した。

龍馬《りょうま》が海援隊《かいえんたい》をつくると、慎太郎《しんたろう》は陸援《りくえん》隊《たい》を組織《そしき》し、隊長《たいちょう》となった。陸援隊《りくえんたい》は、武力《ぶりょく》で幕府《ばくふ》を倒《たお》すことを目的《もくてき》とする部隊《ぶたい》だった。ところが大政奉還《たいせいほうかん》後、京都《きょうと》の近江屋《おうみや》で龍馬《りょうま》と一緒《いっしょ》にいるところを暗殺者《あんさつしゃ》におそわれ、2日後に死亡《しぼう》した。

出身地《しゅっしんち》	土佐《とさ》(現在《げんざい》の高知県《こうちけん》)
生年月日《せいねんがっぴ》	1838年4月13日
死亡年月日《しぼうねんがっぴ》	1867年11月17日
享年《きょうねん》	30歳《さい》(暗殺《あんさつ》)

肖像《しょうぞう》

龍馬《りょうま》と慎太《しんた》郎《ろう》の銅像《どうぞう》
京都市《きょうとし》の円山《まるやま》公園に立つ龍《りょう》馬《ま》(左)と慎太《しんた》郎《ろう》(右)の銅像《どうぞう》(京都府《きょうとふ》)。

薩摩藩《さつまはん》

龍《りょう》馬《ま》をたすけた薩摩藩《さつまはん》の家老《かろう》

小松帯刀

こまつたてわき

小松帯刀《こまつたてわき》は、薩摩藩《さつまはん》(現在《げんざい》の鹿児《かご》島《しま》県《けん》)の家老《かろう》(藩《はん》の重役)で、西郷《さいごう》隆盛《たかもり》や大久保利通《おおくぼとしみち》(➡P204)の活動をかげで支《ささ》えた。薩長同盟《さっちょうどうめい》を結《むす》ぶ話し合いには、隆盛《たかもり》らとともに薩摩《さつま》藩《はん》の代表として参加《さんか》した。帯刀《たてわき》は明るい性格《せいかく》で、龍《りょう》馬《ま》と親友になった。龍《りょう》馬《ま》が亀山社中《かめやましゃちゅう》をつくるときに援助《えんじょ》したり、薩摩《さつま》にきた龍《りょう》馬《ま》とお龍《りょう》を自《じ》宅《たく》に泊《と》めたりした。

出身地《しゅっしんち》	薩摩《さつま》(現在《げんざい》の鹿児島県《かごしまけん》)
生年月日《せいねんがっぴ》	1835年10月14日
死亡年月日《しぼうねんがっぴ》	1870年7月20日
享年《きょうねん》	36歳《さい》(病死)

肖像《しょうぞう》

枕流亭《ちんりゅうてい》

1867年、薩摩《さつま》藩《はん》の帯刀《たてわき》や隆盛《たかもり》らは、長州藩《ちょうしゅうはん》の桂小五郎《かつらこごろう》らと枕《ちん》流亭《りゅうてい》で幕府《ばくふ》を倒《たお》す相談をした(山《やま》口県《ぐちけん》)。

庶民《しょみん》

龍《りょう》馬《ま》が信頼《しんらい》した寺田屋《てらだや》の女主人

お登勢

おとせ

お登勢《とせ》は、伏見《ふしみ》(京都府《きょうとふ》)にあった宿「寺田屋《てらだや》」の女主人で、度胸《どきょう》があり、人を世話するのが好《す》きだった。龍《りょう》馬《ま》をはじめ、幕府《ばくふ》からねらわれている尊王攘夷派《そんのうじょういは》の志士《しし》たちを寺田屋《てらだや》にかくまって守った。また、龍《りょう》馬《ま》にあずけられたお龍《りょう》を養女《ようじょ》にした。龍《りょう》馬《ま》はお登勢《とせ》を「大人物」と評価《ひょうか》し、「おかあ」と、親しく呼《よ》んでいた。

出身地《しゅっしんち》	近江《おうみ》(現在《げんざい》の滋賀県《しがけん》)
生年月日《せいねんがっぴ》	1829年?
死亡年月日《しぼうねんがっぴ》	1877年9月7日
享年《きょうねん》	49歳《さい》?(病死)

肖像《しょうぞう》

寺田屋跡《てらだやあと》に立つ龍馬像《りょうまぞう》

寺田屋《てらだや》があった場所には、現在《げんざい》、龍馬《りょうま》の銅像《どうぞう》が立っている(京都府《きょうとふ》)。

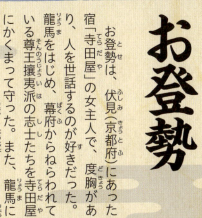

幕末《ばくまつ》

おもしろコラム

日本は子どもの天国だった!?

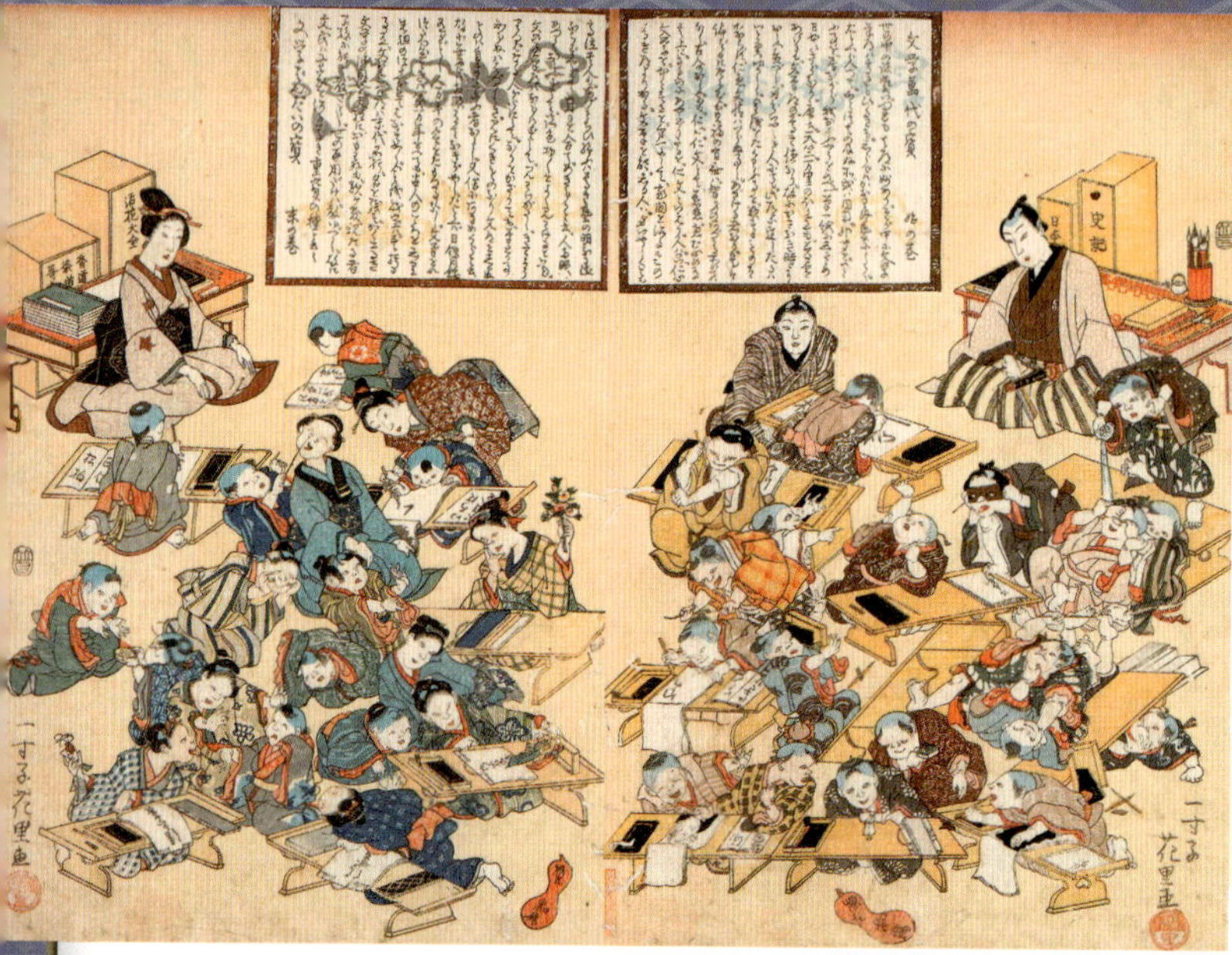

寺子屋《てらこや》の様子

寺子屋《てらこや》は庶民《しょみん》の子どもが通う学校。幕末《ばくまつ》には全国に1万5000校の寺子屋《てらこや》があった。

「文学万代の宝　始の巻・末の巻」東京都立中央図書館特別文庫室所蔵

両親に愛《あい》される子ども

外国人は子どもたちが両親からとても大切にされているのを見ておどろいたという。

愛情《あいじょう》をたくさん受けて 自由に遊んだ子どもたち

江戸《えど》時代、庶民《しょみん》の子どもたちは寺《てら》子屋《こや》と呼ばれる学校に通い、読み・書きやそろばんなどを習っていた。寺子屋《てらこや》ではしつけもおこなわれていたので、子どもたちは礼儀《れいぎ》正しく、親の言うことを素直《すなお》に聞いたそうだ。親も子どもたちをとてもかわいがっていたそうだ。

幕末《ばくまつ》に日本を訪《おとず》れた外国人たちは、子どもたちが町中で楽しそうにさわぎ回っているのに、大人から怒《おこ》られないことを不思議《ふしぎ》に思ったという。しかし、子どもたちはただ甘《あま》やかされているのではなく、学力が高く、礼儀《れいぎ》正しく、思いやりがあることを知って、おどろいたそうだ。

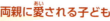

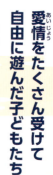

4章

大《たい》政《せい》奉《ほう》還《かん》の実《じつ》現《げん》

1866年
長州《ちょうしゅう》 下関《しものせき》――
幕府《ばくふ》はついに長州《ちょうしゅう》へ攻撃《こうげき》を開始した。
ドォーン
ドォー
え？
わしらも一緒《いっしょ》にユニオン号で戦《たたか》う？
いや、高杉《たかすぎ》さん
わしらは借《か》りていたユニオン号を返しに来ただけで……
ぜひ、社中《しゃちゅう》のみんなに協力《きょうりょく》してほしいのだ！
龍馬《りょうま》さん、あんたは薩摩《さつま》が長州《ちょうしゅう》に返そうとした米を、もらったろう！
戦争《せんそう》でたいへんでしょうし
長州《ちょうしゅう》
いえ あげたものですから
なら社中《しゃちゅう》がもらいます
薩摩《さつま》
なぜそれをっ
いや、でも…
…断《ことわ》るのか？
ズッ
あげたピストルもなくしたらしいなっ
ずんっ
それも知ってたのね…

喜《よろこ》んで戦《たたか》います…
それはありがたい!
この戦《たたか》いで龍馬《りょうま》ははじめて戦争《せんそう》を経験《けいけん》した。
戦《たたか》いは長州有利《ちょうしゅうゆうり》で進み、ついに幕府軍《ばくふぐん》を撃退《げきたい》した。
この戦《たたか》いの最中《さいちゅう》、14代将軍《しょうぐん》徳川家茂《とくがわいえもち》が病死。次の将軍《しょうぐん》は徳川慶喜《とくがわよしのぶ》に決まった。
15代将軍《しょうぐん》
徳川慶喜《とくがわよしのぶ》
半年後 1867年 長崎《ながさき》 亀山社中《かめやましゃちゅう》――
みんな、ユニオン号を長州《ちょうしゅう》に返した後、しばらく船がなくてすまなかった
今は新しい船がある!がんばっていこうな!
はいっ
龍馬《りょうま》さん迎《むか》えが来てます
ああ今行く
どこへ行くんですか

土佐《とさ》の後藤象二郎《ごとうしょうじろう》に会う
そんなっ…危険《きけん》ですっ！後藤《ごとう》は吉田東洋《よしだとうよう》の身内ですよ！武市《たけち》さんを切腹《せっぷく》させたのも、あの男じゃないですかっ！
土佐《とさ》が変《か》わろうとしているのなら
今は過去《かこ》より未来《みらい》を考えるときだ！
龍馬《りょうま》さんっ
龍馬《りょうま》さんっ
龍馬《りょうま》さん！
いまや土佐《とさ》も、薩摩《さつま》や長州《ちょうしゅう》を見習って行動すべきときだ！
坂本《さかもと》さん
そのために力を貸《か》してほしい
清風亭
土佐藩士《とさはんし》
後藤象二郎《ごとうしょうじろう》

…おどろいたな…
社中《しゃちゅう》の仲間《なかま》から会うのは危険《きけん》だと言われていたのだ
まさか…頭を下げられるとは…
土佐《とさ》はあなたの力を必要《ひつよう》としている！
過去《かこ》や身分にこだわっているときではないでしょう！
よし！あんたが気に入った！土佐《とさ》のため協力《きょうりょく》しよう！
坂本《さかもと》さん！

この会談の後、亀山社中《かめやましゃちゅう》は海援隊《かいえんたい》と名を変《か》え、
土佐藩《とさはん》のもとで、独立《どくりつ》した活動を認《みと》められた。
海援隊《かいえんたい》
1867年　春
海援隊《かいえんたい》は、いろは丸《まる》で仕事をはじめた。
ズオオオオ
あの船…
ザザザ
まさか…
ぶつかるっ！

ワァアァァ
みんな危《あぶ》ない！向こうの船に移《うつ》れ！
ズズズズズ…
なんてことだ…
紀州藩《きしゅうはん》の船に追突《ついとつ》され、いろは丸《まる》は積荷《つみに》とともに沈《しず》んでしまった。
3週間後 長崎《ながさき》
そちらがぶつかってきたのだ！失《うしな》った船と荷物の金を払《はら》ってもらおう！
ばんっ
徳川御三家《とくがわごさんけ》の紀州藩《きしゅうはん》に無礼《ぶれい》を言うな！
では世界の法《ほう》にくわしいイギリス人に聞きにいきますか！
ズズズズズ…
当然《とうぜん》、こちらが正しいと言うでしょうなぁ……
世界の法《ほう》…
イギリス…
わ…わかった 払《はら》うっ
払《はら》うから それだけはやめてくれ
龍馬《りょうま》たちは、紀州藩《きしゅうはん》から希望《きぼう》どおりの金を勝ち取った。
勝った

その後、龍馬《りょうま》と象二郎《しょうじろう》は
土佐藩《とさはん》の船で京《きょう》へ向かった。
薩摩《さつま》は、武力《ぶりょく》で幕府《ばくふ》を倒《たお》そうという考えが強くなっている…
他に方法《ほうほう》はないものか…
今戦争《せんそう》は必要《ひつよう》ない！幕府《ばくふ》の政権《せいけん》を朝廷《ちょうてい》に返させるんじゃ！
大政奉還《たいせいほうかん》ぜよ！
大政奉還《たいせいほうかん》！さすが坂本《さかもと》さん！確《たし》かに今こそそのときだ！
そして優秀《ゆうしゅう》な者を集めて
新しい政府《せいふ》をつくる！
それから異国《いこく》と対等な条約《じょうやく》を結《むす》び直すんじゃ！
龍馬《りょうま》が示《しめ》した日本の新しい基本方針《きほんほうしん》は後に「船中八策《せんちゅうはっさく》」と呼《よ》ばれた。

2週間後　京都《きょうと》——
大政奉還《たいせいほうかん》を土佐《とさ》から将軍《しょうぐん》に提案《ていあん》する！
将軍《しょうぐん》が受け入れれば戦《たたか》う必要《ひつよう》はないだろう
わかった…今は待つ！
しかし将軍《しょうぐん》が受け入れなければ、われわれは戦《たたか》う！
西郷《さいごう》さん…
3か月後　長州《ちょうしゅう》　下関《しものせき》——
龍馬《りょうま》は土佐《とさ》に向かう途中《とちゅう》、下関《しものせき》に住むお龍《りょう》に会いに寄《よ》った。
いつもひとりにして悪いな…
国のお仕事が終わったら船で世界に連《つ》れて行ってくださいよ！
ああ行こう！世界中どこへでも好《す》きなところへ！
約束《やくそく》ですよ！
坂本《さかもと》さん

伊藤君《いとうくん》
薩摩《さつま》が京《きょう》に出兵《しゅっぺい》します
長州《ちょうしゅう》も協力《きょうりょく》を頼《たの》まれました
長州藩士《ちょうしゅうはんし》
伊藤博文《いとうひろぶみ》
何っ
薩摩《さつま》は大政奉還《たいせいほうかん》がうまくいかないと考えています！
たいへんだ
なんとしても大政奉還《たいせいほうかん》させねば…
あせる気持ちをおさえつつ、龍馬《りょうま》は土佐《とさ》に向かった。
土佐《とさ》
龍馬《りょうま》の実家――
脱藩《だっぱん》以来《いらい》だな…
ギィ
龍馬《りょうま》！
!
ワァァァァァ
おかえり龍馬《りょうま》っ！

乙女《おとめ》姉さん！ みんな！
生きててよかったぁ～！
あ゛～
あはははは
お仁王様《におうさま》が泣《な》いておる
母上、ずっと帰ってこられんですみませんでした
今この国が変《か》わる大事なときぜよ…
見ててください！ わしは命をかけてもやりとげてみせる！
龍馬《りょうま》…

同じ頃《ころ》、ようやく大政奉還《たいせいほうかん》の提案《ていあん》が将軍《しょうぐん》に出された。
龍馬《りょうま》は京《きょう》へ急いだ。
後藤《ごとう》さんっ なんとしても大政奉還《たいせいほうかん》させてくれっ！
そして、龍馬《りょうま》が京《きょう》に着いて間もなく…
京都《きょうと》 二条城《にじょうじょう》——
政権《せいけん》を朝廷《ちょうてい》にお返しする！
15代将軍《しょうぐん》 徳川慶喜《とくがわよしのぶ》
ザワッ
やったぞ！坂本《さかもと》さん！

京都《きょうと》 近江屋《おうみや》——
大政奉還《たいせいほうかん》じゃー!
ワァァァァァ
ついに将軍《しょうぐん》を動かしたぜよ!
やったな! 龍馬《りょうま》!
新政府《しんせいふ》ではどんな役目につくんだ?
わしは役人にはならん!
え?
龍馬《りょうま》らしいな
だがまだすることが山積《やまづ》みじゃ!
ハハハ
わしは仕事がかたづいたらお龍《りょう》と一緒《いっしょ》に世界を見に行く
それが今のわしの夢《ゆめ》ぜよ

1866年
32歳《さい》

軍艦《ぐんかん》で幕府軍《ばくふぐん》と戦《たたか》う

龍馬《りょうま》は長州軍《ちょうしゅうぐん》に参加《さんか》して幕府軍《ばくふぐん》と戦《たたか》う！

長州軍《ちょうしゅうぐん》が勝つために力を尽《つ》くした龍馬《りょうま》

お龍《りょう》との新婚《しんこん》旅行を終えた龍馬《りょうま》は、ユニオン号に乗って鹿児島《かごしま》を出発すると、長崎《ながさき》でお龍《りょう》をおろし、下関《しものせき》(山口県《やまぐちけん》)に向かった。

このとき幕府《ばくふ》は長州藩《ちょうしゅうはん》(現在《げんざい》の山口県《やまぐちけん》)をほろぼそうと、10万人の大軍《たいぐん》で攻《せ》めこもうとしていた(第二次長州征伐《ちょうしゅうせいばつ》)。薩長同盟《さっちょうどうめい》を結《むす》んでいた薩摩藩《さつまはん》(現在《げんざい》の鹿児島県《かごしまけん》)は、幕府《ばくふ》の命令《めいれい》を断《ことわ》って、幕府軍《ばくふぐん》に加《くわ》わらなかった。

龍馬《りょうま》はユニオン号に乗って高杉《たかすぎ》晋作《しんさく》が率《ひき》いる長州軍《ちょうしゅうぐん》に加《くわ》わると、小倉《こくら》(福岡県《ふくおかけん》)の幕府軍《ばくふぐん》と戦《たたか》った。

ビジュアル資料《しりょう》

奇兵隊《きへいたい》を指揮《しき》する晋作《しんさく》

晋作《しんさく》は、奇兵隊《きへいたい》を率《ひき》いて小倉口《こくらぐち》の戦《たたか》いを指揮《しき》した。

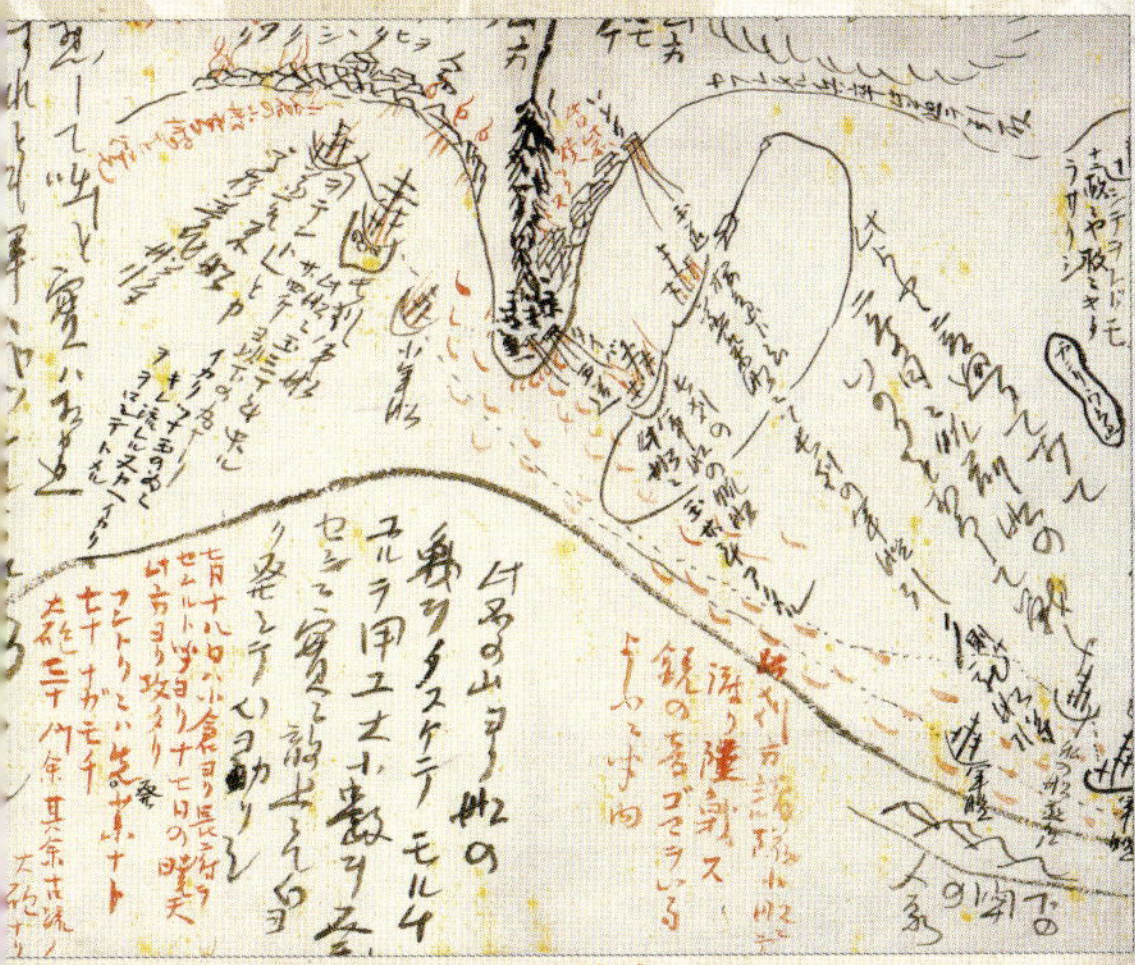

ビジュアル資料《しりょう》

龍馬《りょうま》がかいた戦争図《せんそうず》

龍馬《りょうま》が兄・権平《ごんぺい》にあてた手紙には、軍艦《ぐんかん》で幕府《ばくふ》軍《ぐん》を攻撃《こうげき》している様子がかかれている。

小倉口《こくらぐち》の戦《たたか》い

龍馬《りょうま》が乗るユニオン号は、小舟《こぶね》で小倉《こくら》へ上陸《じょうりく》しようとする長州軍《ちょうしゅうぐん》をたすけるため、幕府軍《ばくふぐん》に砲撃《ほうげき》した。

最新式《さいしんしき》の武器《ぶき》や船で戦《たたか》う長州軍《ちょうしゅうぐん》は、幕府軍《ばくふぐん》に大勝利《だいしょうり》した。長州軍《ちょうしゅうぐん》は、その後も各地《かくち》で幕府軍《ばくふぐん》を破《やぶ》った。

この戦《たたか》いの最中《さいちゅう》、大坂城《おおさかじょう》(大阪《おおさか》府《ふ》)にいた将軍《しょうぐん》・徳川家茂《とくがわいえもち》が病死した。幕府《ばくふ》はしかたなく長州藩《ちょうしゅうはん》と仲直《なかなお》りして、軍《ぐん》を引き上げた。

ウソ!ホント!?

晋作《しんさく》は兵士《へいし》に酒を飲ませていた!?

晋作《しんさく》は小倉口《こくらぐち》の戦《たたか》いのとき、戦場《せんじょう》に酒樽《さかだる》をいくつも運びこんで兵士《へいし》たちに飲ませ、戦《たたか》う気分を盛《も》り上げていた。また、薩摩《さつま》の使者とおしゃべりをして、笑《わら》いながら軍《ぐん》を指揮《しき》していたそうだ。

龍馬《りょうま》は紀州藩《きしゅうはん》を相手に国際法《こくさいほう》で戦《たたか》う！

1867年
33歳《さい》

いろは丸《まる》事《じ》件《けん》が起こる

『万国公法《ばんこくこうほう》』で紀州藩《きしゅうはん》に責任《せきにん》を認《みと》めさせる

亀山社中《かめやましゃちゅう》は小倉口《こくらぐち》の戦《たたか》いの後、ユニオン号を長州藩《ちょうしゅうはん》に渡《わた》したので船がなくなってしまった。しかし龍馬《りょうま》は、土佐藩《とさはん》（現在《げんざい》の高知県《こうちけん》）の後藤象二郎《ごとうしょうじろう》（➡P184）らの援助《えんじょ》を受けて、亀山社中《かめやましゃちゅう》を「海援隊《かいえんたい》」と改《あら》め、新しくスタートさせた。

その最初《さいしょ》の仕事は、大洲藩《おおずはん》（現《げん》在《ざい》の愛媛県《えひめけん》）から借《か》りた「いろは丸《まる》」で、長崎《ながさき》から大坂《おおさか》（大阪府《おおさかふ》）へ荷物を運ぶことだった。

その途中《とちゅう》、いろは丸《まる》は瀬戸内海《せとないかい》で紀州藩《きしゅうはん》（現在《げんざい》の和歌山県《わかやまけん》）の明光《めいこう》丸《まる》に衝突《しょうとつ》された。龍馬《りょうま》たちは明光《めいこう》

いろは丸展示館所蔵

隠《かく》れ部屋の龍馬《りょうま》

龍馬《りょうま》は鞆《とも》の浦《うら》に上陸《じょうりく》して紀州藩士《きしゅうはんし》と話し合ったが、宿では身の危険《きけん》を感じて隠《かく》れ部屋にひそんでいた。いろは丸《まる》展示館《てんじかん》ではその様子が再現《さいげん》されている(広島県《ひろしまけん》)。

衝突《しょうとつ》されるいろは丸《まる》

龍馬《りょうま》たちが乗ったいろは丸《まる》は、瀬戸内海《せとないかい》で紀州藩《きしゅうはん》の明光丸《めいこうまる》に衝突《しょうとつ》され、沈没《ちんぼつ》した。

ビジュアル資料《しりょう》

『万国公法《ばんこくこうほう》』

当時の「国際法《こくさいほう》」がまとめられた本。航海《こうかい》のルールなど、国と国との間で決められた規則《きそく》が書かれている。

丸《まる》に飛《と》び乗って無事《ぶじ》だったが、いろは丸《まる》は沈没《ちんぼつ》した。事故《じこ》の原因《げんいん》は、明光丸《めいこうまる》にあった。龍馬《りょうま》は国際《こくさい》法《ほう》である『万国公法《ばんこくこうほう》』をもとに紀州《きしゅう》藩《はん》に事故《じこ》の責任《せきにん》を認《みと》めさせ、8万3000両《りょう》(現在《げんざい》の約《やく》84億《おく》円)の賠《ばい》償金《しょうきん》を支払《しはら》わせた。

トンデモ伝説《でんせつ》!

紀州藩《きしゅうはん》を責《せ》める歌をはやらせた!?

紀州藩《きしゅうはん》との話し合いがおこなわれた長崎《ながさき》で、龍馬《りょうま》は「船を沈《しず》めたそのつぐないは、金を取らずに国(紀州藩《きしゅうはん》)を取る」という歌をはやらせた。庶民《しょみん》を味方につけて、話し合いを有利《ゆうり》に進めたのだ。

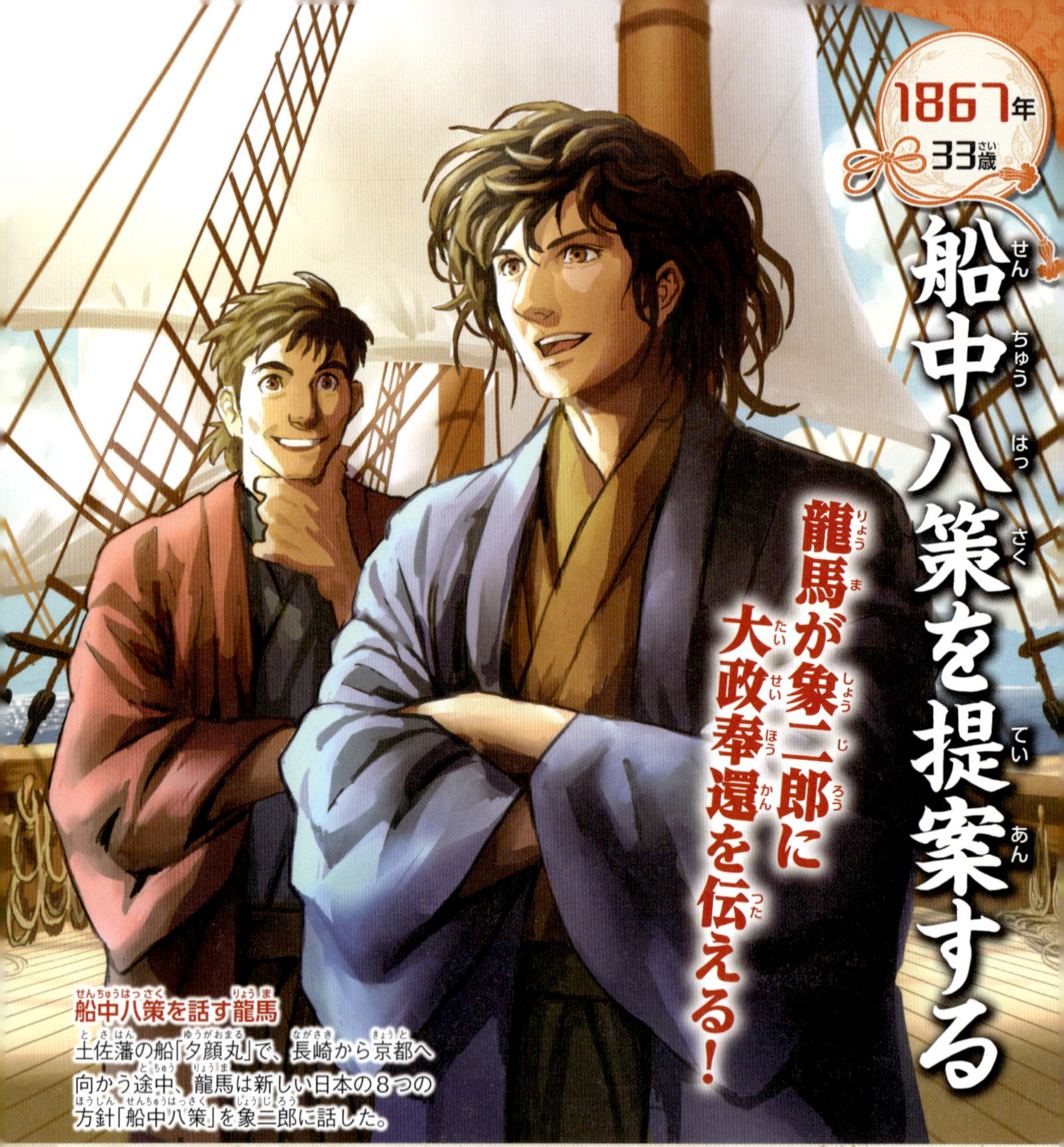

1867年 33歳《さい》

船《せん》中《ちゅう》八《はっ》策《さく》を提《てい》案《あん》する

龍馬《りょうま》が象二郎《しょうじろう》に大政奉還《たいせいほうかん》を伝《つた》える！

船中八策《せんちゅうはっさく》を話す龍馬《りょうま》

土佐藩《とさはん》の船「夕顔丸《ゆうがおまる》」で、長崎《ながさき》から京都《きょうと》へ向かう途中《とちゅう》、龍馬《りょうま》は新しい日本の８つの方針《ほうしん》「船中八策《せんちゅうはっさく》」を象二郎《しょうじろう》に話した。

龍馬《りょうま》は新しい日本の８つの方針《ほうしん》を示《しめ》す

徳川家茂《とくがわいえもち》の死後、幕府《ばくふ》では徳川《とくがわ》慶喜《よしのぶ》が15代将軍《しょうぐん》になった。慶喜《よしのぶ》と有力藩《ゆうりょくはん》の指導者《しどうしゃ》は会議《かいぎ》を開いたが、意見はまとまらなかった。薩《さつ》摩《ま》藩《はん》（現在《げんざい》の鹿児島県《かごしまけん》）や長州藩《ちょうしゅうはん》（現在《げんざい》の山口県《やまぐちけん》）は、武力《ぶりょく》で幕府《ばくふ》を倒《たお》すという動きを強めていた。

「薩摩《さつま》・長州《ちょうしゅう》と幕府《ばくふ》が戦《たたか》えば、日本の力が弱くなる」と感じていた龍馬《りょうま》は、戦争《せんそう》をせずに幕府《ばくふ》を倒《たお》す方法《ほうほう》を考えた。そして長崎《ながさき》から京《きょう》都《と》へ向かう船の中で、同じ土佐藩《とさはん》（現在《げんざい》の高知県《こうちけん》）出身の後藤象二郎《ごとうしょうじろう》に、将軍《しょうぐん》が自ら政権《せいけん》を朝廷《ちょうてい》に返す

関連地図《かんれんちず》

船中八策《せんちゅうはっさく》前後の流れ

1 四侯会議《しこうかいぎ》が開かれる

将軍《しょうぐん》・徳川慶喜《とくがわよしのぶ》と松平春嶽《まつだいらしゅんがく》、山内容堂《やまうちようどう》、島津久光《しまづひさみつ》（薩摩藩主《さつまはんしゅ》の父）、伊達宗城《だてむねなり》（前宇和島藩主《ぜんうわじまはんしゅ》）は、今後の政治《せいじ》を話し合ったが、失敗《しっぱい》に終わった。

2 龍馬《りょうま》と象二郎《しょうじろう》が京都《きょうと》へ向かう

龍馬《りょうま》は、長崎《ながさき》から京都《きょうと》へ向かう船の中で、象二郎《しょうじろう》に大政奉還《たいせいほうかん》の案《あん》を提案《ていあん》する。

3 象二郎《しょうじろう》が容堂《ようどう》に会う

京都《きょうと》から土佐《とさ》にもどった象二郎《しょうじろう》は、容堂《ようどう》に会い、龍馬《りょうま》の大政奉還《たいせいほうかん》の案《あん》を伝《つた》える。容堂《ようどう》はこの案《あん》を将軍《しょうぐん》・徳川慶喜《とくがわよしのぶ》に伝《つた》える準備《じゅんび》をはじめる。

後藤象二郎《ごとうしょうじろう》（1838〜1897）

土佐藩士《とさはんし》。龍馬《りょうま》と親しくなり、海援隊《かいえんたい》をつくる手だすけをした。龍馬《りょうま》から船中八策《せんちゅうはっさく》を聞き、土佐藩《とさはん》の前藩主《ぜんはんしゅ》・山内《やまうち》容堂《ようどう》に大政奉還《たいせいほうかん》を提案《ていあん》した。

（➡P184）

船中八策《せんちゅうはっさく》の内容《ないよう》

1. 幕府《ばくふ》は政権《せいけん》を朝廷《ちょうてい》に返す
2. 議会《ぎかい》を設置《せっち》する
3. 有能《ゆうのう》な人材《じんざい》を出世させる
4. 外国と対等に交流する
5. 憲法《けんぽう》を制定《せいてい》する
6. 海軍《かいぐん》を強くする
7. 首都を守る軍隊《ぐんたい》をつくる
8. 世界に通用する貨幣制度《かへいせいど》をつくる

「大政奉還《たいせいほうかん》」をおこなうべきだと伝《つた》えた。このとき龍馬《りょうま》は、大政奉還《たいせいほうかん》を含《ふく》む新しい日本の方針《ほうしん》を8つ提《てい》案《あん》した。これらは、「船中八策《せんちゅうはっさく》」と呼《よ》ばれている。

龍馬《りょうま》に賛成《さんせい》した象二郎《しょうじろう》は、土佐《とさ》藩《はん》の前藩主《ぜんはんしゅ》・山内容堂《やまうちようどう》に大政奉還《たいせいほうかん》の案《あん》を伝《つた》えた。賛成《さんせい》した容堂《ようどう》は、慶喜《よしのぶ》に提案《ていあん》する準備《じゅんび》をはじめた。

1867年
33歳《さい》

土《と》佐《さ》の実家に帰る

海《かい》援《えん》隊《たい》の隊長《たいちょう》として家族のもとに帰った龍《りょう》馬《ま》

土《と》佐《さ》藩《はん》（現在《げんざい》の高知県《こうちけん》）の山内容《やまうちよう》堂《どう》が大政奉還《たいせいほうかん》の準備《じゅんび》を進めている頃《ころ》、海援隊《かいえんたい》を率《ひき》いる龍馬《りょうま》は長崎《ながさき》でオランダ商人から「エンフィールド銃《じゅう》」という最新式《さいしんしき》のライフル銃《じゅう》を1300丁も買い入れた。

龍馬《りょうま》は船にライフル銃《じゅう》を積《つ》んで長崎港《ながさきこう》を出発すると、お龍《りょう》のいる下関《しものせき》（山口県《やまぐちけん》）に向かった。久《ひさ》しぶりに会ったふたりだったが、これが最後《さいご》の別《わか》れとなった。

龍馬《りょうま》は下関《しものせき》から土佐《とさ》に向かい、エンフィールド銃《じゅう》1000丁を土《と》佐《さ》藩《はん》に売り渡《わた》した。大仕事を終え

龍《りょう》馬《ま》は家族との再《さい》会《かい》を楽しむ!

エンフィールド銃《じゅう》　ビジュアル資《し》料《りょう》

龍《りょう》馬《ま》が土《と》佐《さ》藩《はん》のために買ったライフル銃《じゅう》と同じ型《かた》の銃《じゅう》。先がとがったエネミー弾《だん》を使うエネミー銃《じゅう》のひとつで、1km先の敵《てき》を倒《たお》せた。

ビジュアル資《し》料《りょう》

龍《りょう》馬《ま》の実家

龍《りょう》馬《ま》の実家とされる写真(明《めい》治《じ》時代の撮《さつ》影《えい》)。現《げん》在《ざい》は残《のこ》っていない。

薩《さつ》摩《ま》藩《はん》の決《けつ》断《だん》を伝《つた》える隆《たか》盛《もり》

龍《りょう》馬《ま》より先に京《きょう》都《と》にもどっていた象《しょう》二《じ》郎《ろう》は、隆《たか》盛《もり》から「薩《さつ》摩《ま》藩《はん》は武《ぶ》力《りょく》で幕《ばく》府《ふ》を倒《たお》すことにした」と告《つ》げられる。

実家に帰る龍《りょう》馬《ま》

長《なが》崎《さき》で買ったライフル銃《じゅう》を渡《わた》すため、土《と》佐《さ》藩《はん》に行った龍《りょう》馬《ま》は、実家にも立ち寄《よ》り、5年半ぶりに乙《おと》女《め》に会った。

た龍《りょう》馬《ま》は、脱《だっ》藩《ぱん》して5年半ぶりに坂《さか》本《もと》家《け》に帰り、家族と再《さい》会《かい》した。

しかし、京《きょう》都《と》では薩《さつ》摩《ま》藩《はん》(現《げん》在《ざい》の鹿《か》児《ご》島《しま》県《けん》)を中心に、武《ぶ》力《りょく》で幕《ばく》府《ふ》を倒《たお》す動きが進んでいた。龍《りょう》馬《ま》は家族とゆっくりする間もなく土《と》佐《さ》を出発し、京《きょう》都《と》へ向かった。

なるほどエピソード

めいの春《はる》猪《い》を妹のようにかわいがった!?

龍《りょう》馬《ま》には春《はる》猪《い》(権《ごん》平《ぺい》の長女)というめいがいた。龍《りょう》馬《ま》は8歳《さい》年下の春《はる》猪《い》を妹のようにかわいがり、外国の化《け》粧《しょう》品《ひん》をプレゼントしたり、手紙を書いたりしている。春《はる》猪《い》も龍《りょう》馬《ま》にかんざしをおねだりするほど仲《なか》がよかった。

1867年
33歳《さい》

大《たい》政《せい》奉《ほう》還《かん》が実《じつ》現《げん》する

龍馬《りょうま》が江戸《えど》時代を終わらせる！

大政奉還《たいせいほうかん》の実現《じつげん》を知る龍馬《りょうま》
象二郎《しょうじろう》から大政奉還《たいせいほうかん》が実現《じつげん》したことを手紙で知らされた龍馬《りょうま》は、感激《かんげき》して涙《なみだ》を流した。

涙《なみだ》を流して慶喜《よしのぶ》の決断《けつだん》をほめた龍馬《りょうま》

土佐藩《とさはん》（現在《げんざい》の高知県《こうちけん》）の山内容《やまうちよう》堂《どう》が、将軍《しょうぐん》・徳川慶喜《とくがわよしのぶ》に大政奉還《たいせいほうかん》をすすめる意見書を出して約《やく》1週間後、龍馬《りょうま》は京都《きょうと》に到着《とうちゃく》した。

慶喜《よしのぶ》は京都《きょうと》の二条城《にじょうじょう》に、全国の藩《はん》の代表者を呼《よ》んだ。土佐藩《とさはん》の代表となった後藤象二郎《ごとうしょうじろう》に、龍馬《りょうま》は「もし大政奉還《たいせいほうかん》されなかったら、二条城《にじょうじょう》で切腹《せっぷく》してほしい。わたしも慶喜《よしのぶ》をおそいます」と手紙に書き、決死の覚悟《かくご》を示《しめ》した。象二郎《しょうじろう》から大政奉還《たいせいほうかん》が実現《じつげん》したという知らせを受け取った龍馬《りょうま》は、涙《なみだ》を流して慶喜《よしのぶ》の決断《けつだん》をほめたという。

邨田丹陵画「大政奉還」聖徳記念絵画館所蔵

ビジュアル資料《しりょう》 **大政奉還《たいせいほうかん》** 二条城《にじょうじょう》に全国の藩《はん》の代表者を集めた慶喜《よしのぶ》は、政権《せいけん》を朝廷《ちょうてい》に返すことを宣言《せんげん》した。

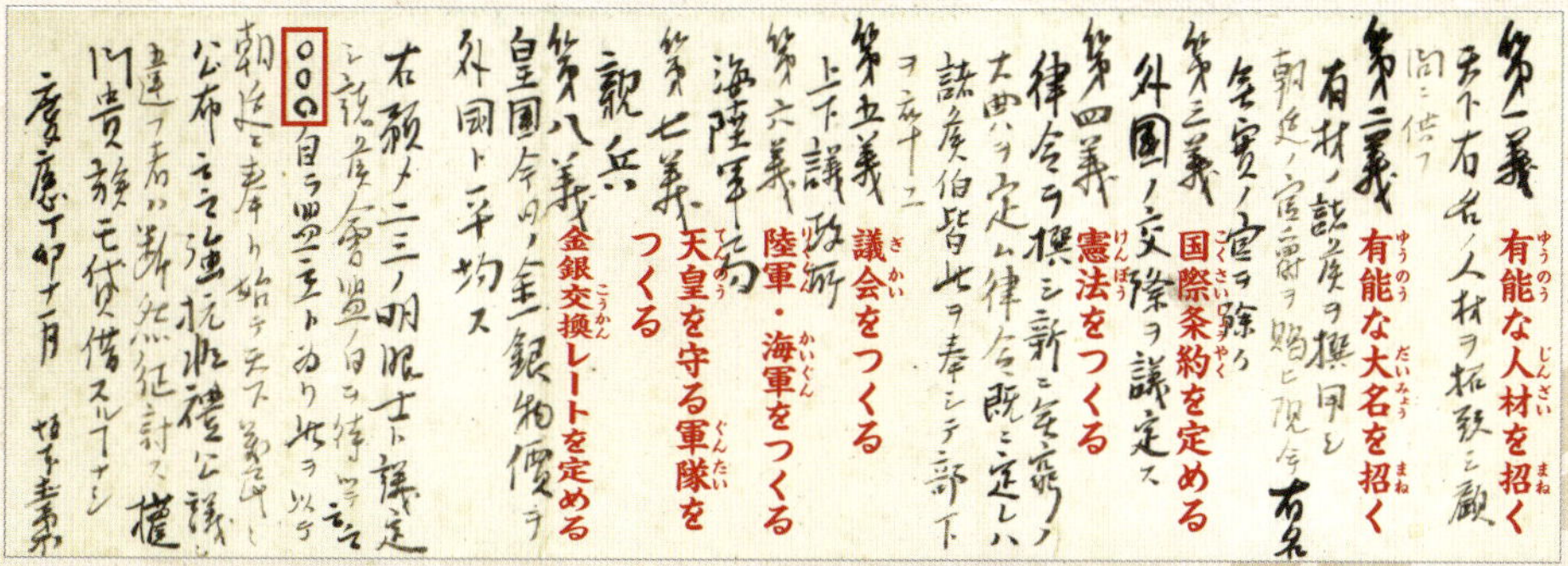

第一義 天下有名ノ人材ヲ招致シ顧問ニ供フ
第二義 有材ノ諸侯ヲ撰用シ朝廷ノ官爵ヲ賜ヒ現今有名無実ノ官ヲ除ク
第三義 外国ノ交際ヲ議定ス
第四義 律令ヲ撰シ新ニ無窮ノ大典ヲ定ム律令既ニ定レハ諸侯伯皆此ヲ奉シテ部下ヲ率ユ
第五義 上下議政所
第六義 海陸軍局
第七義 親兵
第八義 皇国今日ノ金銀物価ヲ外国ト平均ス
右預メ二三ノ明眼士ト議定シ諸侯会盟ノ日ヲ待ツテ云々 〇〇〇自ラ盟主ト為リ此ヲ以テ朝廷ニ奉リ始テ天下万民ニ公布云々 強抗非礼公議ニ違フ者ハ断然征討ス 権門貴族モ貸借スルコトナシ
慶応丁卯十一月 坂本直柔

有能《ゆうのう》な人材《じんざい》を招《まね》く
有能《ゆうのう》な大名《だいみょう》を招《まね》く
国際条約《こくさいじょうやく》を定める
憲法《けんぽう》をつくる
議会《ぎかい》をつくる
陸軍・海軍《かいぐん》をつくる
天皇《てんのう》を守る軍隊《ぐんたい》をつくる
金銀交換《こうかん》レートを定める

ビジュアル資料《しりょう》 **龍馬《りょうま》が目指した新国家像《ぞう》**

龍馬《りょうま》が船中八策《せんちゅうはっさく》をもとに記した新政府《しんせいふ》の方針《ほうしん》。憲法《けんぽう》や議会《ぎかい》をつくることなどが記されている。また、空欄《くうらん》になっている「〇〇〇自ら盟主《めいしゅ》（中心となる人物）となり」に入るのは徳川慶喜《とくがわよしのぶ》や山《やま》内容堂《うちようどう》など、さまざまな説《せつ》があるが、現在《げんざい》も謎《なぞ》である。

ウソ!ホント!?

龍馬《りょうま》は新政府《しんせいふ》の役人になりたくなかった!?

大政奉還《たいせいほうかん》の後、龍馬《りょうま》は新政府案《しんせいふあん》をつくって隆盛《たかもり》に会いに行った。そこに龍馬《りょうま》の名前がなかったので、隆盛《たかもり》が理由を聞くと、「役人はいやだ。わしは世界の海援隊《かいえんたい》をやります」と答えたという。これはつくり話といわれるが、龍《りょう》馬《ま》がお龍《りょう》に「役人になるのはいやだ」と話していたのは事実のようだ。

1867年 33歳《さい》

三《みつ》岡《おか》八《はち》郎《ろう》と会う

龍馬《りょうま》と八郎《はちろう》は日本の将来《しょうらい》を話し合う！

八郎《はちろう》に呼《よ》びかける龍馬《りょうま》

八郎《はちろう》が龍馬《りょうま》の泊《と》まっている旅館に行くと、龍馬《りょうま》は２階から顔を出し、「三岡《みつおか》か！話すことが山ほどあるぜよ！」と叫《さけ》んだそうだ。

財政《ざいせい》にくわしい八郎《はちろう》と新政府《しんせいふ》について語り合う

大政奉還《たいせいほうかん》が実現《じつげん》したので、朝廷《ちょうてい》を中心に新政府《しんせいふ》がつくられることになった。龍馬《りょうま》は新政府《しんせいふ》の基本方《きほんほう》針《しん》を示《しめ》したり、新政府《しんせいふ》の役職《やくしょく》を考えたりした。

龍馬《りょうま》は、新政府《しんせいふ》をうまく動かしていくには、財政《ざいせい》が最《もっと》も重要《じゅうよう》だと考えた。越前藩《えちぜんはん》（現在《げんざい》の福井県《ふくいけん》）に、龍馬《りょうま》の親友で経済《けいざい》や財政《ざいせい》にくわしい三岡八郎《みつおかはちろう》がいた。大政奉還《たいせいほうかん》の10日後、龍馬《りょうま》は八郎《はちろう》に会うため、越前《えちぜん》に向かった。旅館から八《はち》郎《ろう》を見つけた龍馬《りょうま》は、「話すことが山ほどあるぜよ」と叫《さけ》んだとい

関連《かんれん》地図

三岡八郎《みつおかはちろう》(1829～1909)

越前藩士《えちぜんはんし》。経済《けいざい》にくわしく、龍馬《りょうま》と親友だった。明治維新後《めいじいしんご》は、由利公正《ゆりきみまさ》と名前を改《あらた》め、新政府《しんせいふ》の基本方針《きほんほうしん》である「五箇条《ごかじょう》の誓文《せいもん》」を考えるなど、新政府《しんせいふ》のために働《はたら》いた。

(➡P186)

八郎《はちろう》と話し合う龍馬《りょうま》

龍馬《りょうま》と八郎《はちろう》は、こたつをはさんで朝から夜まで、新しい日本の政治《せいじ》について話し合った。

う。龍馬《りょうま》と八郎《はちろう》は、こたつをはさんで約《やく》16時間、新政府《しんせいふ》の今後について話し合った。

八郎《はちろう》と会った後、龍馬《りょうま》は後藤象二郎《ごとうしょうじろう》に手紙を送り、「新政府《しんせいふ》の財政《ざいせい》を任《まか》せられるのは三岡八郎《みつおかはちろう》しかいない」とすすめた。

ウソ!ホント!?

写真が「龍馬暗殺《りょうまあんさつ》」を知らせた!?

龍馬《りょうま》と会って約《やく》1週間後、八郎《はちろう》が福井城下《ふくいじょうか》を歩いているとき、突然《とつぜん》強い風が吹《ふ》いた。このとき、持っていた龍馬《りょうま》の写真が飛《と》ばされてしまった。写真が飛《と》ばされたのは、京都《きょうと》で龍馬《りょうま》が暗殺《あんさつ》されたのと、ほぼ同じ時刻《じこく》だったそうだ。

龍馬《りょうま》は仲間《なかま》から
どう思われていた!?

龍馬《りょうま》と実際《じっさい》に会っていた人たちは、
龍馬《りょうま》をどう思っていたのだろう？

丸山《まるやま》公園（長崎県《ながさきけん》）
に立つ龍馬像《りょうまぞう》。

超《ちょう》ビジュアル！
龍《りょう》馬《ま》新聞

第6号

発行所：
幕末通信社《ばくまつつうしんしゃ》

武市半平太《たけちはんぺいた》氏《し》

龍馬《りょうま》とはずっと親友でした。龍馬《りょうま》はわたしのことを「あぎ（あご）」と、わたしは龍馬《りょうま》を「あざ」と、あだ名で呼《よ》び合っていました。龍馬《りょうま》が土佐《とさ》を脱藩《だっぱん》したとき、土《と》佐勤王党《さきんのうとう》の仲間《なかま》は怒《おこ》りましたが、わたしは「土佐《とさ》にあだたぬ（おさまりきらない）やつだから、放っておけ」と言いました。**度胸《どきょう》があり、才能《さいのう》にあふれたやつ**でしたね。

土佐勤王党首《とさきんのうとうしゅ》・
武市半平太氏《たけちはんぺいたし》

中岡慎太郎《なかおかしんたろう》氏《し》

龍馬《りょうま》とわしは、性格《せいかく》や考え方が全然《ぜんぜん》ちがっていた。でも、**龍馬《りょうま》は才能《さいのう》があった**から、よく一緒《いっしょ》に話し合っていたよ。**いつもおしゃれで、不思議《ふしぎ》なやつ**だった。

陸援隊長《りくえんたいちょう》・
中岡慎太郎氏《なかおかしんたろうし》

西郷隆盛《さいごうたかもり》氏《し》

龍馬《りょうま》さんほど**心の広く、度胸《どきょう》のある人物**に会ったことがない。どこまで心が広いのか、わからん。**龍馬《りょうま》さんは、天下の英雄《えいゆう》**でごわす。

薩摩藩士《さつまはんし》・
西郷隆盛氏《さいごうたかもりし》

勝海舟《かつかいしゅう》氏《し》

龍馬《りょうま》はおれを殺《ころ》しにきたようだったけれど、いい人物だった。**いつも落ち着いて、堂《どう》どうとしていたよ。**薩長同《さっちょうどう》盟《めい》を実現《じつげん》できたのは、龍馬《りょうま》がいたからだろう。

幕府《ばくふ》の役人・勝海舟氏《かつかいしゅうし》

大久保一翁《おおくぼいちおう》氏《し》

最初《さいしょ》に会ったとき、すぐに**立派《りっぱ》な男**だとわかったよ。**土佐《とさ》で最高《さいこう》**の人物で、「注意深い西郷隆盛《さいごうたかもり》」みたいなやつだったよ。

幕府《ばくふ》の役人・
大久保一翁氏《おおくぼいちおうし》

陸奥宗光《むつむねみつ》氏《し》

海援隊士《かいえんたいし》・陸奥宗光《むつむねみつ》氏《し》

龍馬《りょうま》さんは、**日本の近代に登場した英雄《えいゆう》**です。どんな問題が起きても一番いい方法《ほうほう》で解決《かいけつ》できたし、他人を説得《せっとく》する能力《のうりょく》が高かった。幕末《ばくまつ》で**龍馬《りょうま》さんほど才能豊《さいのうゆた》かだった人物はいませんでした！**

三吉慎蔵《みよししんぞう》氏《し》

長府藩士《ちょうふはんし》・三吉慎蔵《みよししんぞう》氏《し》

寺田屋事件《てらだやじけん》のとき、龍馬《りょうま》さんと一緒《いっしょ》に戦《たたか》いました。**ふだんはとてもおとなしい方**で、大声を出すようなことはありませんでした。だけど、**ものすごい度胸《どきょう》がありました。**

佐々木高行《ささきたかゆき》氏《し》

土佐藩《とさはん》の重役・佐々木高行《ささきたかゆき》氏《し》

わたしは土佐藩《とさはん》の重役でしたが、龍馬《りょうま》さんは気軽に「佐々木将軍《ささきしょうぐん》が来ないと戦争《せんそう》(宴会《えんかい》)が盛《も》り上がりません」などと、わたしを誘《さそ》ってきました。**龍馬《りょうま》さんは、相手に合わせて態度《たいど》を変《か》えて、上手《じょうず》に気持ちをつかむ方**でした。わたしも、いつの間にか仲《なか》よくなっていました。

おれだってもてる！

海援隊《かいえんたい》の隊士《たいし》、新宮馬之助《しんぐううまのすけ》は超《ちょう》イケメンだった。
馬之助《うまのすけ》はとても女性《じょせい》にもてたそうだ。
馬之助様《うまのすけさま》！
あるとき、龍馬《りょうま》は馬之助《うまのすけ》に言った。
君は男前だから女性《じょせい》にもてるんだ！
わしは男前じゃないが、女にもてるぞ！
……

三岡八郎《みつおかはちろう》氏《し》

越前藩士《えちぜんはんし》・三岡八郎《みつおかはちろう》氏《し》

一緒《いっしょ》に飲んだとき、龍馬《りょうま》は気分がよくなって歌を歌いはじめたんですが、**すごいオンチ**でした。

他人の評価《ひょうか》は気にしない!?

龍馬《りょうま》は18歳《さい》のとき、「世の人は我《われ》を何とも言わば言え 我《われ》が成《な》す事は我《われ》のみぞ知る(他人は自分のことを好《す》きに言えばいい。自分の行動は自分だけがわかっている)」という和歌をよんだ。龍馬《りょうま》は自分のことを信《しん》じていたのだ。

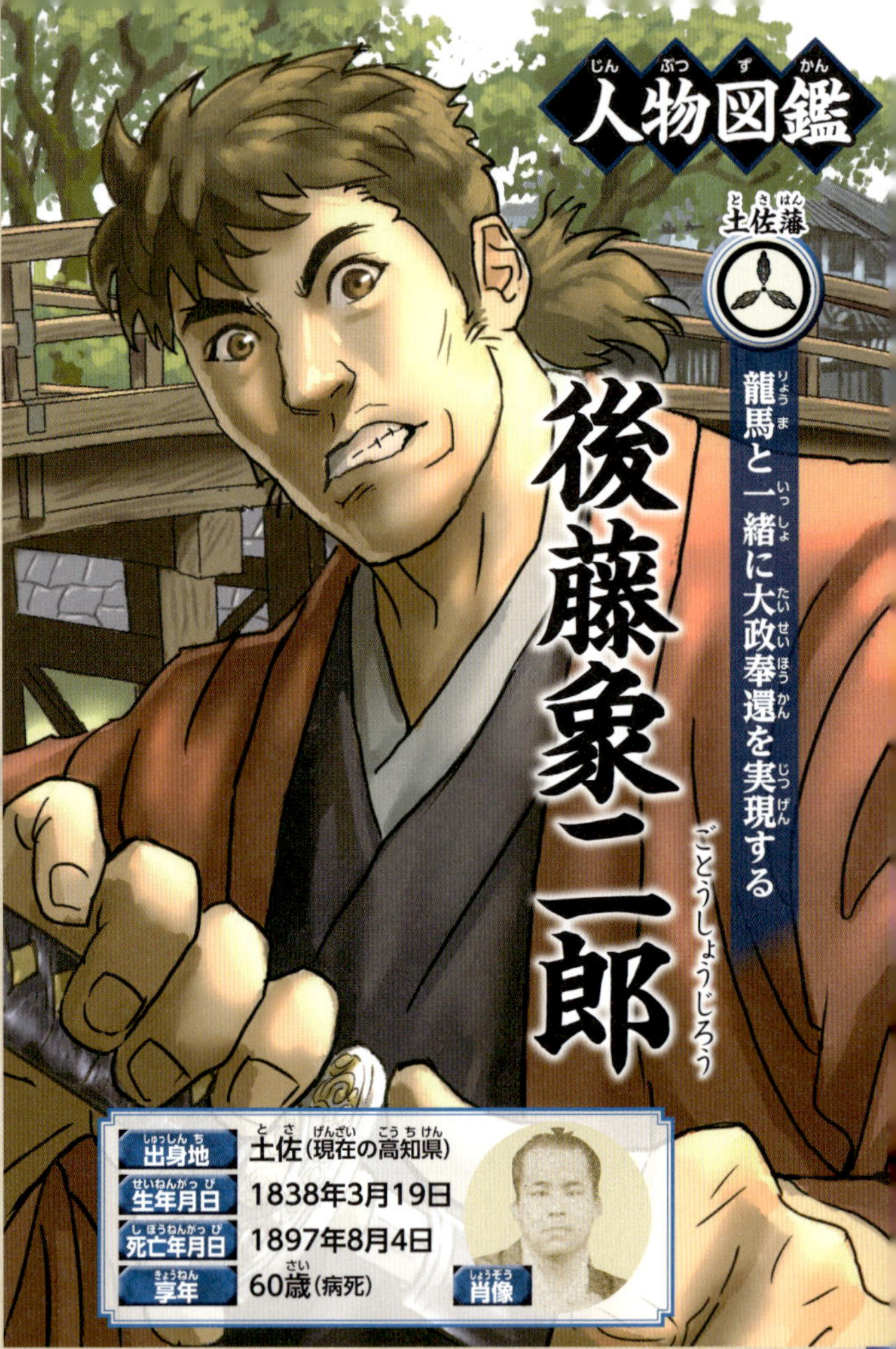

人物図鑑《じんぶつずかん》

土佐藩《とさはん》

龍馬《りょうま》と一緒《いっしょ》に大政奉還《たいせいほうかん》を実現《じつげん》する

後藤象二郎《ごとうしょうじろう》

出身地《しゅっしんち》	土佐《とさ》(現在《げんざい》の高知県《こうちけん》)
生年月日《せいねんがっぴ》	1838年3月19日
死亡年月日《しぼうねんがっぴ》	1897年8月4日
享年《きょうねん》	60歳《さい》(病死)

肖像《しょうぞう》

後藤象二郎《ごとうしょうじろう》は土佐藩《とさはん》(現在《げんざい》の高知県《こうちけん》)の上士《じょうし》(上級武士《ぶし》)で、吉田東洋《よしだとうよう》のおいでもある。東洋暗殺《とうようあんさつ》の犯人《はんにん》を探《さが》しているとき、武市半平太《たけちはんぺいた》にきびしい取り調べをおこない、切腹《せっぷく》に追いこんだ。

龍馬《りょうま》と象二郎《しょうじろう》はにくしみ合ってもおかしくない関係《かんけい》であったが、1867年、象二郎《しょうじろう》は龍馬《りょうま》に会いたいと申し入れた。長崎《ながさき》の料亭《りょうてい》でふたりがはじめて会ったとき、象二郎《しょうじろう》は過去《かこ》のことには触《ふ》れず、「土佐藩《とさはん》のために協力《きょうりょく》してほしい」と頭を下げた。龍馬《りょうま》も象二郎《しょうじろう》を認《みと》め、ふたりは仲《なか》よくなった。象二郎《しょうじろう》から援助《えんじょ》を受けた亀山社中《かめやましゃちゅう》は、「海援《かいえん》隊《たい》」として新しく生まれ変《か》わった。

その後、象二郎《しょうじろう》は龍馬《りょうま》と土佐藩《とさはん》の船に乗っているとき、龍馬《りょうま》から大政奉還《たいせいほうかん》を提案《ていあん》された。この案《あん》は象二郎《しょうじろう》から前《ぜん》藩主《はんしゅ》の山内容堂《やまうちようどう》に伝《つた》えられ、容堂《ようどう》から将軍《しょうぐん》・徳川慶喜《とくがわよしのぶ》に伝《つた》えられた。

大政奉還《たいせいほうかん》が成功《せいこう》した直後、象二郎《しょうじろう》は龍馬《りょうま》に「たった今、(二条城《にじょうじょう》から)下城《げじょう》しました。将軍《しょうぐん》は政権《せいけん》を朝廷《ちょうてい》に返上すると発表しました」と手紙に書いて、すぐに伝《つた》えた。

象二郎《しょうじろう》の誕生地《たんじょうち》

象二郎《しょうじろう》は高知城下《こうちじょうか》の上士《じょうし》の家に生まれた。
吉田東洋《よしだとうよう》はおじだった。

土佐藩《とさはん》

山内容堂《やまうちようどう》

大政奉還《たいせいほうかん》を徳川慶喜《とくがわよしのぶ》に提案《ていあん》した土佐藩《とさはん》の前藩主《ぜんはんしゅ》

出身地《しゅっしんち》	土佐《とさ》(現在《げんざい》の高知県《こうちけん》)
生年月日《せいねんがっぴ》	1827年10月9日
死亡年月日《しぼうねんがっぴ》	1872年6月21日
享年《きょうねん》	46歳《さい》(病死)

肖像《しょうぞう》

「山内豊信《やまうちとよしげ》」の名でも知られる山内容堂《やまうちようどう》は22歳《さい》のとき、土佐藩《とさはん》(現在《げんざい》の高知県《こうちけん》)の藩主《はんしゅ》になった。容堂《ようどう》は吉田東洋《よしだとうよう》を参政《さんせい》(藩《はん》の重役)に任命《にんめい》し、さまざまな改革《かいかく》をおこない、藩《はん》の勢力《せいりょく》を強くした。しかし、幕府《ばくふ》の大老《たいろう》・井伊直弼《いいなおすけ》と対立して藩主《はんしゅ》をやめ、その後、幕府《ばくふ》から江戸《えど》の屋敷《やしき》に閉《と》じこめられた。

容堂《ようどう》が江戸《えど》にいる時期、土佐《とさ》では土佐勤王党《とさきんのうとう》を率《ひき》いる武市半平太《たけちはんぺいた》が、東洋《とうよう》を暗殺《あんさつ》し、藩《はん》の実権《じっけん》をにぎっていた。罪《つみ》を許《ゆる》されて土佐《とさ》にもどった容堂《ようどう》は、東洋《とうよう》を暗殺《あんさつ》した土佐勤王党《とさきんのうとう》をつぶすため、党員《とういん》を次つぎとつかまえて処罰《しょばつ》していき、半平太《はんぺいた》にも切腹《せっぷく》を命じた。

その後、薩摩藩《さつまはん》(現在《げんざい》の鹿児島県《かごしまけん》)を中心に、武力《ぶりょく》で幕府《ばくふ》を倒《たお》そうとする動きが強まった。幕府《ばくふ》を大切に考えていた容堂《ようどう》は、後藤象二郎《ごとうしょうじろう》から大政奉還《たいせいほうかん》の案《あん》を伝《つた》えられたとき、「これで徳川家《とくがわけ》を守れる」と考え、将軍《しょうぐん》・徳川慶喜《とくがわよしのぶ》にすすめた。これにより大政奉還《たいせいほうかん》が実現《じつげん》し、江戸幕府《えどばくふ》はほろびたが、徳川家《とくがわけ》は力を保《たも》ったまま生きのびた。このため新しく誕生《たんじょう》した新政府《しんせいふ》は、慶喜《よしのぶ》に領地《りょうち》を朝廷《ちょうてい》に返すように求《もと》めた。容堂《ようどう》はこれに反対したが、受け入れられなかった。この5年後、酒の飲みすぎで倒《たお》れ、46歳《さい》で病死した。

容堂《ようどう》の銅像《どうぞう》

容堂《ようどう》が大政奉還《たいせいほうかん》の実現《じつげん》を喜《よろこ》ぶ姿《すがた》を表している。酒が好《す》きだった容堂《ようどう》らしく、右手には酒杯《しゅはい》をもっている(高知県《こうちけん》)。

越前藩《えちぜんはん》

龍馬《りょうま》と日本の将来《しょうらい》を語り合う

三岡八郎《みつおかはちろう》

三岡八郎《みつおかはちろう》は越前藩《えちぜんはん》(現在《げんざい》の福井県《ふくいけん》)の藩士《はんし》で、越前《えちぜん》に招《まね》かれていた横井《よこい》小楠《しょうなん》から経済《けいざい》や財政《ざいせい》について学び、藩《はん》の財政《ざいせい》を立て直すために努力《どりょく》した。龍馬《りょうま》と仲《なか》よくなり、大政奉還後《たいせいほうかんご》には龍馬《りょうま》が八郎《はちろう》のもとを訪《おとず》れ、ふたりで新しい日本の将来《しょうらい》を語り合った。明治維新後《めいじいしんご》は、由利公正《ゆりきみまさ》と名前を変《か》えて新政府《しんせいふ》の役人となり、財政《ざいせい》を担当《たんとう》した。

莨屋旅館《たばこやりょかん》

龍馬《りょうま》と八郎《はちろう》が語り合った旅館。

出身地《しゅっしんち》	越前《えちぜん》(現在《げんざい》の福井県《ふくいけん》)
生年月日《せいねんがっぴ》	1829年11月11日
死亡年月日《しぼうねんがっぴ》	1909年4月28日
享年《きょうねん》	81歳《さい》(病死)

肖像《しょうぞう》

紀州藩《きしゅうはん》

龍馬《りょうま》に認《みと》められた海援隊士《かいえんたいし》

陸奥宗光《むつむねみつ》

陸奥宗光《むつむねみつ》は紀州藩《きしゅうはん》(現在《げんざい》の和歌山《わかやま》県《けん》)の出身で、江戸《えど》に出たとき龍馬《りょうま》と出会った。その後、神戸海軍操練所《こうべかいぐんそうれんじょ》に入った後、亀山社中《かめやましゃちゅう》に参加《さんか》した。龍馬《りょうま》から、「刀を差《さ》さなくても食うのに困《こま》らないのは、わしと宗光《むねみつ》だけだ」と言われるほど、才能《さいのう》を認《みと》められた。龍馬《りょうま》の死後、新政府《しんせいふ》に入り、外務大臣《がいむだいじん》として活躍《かつやく》した。

出身地《しゅっしんち》	紀伊《きい》(現在《げんざい》の和歌山県《わかやまけん》)
生年月日《せいねんがっぴ》	1844年7月7日
死亡年月日《しぼうねんがっぴ》	1897年8月24日
享年《きょうねん》	54歳《さい》(病死)

肖像《しょうぞう》

幕末《ばくまつ》の宗光《むねみつ》

いつも龍馬《りょうま》と行動し、龍馬《りょうま》を心から尊敬《そんけい》していた。

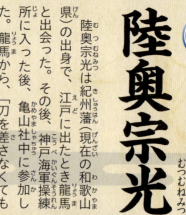

幕府《ばくふ》

徳川慶喜《とくがわよしのぶ》

大政奉還《たいせいほうかん》を決断《けつだん》した江戸《えど》幕府《ばくふ》15代将軍《しょうぐん》

徳川慶喜《とくがわよしのぶ》は、水戸藩《みとはん》（現在《げんざい》の茨城県《いばらきけん》）の藩主《はんしゅ》・徳川斉昭《とくがわなりあき》の子として生まれた。14代将軍《しょうぐん》・徳川家茂《とくがわいえもち》が急死すると、15代将軍《しょうぐん》になった。

慶喜《よしのぶ》はフランスの協力《きょうりょく》によって、幕府軍《ばくふぐん》を近代化した。しかし、薩摩藩《さつまはん》（現在《げんざい》の鹿児島県《かごしまけん》）を中心とする勢力《せいりょく》が、武力《ぶりょく》で幕府《ばくふ》を倒《たお》そうとすると、戦争《せんそう》をさけるため、慶喜《よしのぶ》は政権《せいけん》を朝廷《ちょうてい》に返す「大政奉還《たいせいほうかん》」を決断《けつだん》した。これは自分の手で幕府《ばくふ》をほろぼすということだった。慶喜《よしのぶ》が大政奉還《たいせいほうかん》を発表したことを知った龍馬《りょうま》は、「慶喜様《よしのぶさま》に命をささげよう」と語ったほど感動したという。

出身地《しゅっしんち》	江戸《えど》（現在《げんざい》の東京都《とうきょうと》）
生年月日《せいねんがっぴ》	1837年9月29日
死亡年月日《しぼうねんがっぴ》	1913年11月22日
享年《きょうねん》	77歳《さい》（病死）

肖像《しょうぞう》

フランスの軍服《ぐんぷく》を着て馬に乗る慶喜《よしのぶ》

慶喜《よしのぶ》は幕府軍《ばくふぐん》の兵士《へいし》にフランス式の訓練《くんれん》を受けさせ、最新《さいしん》の武器《ぶき》を輸入《ゆにゅう》した。

慶喜《よしのぶ》の写真

慶喜《よしのぶ》は大政奉還《たいせいほうかん》の後、新政府《しんせいふ》で権力《けんりょく》をにぎるつもりだったといわれる。

幕末《ばくまつ》
おもしろコラム

幕《ばく》末《まつ》の強力な武《ぶ》器《き》!!

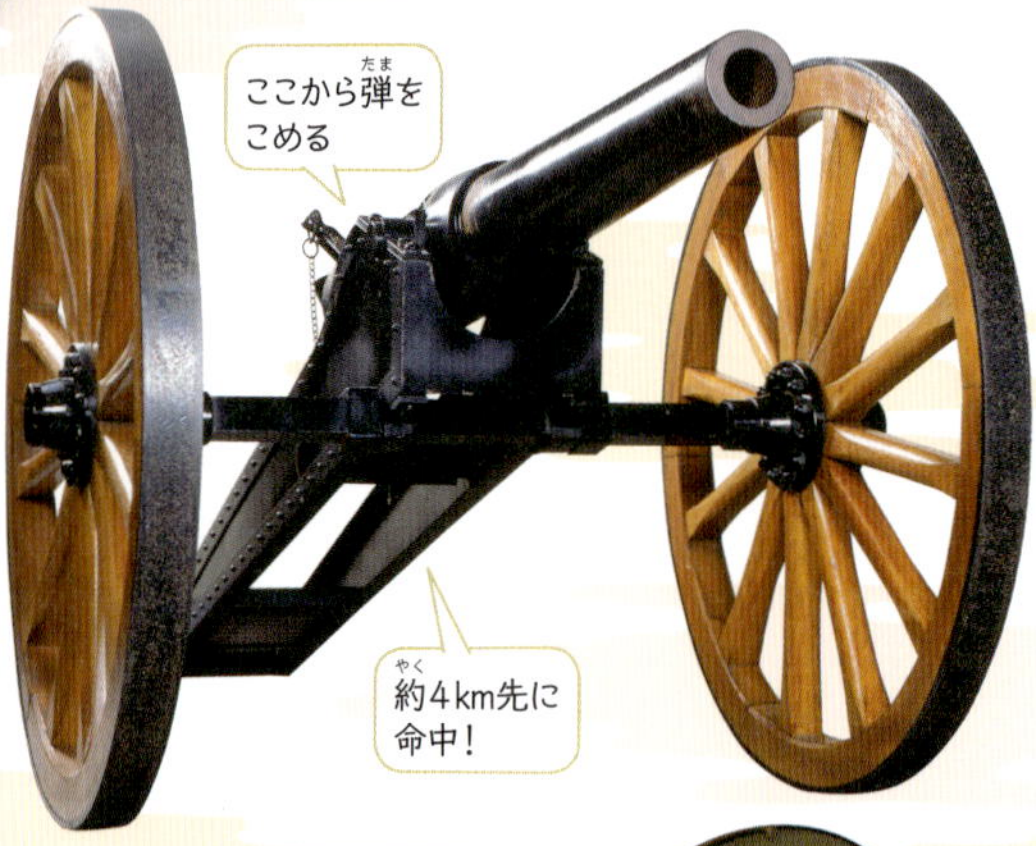

ここから弾《たま》をこめる
約《やく》4km先に命中!

大砲《たいほう》

アームストロング砲《ほう》(複製《ふくせい》)

1855年にイギリスで発明された大砲《たいほう》。佐賀《さが》藩《はん》などが輸入《ゆにゅう》し、上野《うえの》戦争《せんそう》(➡P201)などで使われた。

佐賀県立佐賀城本丸歴史館所蔵

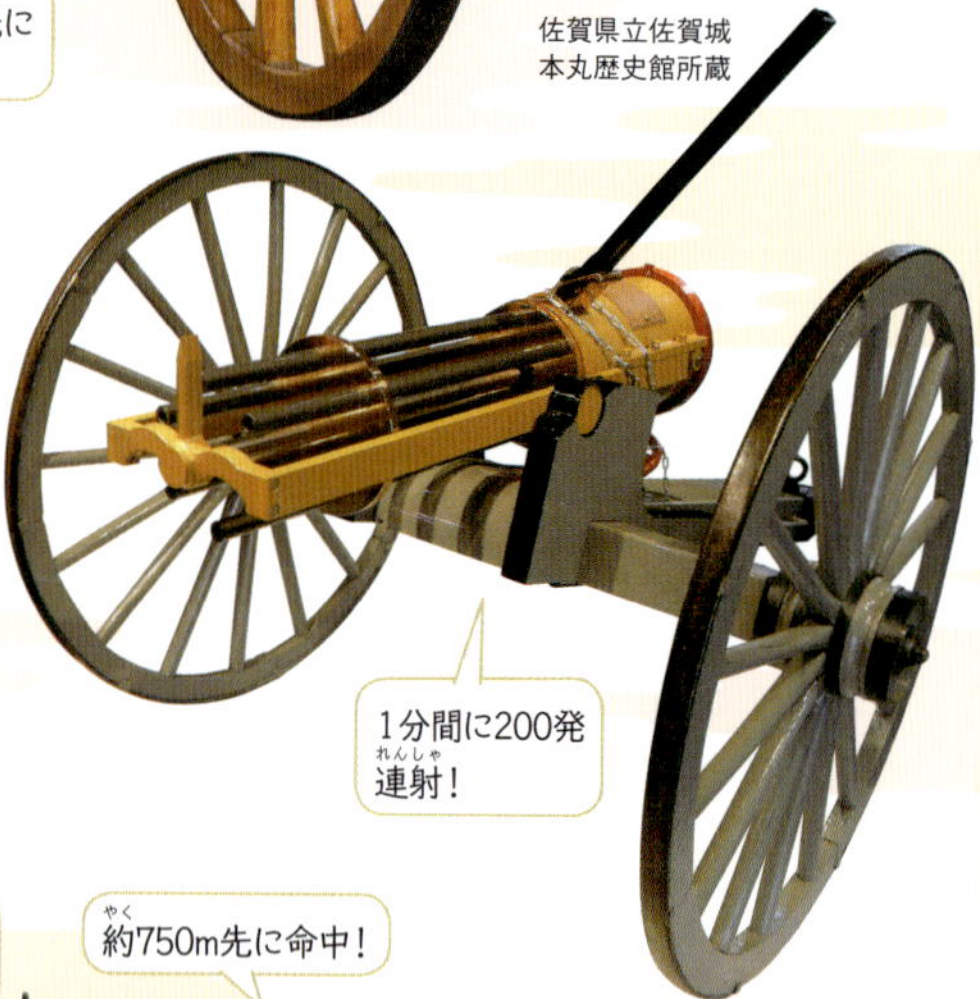

1分間に200発連射《れんしゃ》!

機《き》関《かん》砲《ほう》

ガトリング砲《ほう》(複製《ふくせい》)

幕末《ばくまつ》に日本に3門しかなかった機関砲《きかんほう》。長岡藩《ながおかはん》(現在《げんざい》の新潟県《にいがたけん》)の家老《かろう》・河井継《かわいつぐ》之助《のすけ》が2門買い、長岡戦《ながおかせん》争《そう》(新政府軍《しんせいふぐん》と長岡藩《ながおかはん》の戦《たたか》い)で使った。

7連発式《れんぱつしき》!
ここから弾《たま》をこめる
約《やく》750m先に命中!

ライフル銃《じゅう》

スペンサー銃《じゅう》

7連発式《れんぱつしき》のライフル銃《じゅう》で、戊辰戦争《ぼしんせんそう》のとき、新政府軍《しんせいふぐん》が多く使った。

戊辰戦争《ぼしんせんそう》の勝敗《しょうはい》を分けた最新兵器《さいしんへいき》

江戸幕府《えどばくふ》が倒《たお》れた後、新政府《しんせいふ》軍《ぐん》と旧幕府軍《きゅうばくふぐん》との間で戊辰戦争《ぼしんせんそう》が起きた。新政府軍《しんせいふぐん》が勝った理由のひとつは、当時の最新《さいしん》の武《ぶ》器《き》を西洋から輸入《ゆにゅう》し、戦場《せんじょう》で使ったからだといわれている。新政府軍《しんせいふぐん》のアームストロング砲《ほう》やスペンサー銃《じゅう》は、旧幕府軍《きゅうばくふぐん》の武器《ぶき》より遠くに命中させられた。さらに弾《たま》を手元からこめられたので、すばやく攻撃《こうげき》することができた。それに対し、旧幕《きゅうばく》府軍《ふぐん》の武器《ぶき》は弾《たま》を銃身《じゅうしん》の先から入れるタイプが多かった。

一方、独立《どくりつ》を目指した長岡藩《ながおかはん》の河井継之助《かわいつぐのすけ》は、最新兵器《さいしんへいき》のガトリング砲《ほう》を輸入《ゆにゅう》して新政府軍《しんせいふぐん》と戦《たたか》ったが、敗《やぶ》れてしまった。

5章

龍《りょう》馬《ま》暗《あん》殺《さつ》と明《めい》治《じ》維《い》新《しん》

＊現在《げんざい》の奈良県《ならけん》十津川村《とつかわむら》に住んでいた下級武士《ぶし》。

ザ
スス
ガッ
ガキーンッ
ザクッ
がはっ

行くぞっ
バタンッ
…中岡《なかおか》
大丈夫《だいじょうぶ》か…
…わしは頭を…
やられた…
もう…いかん
くやしいな…
ギュ
見たかった…
…新しい…
…日本…を
…日本…
ス…

短い人生の中で、新しい
日本の扉《とびら》を開いた龍馬《りょうま》。
龍馬《りょうま》の夢は、明治《めいじ》の新政府《しんせいふ》に
よって実現《じつげん》されていった。

1867年
33歳《さい》

龍《りょう》馬《ま》が暗《あん》殺《さつ》される

暗殺者《あんさつしゃ》におそわれる龍馬《りょうま》たち
暗殺者《あんさつしゃ》におそわれたとき、龍馬《りょうま》と慎太郎《しんたろう》は火鉢《ひばち》をかかえるようにして話し合っていた。

近江屋《おうみや》を訪《おとず》れた武士《ぶし》たちが龍馬《りょうま》たちにおそいかかる

三岡八郎《みつおかはちろう》と会った後、龍馬《りょうま》は京《きょう》都《と》にもどり、下宿先の近江屋《おうみや》に帰った。1867年11月15日の夜、中岡慎太郎《なかおかしんたろう》が龍馬《りょうま》のもとを訪《おとず》れた。ふたりは近江屋《おうみや》の2階で、新しい日本の政治《せいじ》について話し合っていた。このとき、かぜをひいていた龍馬《りょうま》は、火鉢《ひばち》をかかえこむようにしていたという。

そのとき数人の武士《ぶし》が龍馬《りょうま》に会いたいと、近江屋《おうみや》を訪《おとず》れた。武士《ぶし》たちが渡《わた》した名刺《めいし》には「十津川郷《とつかわごう》士《し》(現在《げんざい》の奈良県十津川村《ならけんとつかわむら》の下級武士《ぶし》)」と書かれていた。龍馬《りょうま》の世

関連地図《かんれんちず》

龍《りょう》馬《ま》と慎《しん》太《た》郎《ろう》が襲《しゅう》撃《げき》される！

中岡慎太郎《なかおかしんたろう》(1838～1867)

土佐《とさ》出身の志士《しし》。龍馬《りょうま》とともに薩長同盟《さっちょうどうめい》を実現《じつげん》するために活動した。武力《ぶりょく》で幕府《ばくふ》を倒《たお》すため、陸援隊《りくえんたい》をつくった。近江屋《おうみや》でおそわれた2日後に死んだ。

(➡P154)

話役だった藤吉《とうきち》は武士《ぶし》たちを2階へ案内《あんない》しようとしたとき、背中《せなか》を切られた。このとき大きな音がしたので、龍馬《りょうま》は「ほたえな(さわぐな)」としかったところ、武士《ぶし》たちはふすまを開けて部屋に入り、龍《りょう》馬《ま》たちに切りかかった。

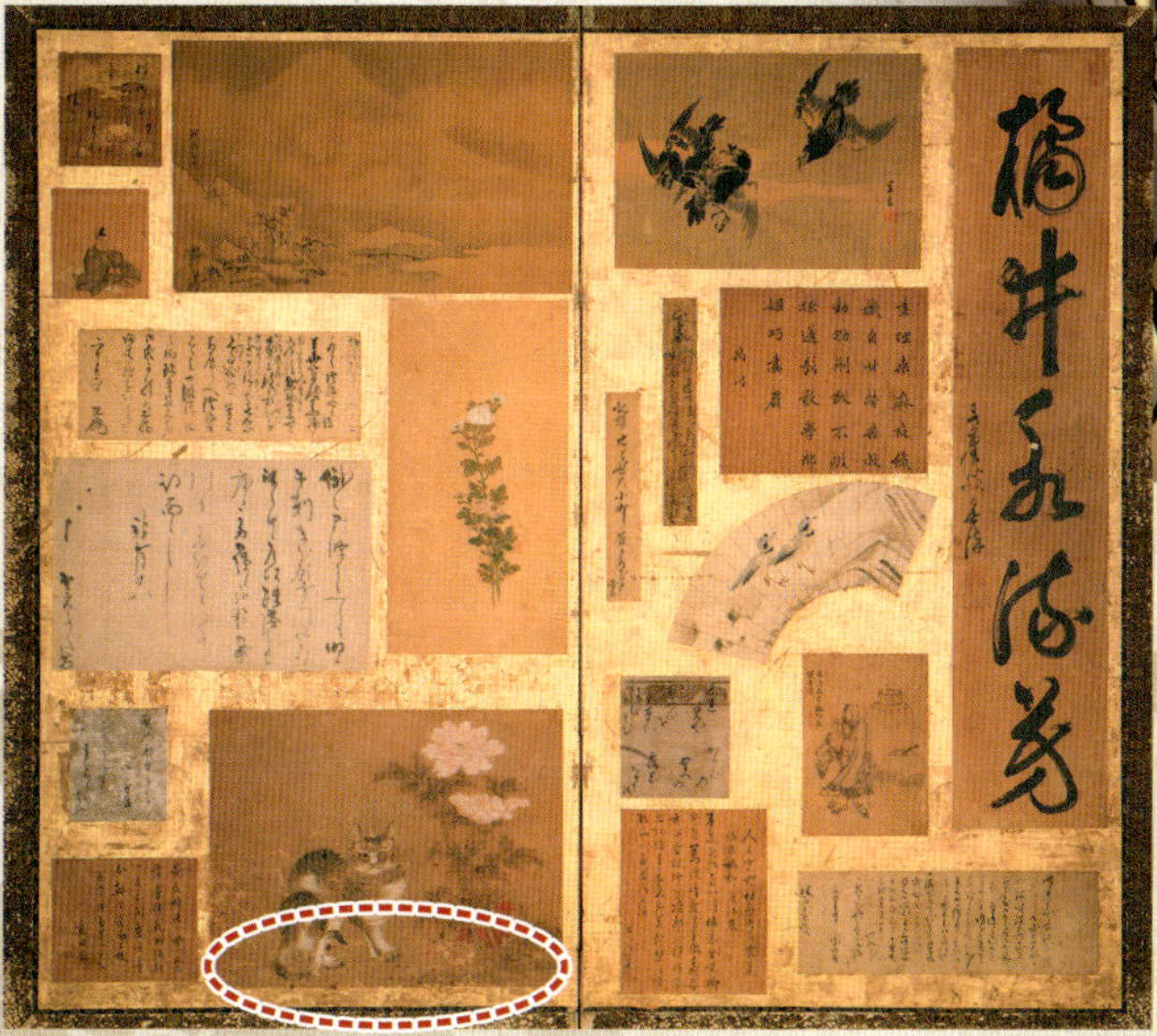

ビジュアル資料《しりょう》

血がついた屏風《びょうぶ》

京都国立博物館所蔵

龍馬《りょうま》たちがおそわれた部屋にあった屏風《びょうぶ》。猫《ねこ》の絵のまわりに、龍馬《りょうま》か慎太郎《しんたろう》の飛《と》び散《ち》った血が残《のこ》っている。

霊山歴史館所蔵

暗殺現場《あんさつげんば》を再現《さいげん》した模型《もけい》

2階の奥《おく》の座敷《ざしき》で、ひとりの暗殺者《あんさつしゃ》が龍馬《りょうま》をおそい、続《つづ》いてもうひとりが慎太郎《しんたろう》におそいかかった。1階では見張《みは》り役が近江屋《おうみや》の主人と妻《つま》と子をおどしていた。

暗《あん》殺《さつ》者《しゃ》と必《ひっ》死《し》に戦《たたか》うが頭を切られて息《いき》絶《た》える

龍馬《りょうま》におそいかかった暗殺者《あんさつしゃ》は、いきなり龍馬《りょうま》のおでこを切った。龍馬《りょうま》は床《とこ》の間《ま》に置《お》いてあった刀を取ろうとしたが、背中《せなか》を切られてしまう。さらにおそいかかる暗殺者《あんさつしゃ》の刀を、龍馬《りょうま》は刀の鞘《さや》ごと受け止めたが、ふたたびおでこを切られた。龍馬《りょうま》は「石川《いしかわ》(慎太郎《しんたろう》の変名《へんめい》)、刀はないか、刀はないか」と言いながら倒《たお》れた。

慎太郎《しんたろう》は後頭部を切られたが、手元にあった小刀で戦《たたか》った。しかし、全身に傷《きず》を受けて気を失《うしな》う。ふたりとも倒《たお》れたのを見た暗殺者《あんさつしゃ》たちは「もうよい、もうよい」と言って、近江屋《おうみや》から立ち去った。

その後、龍馬《りょうま》と慎太郎《しんたろう》は意識《いしき》を取りもどした。龍馬《りょうま》は「慎《しん》太《た》、慎《しん》太《た》、手はきくか(動くか)」と聞き、慎太郎《しんたろう》がうなずくと、龍馬《りょうま》は1階に向かって医者を呼《よ》ぼうとしたが、声にならなかった。龍馬《りょうま》は慎《しん》太郎《たろう》を見ながら、「わしは頭をやられた。もういかん」と言うと、うつぶせになり、息絶《いきた》えた。

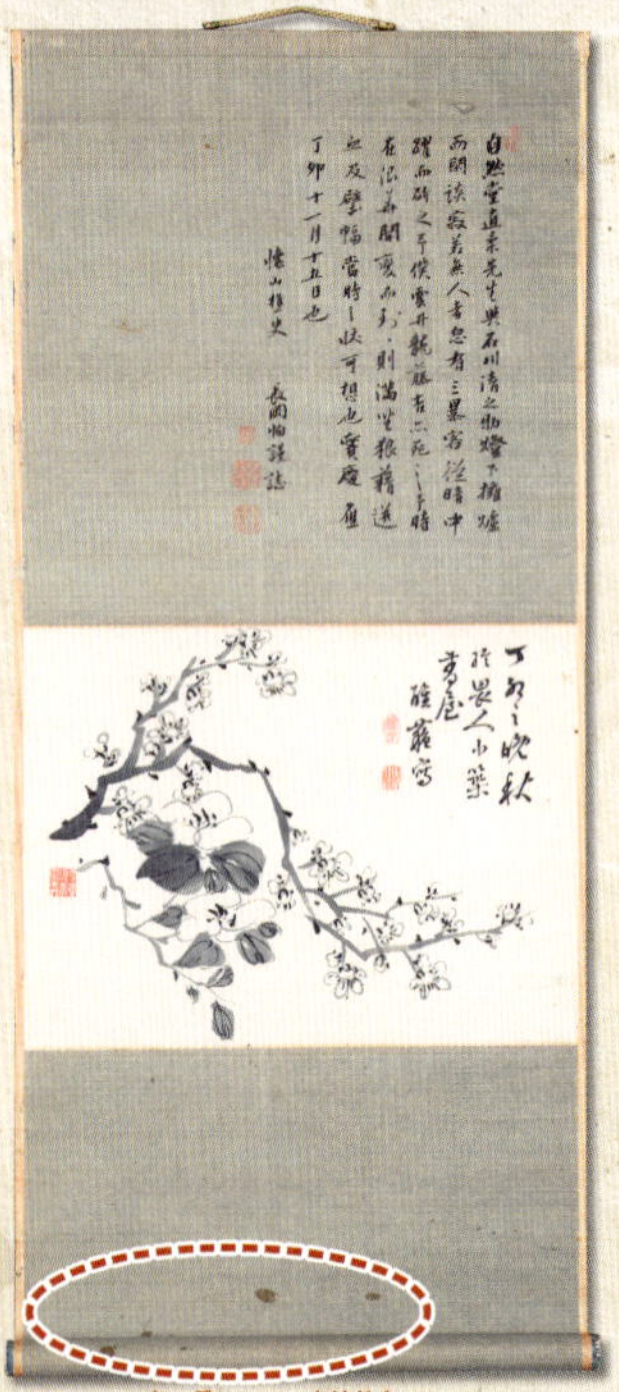

京都国立博物館所蔵

ビジュアル資料《しりょう》　血染《ちぞ》めの掛軸《かけじく》

龍馬《りょうま》と慎太郎《しんたろう》が殺《ころ》された部屋にかかっていたもので、下の部分に血がついている。

意識《いしき》を取りもどした龍馬《りょうま》

暗殺者《あんさつしゃ》が去った後、龍馬《りょうま》は意《い》識《しき》を取りもどしたが、慎太郎《しんたろう》に「わしは頭をやられた。もういかん」と言い残《のこ》して死んだ。

超《ちょう》ビジュアル！
龍《りょう》馬《ま》新聞

第7号

発行所：
幕末《ばくまつ》ミステリー社

龍馬《りょうま》を暗殺《あんさつ》したのはだれだ!?

だれが、何の目的《もくてき》で龍馬《りょうま》を暗殺《あんさつ》したのだろう？

京都《きょうと》見廻組《みまわりぐみ》が龍馬《りょうま》を殺《ころ》した!?

龍馬《りょうま》を暗殺《あんさつ》したのは、幕《ばく》府《ふ》が京都《きょうと》の安全を守るためにつくった見廻組《みまわりぐみ》だったとされている。見廻組《みまわりぐみ》にいた今井信郎《いまいのぶお》は、明治《めいじ》時代になって「自分が龍馬《りょうま》を殺《ころ》した」と証言《しょうげん》している。

今井信郎《いまいのぶお》氏《し》に独占《どくせん》インタビュー

見廻組《みまわりぐみ》の**隊士《たいし》7人**で近江屋《おうみや》に切りこみました。わたしは最初《さいしょ》に龍《りょう》馬《ま》におそいかかり、頭を切りました。龍馬《りょうま》は**幕府《ばくふ》をほろぼした**ので許《ゆる》せませんでした。

見廻組《みまわりぐみ》・今井信郎氏《いまいのぶおし》

松平容保《まつだいらかたもり》が龍馬暗殺《りょうまあんさつ》を命令《めいれい》した!?

京都守護職《きょうとしゅごしょく》（京都《きょうと》を守る幕府《ばくふ》の役職《やくしょく》）だった松平容保《まつだいらかたもり》は、「龍馬《りょうま》を殺《ころ》すな」という幕府《ばくふ》の通知を無視《むし》して、配下の見廻組《みまわりぐみ》に暗殺《あんさつ》を命令《めいれい》したという説《せつ》がある。

松平容保《まつだいらかたもり》
（1835～1893）

龍馬《りょうま》を切った刀

見廻組《みまわりぐみ》の隊士《たいし》・桂早之助《かつらはやのすけ》が龍馬《りょうま》を切ったときの刀と伝《つた》えられる。

霊山歴史館所蔵

紀州藩《きしゅうはん》が黒幕《くろまく》!?

紀州藩《きしゅうはん》は、いろは丸事件《まるじけん》で龍馬《りょうま》から賠償金《ばいしょうきん》を取られていた。これをうらんでおそったという説《せつ》がある。龍《りょう》馬《ま》暗殺《あんさつ》を知った海援隊《かいえんたい》の隊《たい》士《し》たちは、紀州藩士《きしゅうはんし》の三浦《みうら》安《やすし》をおそっている。

三浦安《みうらやすし》
（1829～1910）

新選組《しんせんぐみ》が実行した!?

見廻組《みまわりぐみ》と新選組《しんせんぐみ》は、どちらも京都守護職《きょうとしゅごしょく》・松平容保《まつだいらかたもり》の配下だったが、見廻組《みまわりぐみ》の仕事は重要《じゅうよう》な人物を危険《きけん》から守ることで、新選組《しんせんぐみ》の仕事は尊王攘夷派《そんのうじょういは》の志士《しし》をおそって捕《つか》まえたり殺《ころ》したりすることだった。このため、龍馬《りょうま》が暗殺《あんさつ》されたとき、多くの人が新選組《しんせんぐみ》のしわざだと思ったという。

谷干城氏《たにたてきし》に 独占《どくせん》インタビュー

質問《しつもん》 なぜ新選組《しんせんぐみ》のしわざだと思ったのですか？

土佐藩士《とさはんし》・谷干城氏《たにたてきし》

わたしは龍馬《りょうま》さんが暗《あん》殺《さつ》された直後に現場《げんば》にかけつけて、まだ生きていた慎太郎《しんたろう》さんから話を聞きました。この**残酷《ざんこく》な殺《ころ》し方**は新選組《しんせんぐみ》にまちがいありません。わたしは**近《こん》藤勇《どういさみ》**を絶対許《ぜったいゆる》しません！

お龍《りょう》に会いに来た!?
龍馬《りょうま》が暗殺《あんさつ》された日の夜、下関《しものせき》にいたお龍《りょう》は龍馬《りょうま》の夢《ゆめ》を見た。
龍馬《りょうま》さん…
どうしたの？血だらけよ…！
変《へん》な夢《ゆめ》…龍馬《りょうま》さん……
何かあったのかしら？不安《ふあん》だわ…
2日後、龍馬暗殺《りょうまあんさつ》の知らせが届《とど》いた。
龍馬《りょうま》さんが…！
ああ！夢《ゆめ》の知らせのとおりに……

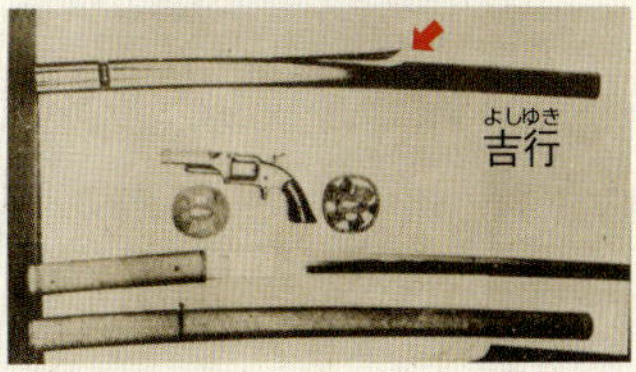
吉行《よしゆき》

龍馬《りょうま》がもっていた刀とピストル

刀は吉行《よしゆき》（➡P142）で、鞘《さや》（刀を入れる筒《つつ》）には、暗殺者《あんさつしゃ》の刀を受けてできた傷《きず》が残《のこ》っている（矢印《やじるし》部分）。

龍馬《りょうま》は幕府《ばくふ》に安心していた!?

龍馬《りょうま》は暗殺前《あんさつまえ》、何度も幕《ばく》府《ふ》の重役・永井尚志《ながいなおむね》と会っていた。龍馬《りょうま》と親しかった尚志《なおむね》は、「幕府《ばくふ》は君をねらわない」と話したと考えられる。そのため、龍馬《りょうま》は安心していたのかもしれない。

永井尚志《ながいなおむね》
（1816～1891）

海《かい》舟《しゅう》が江《え》戸《ど》を救《すく》う

海《かい》舟《しゅう》が隆《たか》盛《もり》に直《ちょく》接《せつ》訴《うった》える！

隆盛《たかもり》を説得《せっとく》する海舟《かいしゅう》
海舟《かいしゅう》は新政府軍《しんせいふぐん》の隆盛《たかもり》に対し、江戸城《えどじょう》を攻《せ》めないように説得《せっとく》した。

海舟《かいしゅう》と隆盛《たかもり》の話し合いで江戸《えど》は戦火《せんか》をまぬがれる

関連《かんれん》地図

龍馬《りょうま》の死の翌月《よくげつ》に誕生《たんじょう》した新政《しんせい》府《ふ》は、徳川慶喜《とくがわよしのぶ》に領地《りょうち》を朝廷《ちょうてい》に差《さ》し出すように要求《ようきゅう》した。このため旧幕府《きゅうばくふ》と新政府《しんせいふ》は激《はげ》しく対立し、1868年1月、京都《きょうと》の鳥羽《とば》と伏《ふし》見《み》で戦争《せんそう》が起こった。

この戦《たたか》いに敗《やぶ》れた慶喜《よしのぶ》は、大坂《おおさか》城《じょう》から江戸城《えどじょう》へにげた。西郷隆盛《さいごうたかもり》の率《ひき》いる新政府軍《しんせいふぐん》は、慶喜《よしのぶ》を倒《たお》すため、江戸城《えどじょう》へ向かった。江戸《えど》で戦争《せんそう》が起これば、庶民《しょみん》も戦《たたか》いに巻《ま》きこまれてしまう。勝海舟《かつかいしゅう》は旧幕《きゅうばく》府《ふ》の代表として隆盛《たかもり》に会い、「江《え》戸城《どじょう》を明け渡《わた》すので、江戸《えど》で戦争《せんそう》

ビジュアル資料《しりょう》

江戸城《えどじょう》を明け渡《わた》した頃《ころ》の海舟《かいしゅう》

海舟《かいしゅう》は江戸城《えどじょう》を新政《しんせい》府軍《ふぐん》に明け渡《わた》すかわりに、徳川慶喜《とくがわよしのぶ》を殺《ころ》さないことを新政府《しんせいふ》軍《ぐん》に約束《やくそく》させた。

ビジュアル資料《しりょう》

上野戦争《うえのせんそう》

江戸城《えどじょう》を明け渡《わた》すことに反対した旧幕府《きゅうばくふ》の家臣《かしん》たちは、上野《うえの》に立てこもったが、大村益次郎《おおむらますじろう》(➡P207)が指揮《しき》する新政府軍《しんせいふぐん》に1日で敗《やぶ》れた。

をしないでほしい」と訴《うった》えた。海《かい》舟《しゅう》の熱意《ねつい》にうたれた隆盛《たかもり》は、江戸《えど》城《じょう》を攻《せ》めないと約束《やくそく》した。

同じ日、明治天皇《めいじてんのう》は「五箇条《ごかじょう》の誓文《せいもん》」を発表し、新政府《しんせいふ》の基本方《きほんほう》針《しん》を示《しめ》した。そして明治維新《めいじいしん》と呼《よ》ばれる政治改革《せいじかいかく》を進めていった。

ウソ!ホント!?

幕府軍《ばくふぐん》は勝っていたかもしれない!?

幕府《ばくふ》の重役だった小栗忠順《おぐりただまさ》は、「箱根《はこね》(神奈川県《かながわけん》)で新政府軍《しんせいふぐん》を陸《りく》と海から攻撃《こうげき》する」という作戦《さくせん》を考えていた。この作戦《さくせん》は実現《じつげん》されなかったが、後に新政府軍《しんせいふぐん》の指揮《しき》官《かん》・大村益次郎《おおむらますじろう》は、「もし実行されていたら、われわれは死んでいた」と語ったそうだ。

小栗忠順《おぐりただまさ》(1827〜1868)

超《ちょう》ビジュアル！
龍《りょう》馬《ま》新聞
第8号
発行所：
維新《いしん》タイムス

龍馬《りょうま》は死んだ後、有名になったの？

龍馬《りょうま》が幕末《ばくまつ》のヒーローとして知られるようになったきっかけは何だろう？

龍馬《りょうま》が暗殺《あんさつ》された近江屋《おうみや》の部屋。

龍馬《りょうま》が小説《しょうせつ》のモデルになった!?

1883年、坂崎紫瀾《さかざきしらん》が龍馬《りょうま》をモデルにした小説《しょうせつ》『汗血千里駒《かんけつせんりのこま》』を書いた。龍《りょう》馬《ま》を主人公にした最初《さいしょ》の小《しょう》説《せつ》で、龍馬《りょうま》が広く知られるきっかけとなった。

『汗血千里駒《かんけつせんりのこま》』にえがかれた龍馬《りょうま》と慎太郎《しんたろう》の絵。

皇后《こうごう》の夢《ゆめ》に龍馬《りょうま》が出てきた!?

1905年、日露戦争《にちろせんそう》の日本海海戦の直前、ある人物が皇后《こうごう》の夢《ゆめ》に出て「日本海軍《にほんかいぐん》が勝ちます」と語ったという。その人物を調べると、龍馬《りょうま》だったそうだ。この話が広まり、龍馬《りょうま》のことが知られるようになった。

勝海舟《かつかいしゅう》氏《し》に 独占《どくせん》インタビュー

質問《しつもん》 明治《めいじ》時代、龍馬《りょうま》はあまり有名でなかったのですか？

そんなことはないよ。龍馬《りょうま》が幕末《ばくまつ》にやりとげたことは、**世間に広く知られていたよ。**だから明治《めいじ》時代になって、おれがいちいち龍《りょう》馬《ま》のすごさを**説明《せつめい》する必要《ひつよう》はなかった**のさ。

勝海舟《かつかいしゅう》氏《し》

桂浜《かつらはま》に龍馬《りょうま》の銅像《どうぞう》が立った!?

「龍馬《りょうま》の心と生き方を伝《つた》えたい」と考えた高知県《こうちけん》の青年たちが募金《ぼきん》を集めて、1928年に桂浜《かつらはま》に立てた龍馬像《りょうまぞう》。高知県高知市《こうちけんこうちし》の桂《かつら》浜《はま》という海岸にあり、ふところに手を入れて、ブーツをはいている。

桂浜《かつらはま》の龍馬像《りょうまぞう》は太平洋《たいへいよう》の彼方《かなた》を見つめている。

ドラマやアニメの主人公になった!?

1962年から新聞で連《れん》載《さい》がはじまった、司馬遼太郎《しばりょうたろう》の小説《しょうせつ》『竜馬《りょうま》がゆく』によって、龍馬《りょうま》の人気は大きく高まった。その後も、龍《りょう》馬《ま》を主人公にしたドラマや映画《えいが》、アニメなどが人気を集めている。

桂浜《かつらはま》に立つ龍馬像《りょうまぞう》

像《ぞう》の高さは約《やく》5.3m、台座《だいざ》を含《ふく》めた高さは約《やく》13.5m。

お龍《りょう》は坂本家《さかもとけ》の世話になった!?

龍馬《りょうま》の死後、妻《つま》のお龍《りょう》は、土佐《とさ》の龍馬《りょうま》の実家で世話になっていたという。しかし、龍馬《りょうま》の兄の権平夫婦《ごんぺいふうふ》と仲《なか》が悪くなり、追い出されたという。乙女《おとめ》には親切にしてもらったそうだ。

龍馬《りょうま》と慎太郎《しんたろう》の墓《はか》

龍馬ファンの多くが、龍馬《りょうま》のお墓《はか》参《まい》りをするそうだ(京都府《きょうとふ》)。

薩摩藩《さつまはん》

武力《ぶりょく》で幕府《ばくふ》を倒《たお》す計画を進めた薩摩藩士《さつまはんし》

大久保利通《おおくぼとしみち》

出身地《しゅっしんち》	薩摩《さつま》(現在《げんざい》の鹿児島県《かごしまけん》)
生年月日《せいねんがっぴ》	1830年8月10日
死亡年月日《しぼうねんがっぴ》	1878年5月14日
享年《きょうねん》	49歳《さい》(暗殺《あんさつ》)

肖像《しょうぞう》

大久保利通《おおくぼとしみち》は薩摩藩《さつまはん》(現在《げんざい》の鹿児島《かごしま》県《けん》)の藩士《はんし》で、西郷隆盛《さいごうたかもり》とは幼《おさな》なじみだった。薩摩藩《さつまはん》の実権《じっけん》をにぎっていた島津久光《しまづひさみつ》(藩主《はんしゅ》の父)から認《みと》められて出世し、藩《はん》の政治《せいじ》を動かすようになった。幕府《ばくふ》を倒《たお》したかった公卿《くぎょう》(朝廷《ちょうてい》に仕える人)の岩倉具視《いわくらともみ》と親しくなり、薩摩藩《さつまはん》の代表のひとりとして、薩長同《さっちょうどう》盟《めい》を結《むす》んだ。

利通《としみち》は、隆盛《たかもり》らとともに武力《ぶりょく》で幕府《ばくふ》を倒《たお》す準備《じゅんび》を進めていたが、将軍《しょうぐん》・徳《とく》川《がわ》慶喜《よしのぶ》が、龍馬《りょうま》の提案《ていあん》した大政奉還《たいせいほうかん》を受け入れたため、戦争《せんそう》を起こす理由がなくなってしまった。しかし慶喜《よしのぶ》は将《しょう》軍《ぐん》をやめても、広い領地《りょうち》をもったままだったので、勢力《せいりょく》は失《うしな》っていなかった。慶喜《よしのぶ》を新しい政権《せいけん》に入れたくなかった利通《としみち》や具視《ともみ》らは、明治天皇《めいじてんのう》に王《おう》政復古《せいふっこ》(古代のように天皇《てんのう》中心の国家をつくること)を宣言《せんげん》してもらい、慶喜《よしのぶ》に領地《りょうち》を返すように命令《めいれい》した。これがきっかけで新政府軍《しんせいふぐん》と旧幕府軍《きゅうばくふぐん》の間に戦争《せんそう》が起こったが、新政府軍《しんせいふぐん》が勝利《しょうり》した。

以後《いご》、利通《としみち》は新政府《しんせいふ》の中心人物として、さまざまな改革《かいかく》に取り組んだ。

新政府《しんせいふ》が誕生《たんじょう》した頃《ころ》の利通《としみち》

利通《としみち》は西郷隆盛《さいごうたかもり》らとともに薩摩藩《さつまはん》を率《ひき》いて、武力《ぶりょく》で幕府《ばくふ》を倒《たお》そうとした。

土佐藩《とさはん》

三菱《みつびし》財閥《ざいばつ》をつくった実業家

岩崎弥太郎《いわさきやたろう》

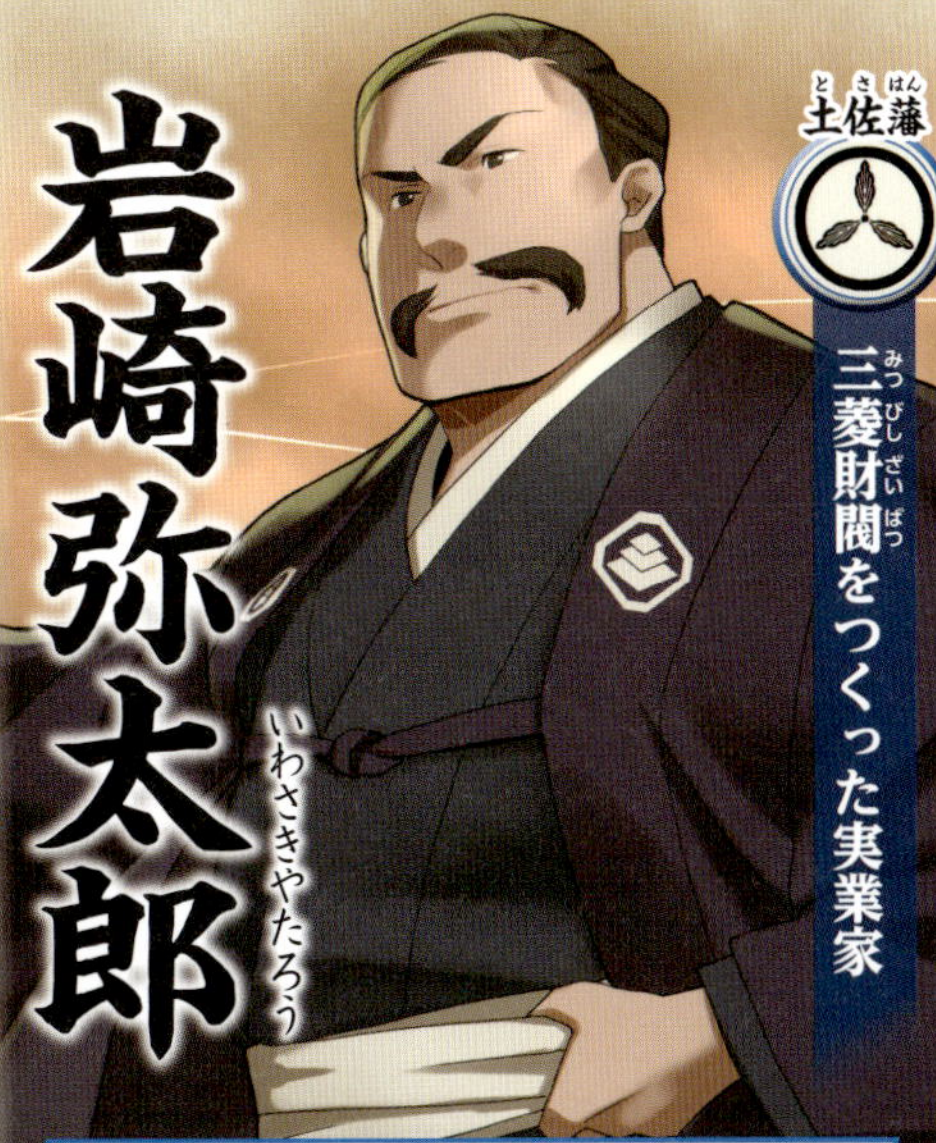

土佐藩《とさはん》(現在《げんざい》の高知県《こうちけん》)の貧《まず》しい家に生まれた岩崎弥太郎《いわさきやたろう》は、才能《さいのう》を認《みと》められ、土佐藩《とさはん》が運営《うんえい》する長崎《ながさき》商会で働《はたら》くことになった。そして、外国から武器《ぶき》や蒸気船《じょうきせん》を買ったり、龍馬《りょうま》の海援隊《かいえんたい》の活動を支《ささ》えたりした。龍《りょう》馬《ま》とは仲《なか》がよかったという。明治維《めいじい》新後《しんご》は、九十九《つくも》商会(後の三菱《みつびし》商会)をつくって海運業をはじめ、三菱財《みつびしざい》閥《ばつ》の基礎《きそ》を築《きず》いた。

旧岩崎邸庭園《きゅういわさきていていえん》

弥太郎《やたろう》が買った土地に建《た》てられた岩崎家《いわさきけ》の邸宅《ていたく》が、現在《げんざい》は公園となっている(東《とう》京都《きょうと》)。

出身地《しゅっしんち》	土佐《とさ》(現在《げんざい》の高知県《こうちけん》)
生年月日《せいねんがっぴ》	1835年12月11日
死亡年月日《しぼうねんがっぴ》	1885年2月7日
享年《きょうねん》	51歳《さい》(病死)

肖像《しょうぞう》

土佐藩《とさはん》

旧幕府軍《きゅうばくふぐん》と戦《たたか》った土佐藩士《とさはんし》

板垣退助《いたがきたいすけ》

板垣退助《いたがきたいすけ》は土佐藩《とさはん》(現在《げんざい》の高知県《こうちけん》)の上士《じょうし》(上級武士《ぶし》)だった。武力《ぶりょく》で幕府《ばくふ》を倒《たお》したいと考えていた退助《たいすけ》は、薩摩藩《さつまはん》(現在《げんざい》の鹿児島県《かごしまけん》)の西《さい》郷隆盛《ごうたかもり》と会い、「幕府《ばくふ》と戦争《せんそう》になれば、土佐藩兵《とさはんぺい》を率《ひき》いて参加《さんか》する」と約束《やくそく》した。幕府《ばくふ》がほろんだ後は、新《しん》政府軍《せいふぐん》に参加《さんか》し、旧幕府軍《きゅうばくふぐん》と戦《たたか》った。その後、政府《せいふ》に国会を開いて憲《けん》法《ほう》をつくることを求《もと》めて「自由民権《みんけん》運動」をはじめた。

肖像《しょうぞう》

出身地《しゅっしんち》	土佐《とさ》(現在《げんざい》の高知県《こうちけん》)
生年月日《せいねんがっぴ》	1837年4月17日
死亡年月日《しぼうねんがっぴ》	1919年7月16日
享年《きょうねん》	83歳《さい》(病死)

土佐藩兵《とさはんぺい》を率《ひき》いる退助《たいすけ》

退助《たいすけ》は土佐藩兵《とさはんぺい》のリーダーとして旧《きゅう》幕府軍《ばくふぐん》と戦《たたか》った。

朝廷《ちょうてい》

龍馬《りょうま》にも会った公卿《くぎょう》

岩倉具視《いわくらともみ》

公卿《くぎょう》（朝廷《ちょうてい》に仕える人）の岩倉具視《いわくらともみ》は、朝廷《ちょうてい》と幕府《ばくふ》が仲《なか》よくできるように、和宮《かずのみや》と徳川家茂《とくがわいえもち》を結婚《けっこん》させる活動をしたが、尊王攘夷派《そんのうじょういは》（天皇《てんのう》をうやまい、外国勢力《せいりょく》を追放せよと主張《しゅちょう》する人びと）から怒《おこ》られ、朝廷《ちょうてい》から追放された。その後、大久保利通《おおくぼとしみち》や龍馬《りょうま》などと親しくなり、幕府《ばくふ》を倒《たお》す活動を支《ささ》えた。

出身地《しゅっしんち》	京《きょう》（現在《げんざい》の京都市《きょうとし》）
生年月日《せいねんがっぴ》	1825年9月15日
死亡年月日《しぼうねんがっぴ》	1883年7月20日
享年《きょうねん》	59歳《さい》（病死）

肖像《しょうぞう》

具視《ともみ》の屋敷跡《やしきあと》

命をねらわれた具視《ともみ》が隠《かく》れて住んだ屋敷《やしき》跡《あと》（京都府《きょうとふ》）。

朝廷《ちょうてい》

長州《ちょうしゅう》に落ちのびた公卿《くぎょう》

三条実美《さんじょうさねとみ》

公卿《くぎょう》（朝廷《ちょうてい》に仕える人）で、過激《かげき》な尊王攘夷派《そんのうじょういは》（天皇《てんのう》をうやまい、外国勢力《せいりょく》を追放せよと主張《しゅちょう》する人びと）の中心人物だった三条実美《さんじょうさねとみ》は、長州《ちょうしゅう》藩《はん》（現在《げんざい》の山口県《やまぐちけん》）が朝廷《ちょうてい》から追放されたとき、長州藩《ちょうしゅうはん》に味方する七卿《しちきょう》（7人の公卿《くぎょう》）のひとりとして追放され、長州《ちょうしゅう》にのがれた。幕府《ばくふ》がほろびた後、新政府《しんせいふ》に招《まね》かれ、最高責任者《さいこうせきにんしゃ》である太政大臣《だじょうだいじん》になった。

七卿《しちきょう》の碑《ひ》

実美《さねとみ》ら7人の公卿《くぎょう》が泊《と》まった場所には石碑《せきひ》が立っている（山口県《やまぐちけん》）。

出身地《しゅっしんち》	京《きょう》（現在《げんざい》の京都市《きょうとし》）
生年月日《せいねんがっぴ》	1837年2月7日
死亡年月日《しぼうねんがっぴ》	1891年2月18日
享年《きょうねん》	55歳《さい》（病死）

肖像《しょうぞう》

長州藩《ちょうしゅうはん》

新政府軍《しんせいふぐん》の作戦《さくせん》を立てる

大村益次郎《おおむらますじろう》

長州藩《ちょうしゅうはん》（現在《げんざい》の山口県《やまぐちけん》）の医師《いし》の子に生まれた大村益次郎《おおむらますじろう》は、大坂《おおさか》（大《おお》阪府《さかふ》）でオランダの学問などを学び、宇和島藩《うわじまはん》（現在《げんざい》の愛媛県《えひめけん》）に仕えた。その後、長州藩《ちょうしゅうはん》に呼《よ》ばれ、軍隊《ぐんたい》を強くするための改革《かいかく》をおこなった。幕府《ばくふ》が倒《たお》れた後は、新政府軍《しんせいふぐん》に参加《さんか》し、すぐれた作戦《さくせん》で上野戦争《うえのせんそう》に勝利《しょうり》した。軍隊《ぐんたい》を近代化しようとしたが、反対派《はんたいは》に暗殺《あんさつ》された。

出身地《しゅっしんち》	周防《すおう》（現在《げんざい》の山口県《やまぐちけん》）
生年月日《せいねんがっぴ》	1824年3月10日
死亡年月日《しぼうねんがっぴ》	1869年11月5日
享年《きょうねん》	46歳《さい》（暗殺《あんさつ》）

肖像《しょうぞう》

益次郎《ますじろう》の墓《はか》

益次郎《ますじろう》は日本軍《にほんぐん》を近代化しようとしたが、反対派《はんたいは》に殺《ころ》された。（山口県《やまぐちけん》）。

会津藩《あいづはん》

京都守護職《きょうとしゅごしょく》として京都《きょうと》を守る

松平容保《まつだいらかたもり》

会津藩《あいづはん》（現在《げんざい》の福島県《ふくしまけん》）の藩主《はんしゅ》だった松平容保《まつだいらかたもり》は、尊王攘夷派《そんのうじょういは》（天皇《てんのう》をうやまい、外国勢力《せいりょく》を追放せよと主《しゅ》張《ちょう》する人びと）の活動が激《はげ》しくなった京都《きょうと》の安全を守るため、幕府《ばくふ》から京都守護職《きょうとしゅごしょく》に任命《にんめい》された。容保《かたもり》は配下の新選組《しんせんぐみ》を使って、尊王攘夷派《そんのうじょういは》をきびしく取りしまった。幕府《ばくふ》がほろびた後、容保《かたもり》の会津藩《あいづはん》は新政府軍《しんせいふぐん》から攻撃《こうげき》され、降伏《こうふく》した（会津戦争《あいづせんそう》）。

出身地《しゅっしんち》	江戸《えど》（現在《げんざい》の東京都《とうきょうと》）
生年月日《せいねんがっぴ》	1835年12月29日
死亡年月日《しぼうねんがっぴ》	1893年12月5日
享年《きょうねん》	59歳《さい》（病死）

肖像《しょうぞう》

破壊《はかい》された会津若松城《あいづわかまつじょう》

会津戦争《あいづせんそう》で新政府軍《しんせいふぐん》から砲撃《ほうげき》された会津若松城《あいづわかまつじょう》の天守《てんしゅ》は破壊《はかい》された。

朝廷《ちょうてい》

日本を近代国家にするため新政府《しんせいふ》をリードした天皇《てんのう》

明治天皇《めいじてんのう》

出身地《しゅっしんち》	京《きょう》（現在《げんざい》の京都市《きょうとし》）
生年月日《せいねんがっぴ》	1852年9月22日
死亡年月日《しぼうねんがっぴ》	1912年7月30日
享年《きょうねん》	61歳《さい》（病死）

明治天皇《めいじてんのう》は、父の孝明天皇《こうめいてんのう》が急死したため、16歳《さい》で位《くらい》についた。将軍《しょうぐん》・徳《とく》川慶喜《がわよしのぶ》から政権《せいけん》を返されたため（大政《たいせい》奉還《ほうかん》）、薩摩藩《さつまはん》（現在《げんざい》の鹿児島県《かごしまけん》）の大《おお》久保利通《くぼとしみち》らの協力《きょうりょく》を得《え》て、古代のように天皇《てんのう》が政治《せいじ》をおこなう「王政復古《おうせいふっこ》」を宣言《せんげん》した。明治天皇《めいじてんのう》を中心とする新政《しんせい》府《ふ》は、慶喜《よしのぶ》の領地《りょうち》を朝廷《ちょうてい》に返させることを決めたため、怒《おこ》った旧幕府軍《きゅうばくふぐん》は新《しん》政府軍《せいふぐん》と戦《たたか》うことを決めた。しかし、明治天皇《めいじてんのう》に朝敵《ちょうてき》（朝廷《ちょうてい》の敵《てき》）とされた旧《きゅう》幕府軍《ばくふぐん》は、新政府軍《しんせいふぐん》に敗《やぶ》れた。戦《たたか》いの最中《さいちゅう》、明治天皇《めいじてんのう》は新政府《しんせいふ》の基《き》本方針《ほんほうしん》として「五箇条《ごかじょう》の誓文《せいもん》」を発表した。この誓文《せいもん》は、龍馬《りょうま》が示《しめ》した船中八《せんちゅうはっ》策《さく》をもとに、三岡八郎《みつおかはちろう》らが書いたものであった。

さらに明治天皇《めいじてんのう》は、元号を「慶応《けいおう》」から「明治《めいじ》」に改《あらた》め、京都《きょうと》から東京《とうきょう》に首都を移《うつ》すなど、日本を近代国家にするための改革《かいかく》を次つぎとおこない、明治維《めいじい》新《しん》をリードした。

位《くらい》についたときの明治天皇《めいじてんのう》

孝明天皇《こうめいてんのう》の死後、明治天皇《めいじてんのう》は16歳《さい》で新しい天皇《てんのう》になった。

長州藩《ちょうしゅうはん》

明治《めいじ》時代に初代総理大臣《しょだいそうりだいじん》になる

伊藤博文《いとうひろぶみ》

伊藤博文《いとうひろぶみ》は長州藩《ちょうしゅうはん》（現在《げんざい》の山口県《やまぐちけん》）の藩士《はんし》で、吉田松陰《よしだしょういん》の松下村塾《しょうかそんじゅく》で学び、高杉晋作《たかすぎしんさく》らと尊王攘夷《そんのうじょうい》（天皇《てんのう》をうやまい、外国勢力《せいりょく》を追放すること）の活動をはじめた。晋作《しんさく》が長州藩《ちょうしゅうはん》に反《はん》乱《らん》を起こしたときは、力士隊《りきしたい》（相撲《すもう》取《と》りによる部隊《ぶたい》）を率《ひき》いて真っ先にかけつけた。幕府《ばくふ》が倒《たお》れた後、新政府《しんせいふ》の重要《じゅうよう》な役職《やくしょく》をつとめ、1885年に初代内閣総理大臣《しょだいないかくそうりだいじん》になった。

岩倉使節団《いわくらしせつだん》

1871年、博文《ひろぶみ》も加《くわ》わった岩倉《いわくら》具視《ともみ》の使節団《しせつだん》は、欧米諸国《おうべいしょこく》を見に行った。

出身地《しゅっしんち》	周防《すおう》（現在《げんざい》の山口県《やまぐちけん》）
生年月日《せいねんがっぴ》	1841年9月2日
死亡年月日《しぼうねんがっぴ》	1909年10月26日
享年《きょうねん》	69歳《さい》（暗殺《あんさつ》）

肖像《しょうぞう》

新政府《しんせいふ》のおもな役職《やくしょく》（1871年）

正院《せいいん》（最高《さいこう》の機関《きかん》）

太政大臣《だじょうだいじん》 三条実美《さんじょうさねとみ》（朝廷《ちょうてい》）

右大臣《うだいじん》 岩倉具視《いわくらともみ》（朝廷《ちょうてい》）

参議《さんぎ》 木戸孝允《きどたかよし》（長州《ちょうしゅう》）

参議《さんぎ》 西郷隆盛《さいごうたかもり》（薩摩《さつま》）

参議《さんぎ》 板垣退助《いたがきたいすけ》（土佐《とさ》）

参議《さんぎ》 大隈重信《おおくましげのぶ》（肥前《ひぜん》）

左院《さいん》（立法機関《りっぽうきかん》）

議長《ぎちょう》 後藤象二郎《ごとうしょうじろう》（土佐《とさ》）

副議長《ふくぎちょう》 江藤新平《えとうしんぺい》（肥前《ひぜん》）

右院《ういん》（行政機関《ぎょうせいきかん》）

大蔵卿《おおくらきょう》 大久保利通《おおくぼとしみち》（薩摩《さつま》）

工部大輔《こうぶたいふ》 伊藤博文《いとうひろぶみ》（長州《ちょうしゅう》）

外務卿《がいむきょう》 岩倉具視《いわくらともみ》（朝廷《ちょうてい》）

兵部大輔《ひょうぶたいふ》 山県有朋《やまがたありとも》（長州《ちょうしゅう》）

※新政府《しんせいふ》の高い役職《やくしょく》は、朝廷以外《ちょうていいがい》では、薩摩藩《さつまはん》や長州藩《ちょうしゅうはん》、土佐藩《とさはん》、肥前藩《ひぜんはん》（現在《げんざい》の佐賀県《さがけん》）など、幕府《ばくふ》を倒《たお》した藩《はん》の出身者が独占《どくせん》した。

幕末《ばくまつ》の国名《こくめい》マップ

奈良《なら》時代から明治《めいじ》時代のはじめ頃《ごろ》まで、日本の地方は、現在《げんざい》とはちがう名前「国名《こくめい》」で呼《よ》ばれていた。国と国の境《さかい》も、現在《げんざい》の都《と》道府県《どうふけん》との境《さかい》とは少しちがっていた。

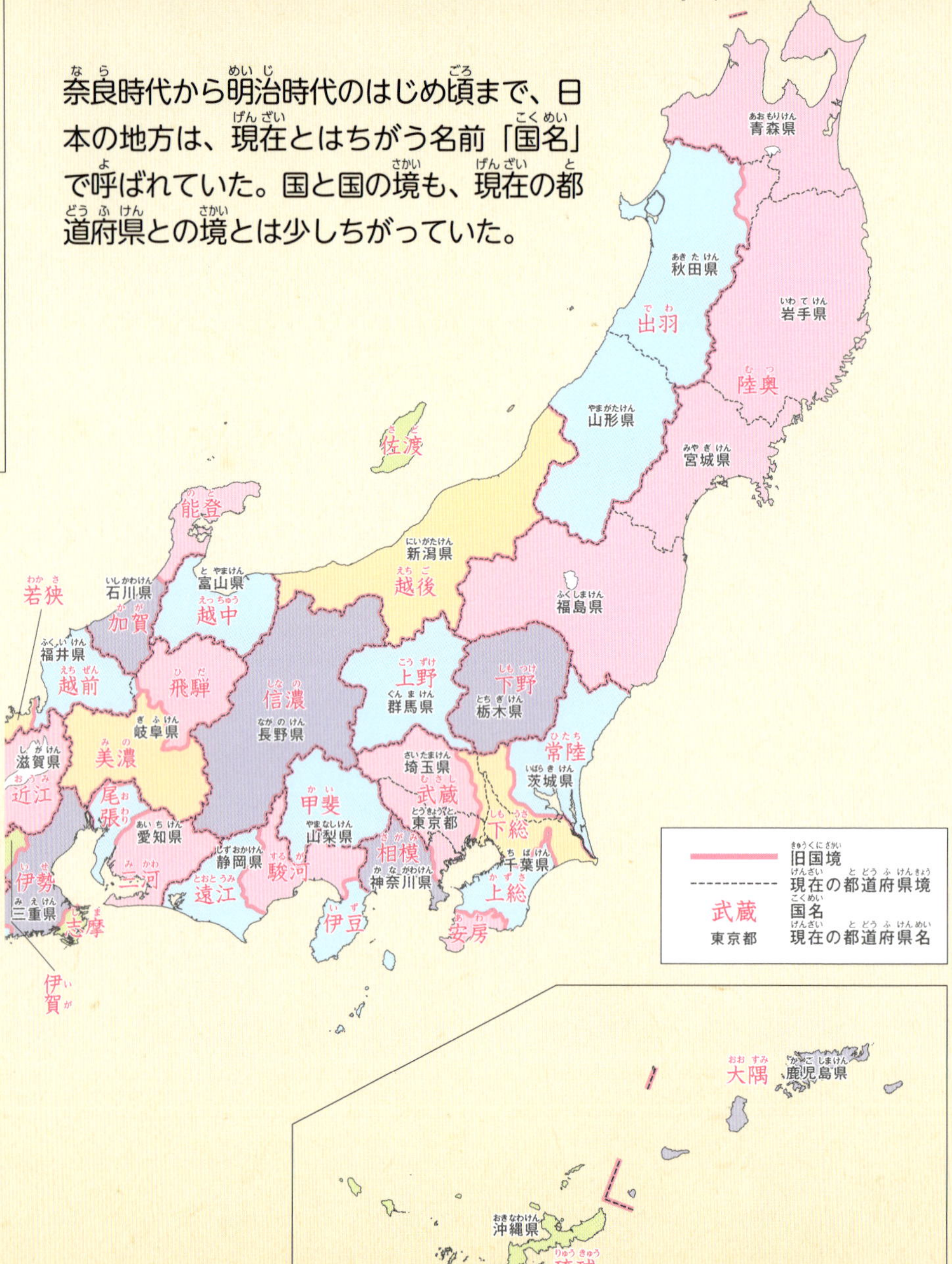

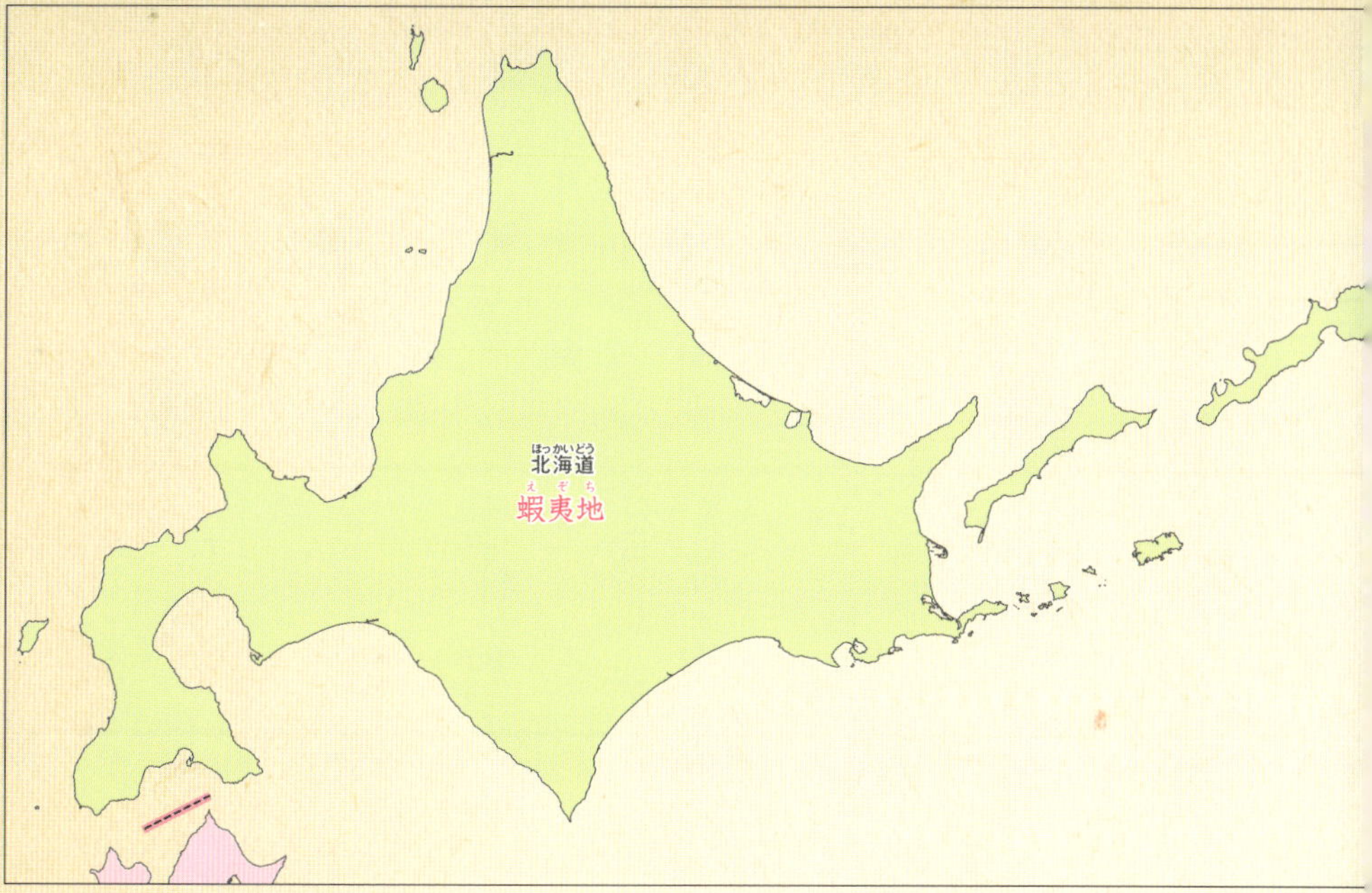
北海道《ほっかいどう》
蝦夷地《えぞち》

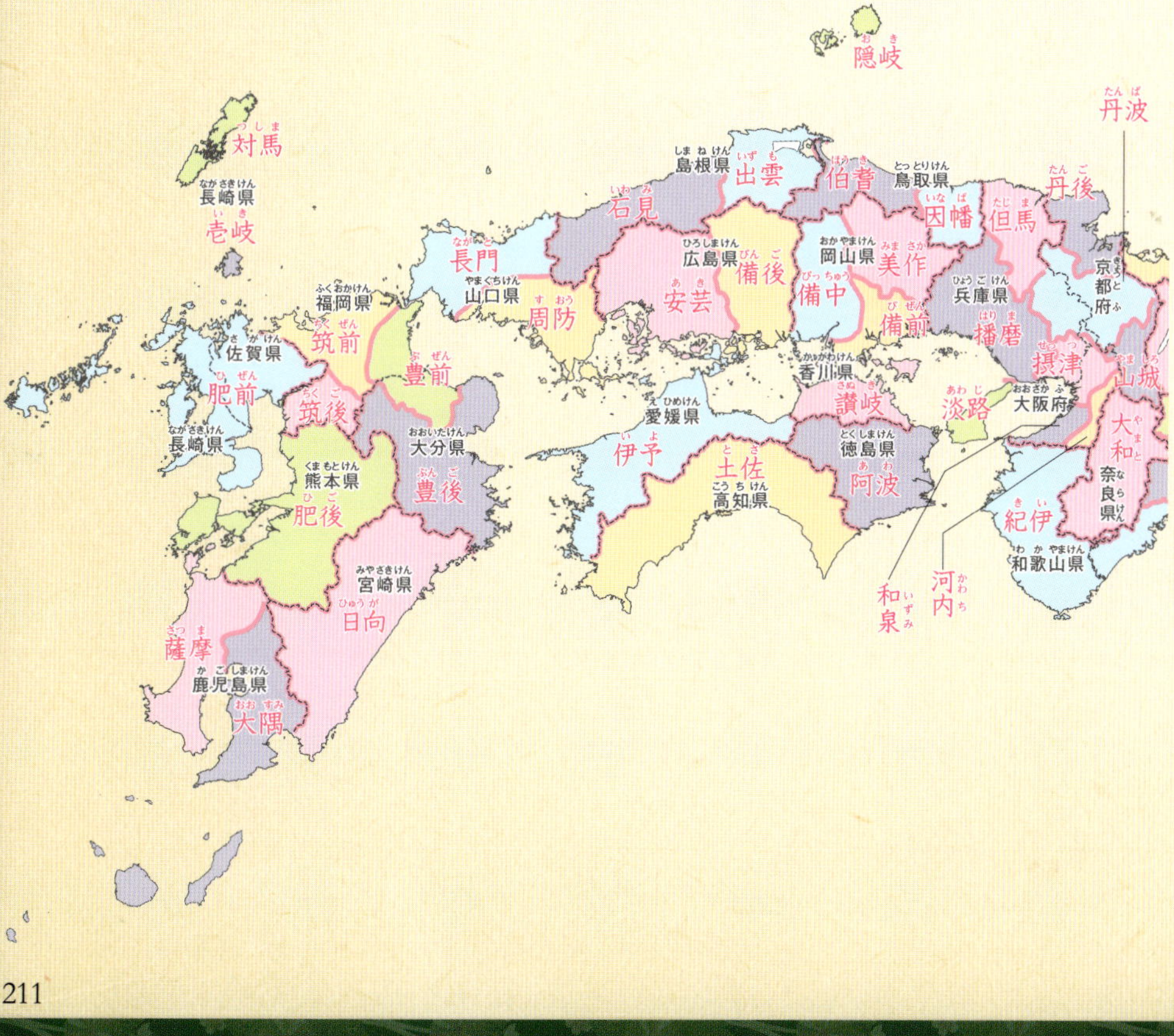
隠岐《おき》
丹波《たんば》
対馬《つしま》
長崎県《ながさきけん》
壱岐《いき》
島根県《しまねけん》
出雲《いずも》
伯耆《ほうき》
鳥取県《とっとりけん》
丹後《たんご》
石見《いわみ》
因幡《いなば》
但馬《たじま》
長門《ながと》
山口県《やまぐちけん》
広島県《ひろしまけん》
備後《びんご》
岡山県《おかやまけん》
美作《みまさか》
京都府《きょうとふ》
福岡県《ふくおかけん》
周防《すおう》
安芸《あき》
備中《びっちゅう》
兵庫県《ひょうごけん》
筑前《ちくぜん》
備前《びぜん》
播磨《はりま》
佐賀県《さがけん》
豊前《ぶぜん》
香川県《かがわけん》
摂津《せっつ》
山城《やましろ》
肥前《ひぜん》
筑後《ちくご》
讃岐《さぬき》
淡路《あわじ》
大阪府《おおさかふ》
愛媛県《えひめけん》
長崎県《ながさきけん》
大分県《おおいたけん》
徳島県《とくしまけん》
大和《やまと》
伊予《いよ》
土佐《とさ》
熊本県《くまもとけん》
豊後《ぶんご》
阿波《あわ》
奈良県《ならけん》
高知県《こうちけん》
肥後《ひご》
紀伊《きい》
和歌山県《わかやまけん》
宮崎県《みやざきけん》
河内《かわち》
和泉《いずみ》
日向《ひゅうが》
薩摩《さつま》
鹿児島県《かごしまけん》
大隅《おおすみ》

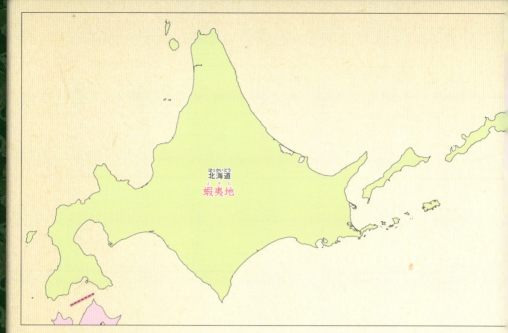

坂《さか》本《もと》龍《りょう》馬《ま》関《かん》連《れん》年表

※赤字はこの本で大きく取り上げている龍馬《りょうま》のできごと、青字は「幕末《ばくまつ》の歴史《れきし》」で取り上げているできごとです。

将軍《しょうぐん》：12代将軍《しょうぐん》・徳川家慶《とくがわいえよし》

西暦《せいれき》（年）		できごと
1835		1歳《さい》
	11月	**龍《りょう》馬《ま》が誕生《たんじょう》する**（⬇P32）
1841		7歳《さい》
	6月	京都《きょうと》でお龍《りょう》（楢崎龍《ならさきりょう》）が誕生《たんじょう》する
1846		12歳《さい》
	?月	楠山庄助《くすやましょうすけ》の塾《じゅく》に通うが、すぐにやめる
		龍馬《りょうま》の母・幸《こう》が病死する
1848		14歳《さい》
	?月	**日根野《ひねの》道場に入門する**（⬇P34）
	12月	山内容堂《やまうちようどう》が土佐藩主《とさはんしゅ》になる
1853		19歳《さい》
	3月	日根野弁治《ひねのべんじ》から小栗流《おぐりりゅう》の目録《もくろく》を与《あた》えられる
	4月	**千葉《ちば》道場に入門する**（⬇P36）
	6月	**黒船《くろふね》が日本に来る**（⬇P38）
		品川沿岸《しながわえんがん》を警備《けいび》する（⬇P40）

13代将軍《しょうぐん》・徳川家定《とくがわいえさだ》

14代将軍《しょうぐん》・徳川家茂《とくがわいえもち》

西暦（年）		できごと
	4月	井伊直弼《いいなおすけ》が大老《たいろう》になる
	6月	日米修好通商条約《にちべいしゅうこうつうしょうじょうやく》が結《むす》ばれる
	7月	松平春嶽《まつだいらしゅんがく》が藩主《はんしゅ》をやめさせられる
		13代将軍《しょうぐん》・徳川家定《とくがわいえさだ》が死ぬ
	9月	安政《あんせい》の大獄《たいごく》がはじまる
		江戸修行《えどしゅぎょう》を終えて土佐《とさ》に帰る
	10月	徳川家茂《とくがわいえもち》が14代将軍《しょうぐん》になる
1859		25歳《さい》
	10月	吉田松陰《よしだしょういん》が処刑《しょけい》される
		幕府《ばくふ》の命令《めいれい》で容堂《ようどう》が江戸《えど》に閉《と》じこめられる
	12月	初恋《はつこい》相手の平井加尾《ひらいかお》が京都《きょうと》へ向かう
1860		26歳《さい》
	1月	**咸臨丸《かんりんまる》が日本を出発する**（⬇P46）
	3月	**桜田門外《さくらだもんがい》の変《へん》**（⬇P50）
		遣米使節《けんべいしせつ》がアメリカのワシントンに到着《とうちゃく》する
	5月	咸臨丸《かんりんまる》が帰国する
1861		27歳《さい》
	8月	**土佐勤王党《とさきんのうとう》に入る**（⬇P52）

13代将軍《しょうぐん》・徳川家定《とくがわいえさだ》

			12代将軍《しょうぐん》・徳川家慶《とくがわいえよし》が死ぬ
	10月		徳川家定《とくがわいえさだ》が13代将軍《しょうぐん》になる
	12月		**佐久間象山《さくましょうざん》に入門する**（⬇P42）
1854		20歳《さい》	
	1月		ペリーがふたたび日本にくる
	3月		日米和親条約《にちべいわしんじょうやく》が結《むす》ばれる
	6月		江戸修行《えどしゅぎょう》を終えて土佐《とさ》に帰る
	冬頃《ごろ》		**河田小龍《かわだしょうりゅう》を訪《たず》ねる**（⬇P44）
1855		21歳《さい》	
	12月		父・八平《はちへい》が病死する
1856		22歳《さい》	
	8月		ふたたび江戸《えど》に出る
	12月		家定《いえさだ》と篤姫《あつひめ》が結婚《けっこん》する
1857		23歳《さい》	
	9月		吉田松陰《よしだしょういん》が松下村塾《しょうかそんじゅく》を開く
			江戸修行《えどしゅぎょう》の1年間延長《えんちょう》が許可《きょか》される
1858		24歳《さい》	
	1月		千葉定吉《ちばさだきち》から北辰一刀流《ほくしんいっとうりゅう》の目録《もくろく》を与《あた》えられる

14代将軍《しょうぐん》・徳川家茂《とくがわいえもち》

1862		28歳《さい》	
	1月		武市半平太《たけちはんぺいた》の手紙を久坂玄瑞《くさかげんずい》に渡《わた》す
	2月		徳川家茂《とくがわいえもち》と和宮《かずのみや》が結婚《けっこん》する
	3月		**土佐藩《とさはん》を脱藩《だっぱん》する**（⬇P82）
	4月		土佐勤王党《とさきんのうとう》が吉田東洋《よしだとうよう》を暗殺《あんさつ》する
	8月		松平容保《まつだいらかたもり》が京都守護職《きょうとしゅごしょく》になる
	12月		松平春嶽《まつだいらしゅんがく》に会い、勝海舟《かつかいしゅう》への紹介状《しょうかいじょう》をもらう
			勝海舟《かつかいしゅう》の弟子《でし》になる（⬇P84）
			高杉晋作《たかすぎしんさく》らがイギリス公使館を焼《や》きうちにする
1863		29歳《さい》	
	1月		幕府《ばくふ》の軍艦《ぐんかん》・順動丸《じゅんどうまる》に乗る
	2月		脱藩《だっぱん》の罪《つみ》を許《ゆる》される
	4月		大久保一翁《おおくぼいちおう》に会い、大政奉還論《たいせいほうかんろん》を教えられる
			山内容堂《やまうちようどう》が江戸《えど》から土佐《とさ》にもどる
			神戸海軍操練所《こうべかいぐんそうれんじょ》の設立《せつりつ》が許可《きょか》される
	5月		長州藩《ちょうしゅうはん》が関門海峡《かんもんかいきょう》で外国船を砲撃《ほうげき》する
			松平春嶽《まつだいらしゅんがく》に借金《しゃっきん》する（⬇P86）
	6月		加尾《かお》の兄・平井収二郎《ひらいしゅうじろう》が切腹《せっぷく》する

14代将軍《しょうぐん》・徳川家茂《とくがわいえもち》

- 6月　晋作《しんさく》が奇兵隊《きへいたい》を結成《けっせい》する
- 8月　八月十八日《はちがつじゅうはちにち》の政変《せいへん》が起こる
- 9月　武市半平太《たけちはんぺいた》らが東洋暗殺《とうようあんさつ》の罪《つみ》でつかまる

1864　30歳《さい》

- 2月　海舟《かいしゅう》の使者として熊本《くまもと》の横井小楠《よこいしょうなん》を訪《たず》ねる
- 5月　**海軍操練所《かいぐんそうれんじょ》が開校する**（⬇P88）
- 　　**お龍《りょう》とはじめて出会う**（⬇P94）
- 6月　**池田屋事件《いけだやじけん》**（⬇P90）
- 7月　**禁門《きんもん》の変《へん》（蛤御門《はまぐりごもん》の変《へん》）**（⬇P96）
- 　　佐久間象山《さくましょうざん》が暗殺《あんさつ》される
- 　　第一次長州征伐《ちょうしゅうせいばつ》がはじまる
- 8月　**西郷隆盛《さいごうたかもり》と会談する**（⬇P98）
- 　　下関戦争《しものせきせんそう》が起こる
- 9月　海舟《かいしゅう》が隆盛《たかもり》と会談する
- 10月　海舟《かいしゅう》に「江戸《えど》へもどれ」という命令《めいれい》が出る
- 11月　長州藩《ちょうしゅうはん》が幕府《ばくふ》に降伏《こうふく》する
- 12月　帰国命令《めいれい》が出たため、ふたたび脱藩《だっぱん》する
- 　　**高杉晋作《たかすぎしんさく》が反乱《はんらん》を起こす**（⬇P102）

14代将軍《しょうぐん》・徳川家茂《とくがわいえもち》

- 3月　**新婚《しんこん》旅行を楽しむ**（⬇P148）
- 5月　亀山社中《かめやましゃちゅう》のワイルウェフ号が沈没《ちんぼつ》する
- 6月　第二次長州征伐《ちょうしゅうせいばつ》がはじまる
- 　　ユニオン号に乗って長崎《ながさき》から下関《しものせき》に向かう
- 　　**軍艦《ぐんかん》で幕府軍《ばくふぐん》と戦《たたか》う**（⬇P170）
- 7月　ユニオン号を長州藩《ちょうしゅうはん》に渡《わた》し、亀山社中《かめやましゃちゅう》に船がなくなる
- 　　将軍《しょうぐん》・家茂《いえもち》が死ぬ

15代将軍《しょうぐん》・徳川慶喜《とくがわよしのぶ》

- 12月　徳川慶喜《とくがわよしのぶ》が15代将軍《しょうぐん》になる
- 　　孝明天皇《こうめいてんのう》が病死する

1867　33歳《さい》

- 1月　明治天皇《めいじてんのう》が位《くらい》につく
- 　　長崎《ながさき》で後藤象二郎《ごとうしょうじろう》と会談する
- 4月　脱藩《だっぱん》の罪《つみ》を許《ゆる》される
- 　　亀山社中《かめやましゃちゅう》を海援隊《かいえんたい》に改《あらた》める
- 　　晋作《しんさく》が病死する
- 　　**いろは丸事件《まるじけん》が起こる**（⬇P172）
- 5月　四侯会議《しこうかいぎ》が開かれる
- 　　いろは丸事件《まるじけん》の賠償金《ばいしょうきん》問題が解決《かいけつ》する

14代将軍《しょうぐん》・徳川家茂《とくがわいえもち》

1865
31歳《さい》

- 2月　晋作《しんさく》が長州藩《ちょうしゅうはん》の実権《じっけん》をにぎる
- 3月　海軍操練所《かいぐんそうれんじょ》が閉鎖《へいさ》される
- 4月　**隆盛《たかもり》と鹿児島《かごしま》に行く**（⬇P134）
- 5月　桂小五郎《かつらこごろう》に隆盛《たかもり》との会談を約束《やくそく》させる
- **半平太《はんぺいた》が切腹《せっぷく》する**（⬇P136）
- 隆盛《たかもり》が小五郎《こごろう》との会談の約束《やくそく》を破《やぶ》る
- **亀山社中《かめやましゃちゅう》をつくる**（⬇P138）
- 6月　隆盛《たかもり》と会い、薩摩藩《さつまはん》の名前で長州藩《ちょうしゅうはん》のために武器を買うことを提案《ていあん》する
- 10月　長州藩《ちょうしゅうはん》に薩摩藩《さつまはん》へ米を送ることを約束《やくそく》させる

1866
32歳《さい》

- 1月　晋作《しんさく》からピストルをもらう
- **薩長同盟《さっちょうどうめい》が成立《せいりつ》する**（⬇P144）
- **寺田屋事件《てらだやじけん》が起こる**（⬇P146）
- 京都《きょうと》の薩摩藩邸《さつまはんてい》にかくまわれる
- お龍《りょう》を正式な妻《つま》にする
- 2月　薩長同盟《さっちょうどうめい》の裏書《うらが》きを記す

15代将軍《しょうぐん》・徳川慶喜《とくがわよしのぶ》

- 6月　**船中八策《せんちゅうはっさく》を提案《ていあん》する**（⬇P174）
- 7月　象二郎《しょうじろう》が容堂《ようどう》に大政奉還案《たいせいほうかんあん》を伝《つた》える
- 8月　土佐藩《とさはん》が大政奉還《たいせいほうかん》を進めることを決定する
- 9月　薩摩藩《さつまはん》が武力《ぶりょく》で幕府《ばくふ》を倒《たお》すことを決定する
- 1300丁のライフルを買い、長崎《ながさき》を出る
- 下関《しものせき》に立ち寄《よ》り、お龍《りょう》に会う
- **土佐《とさ》の実家に帰る**（⬇P176）
- 10月　容堂《ようどう》が慶喜《よしのぶ》に大政奉還《たいせいほうかん》をすすめる
- **大政奉還《たいせいほうかん》が実現《じつげん》する**（⬇P178）
- 新しい政府《せいふ》の方針《ほうしん》（新政府綱領八策《しんせいふこうりょうはっさく》）を記す
- 11月　**三岡八郎《みつおかはちろう》と会う**（⬇P180）
- **龍馬《りょうま》が暗殺《あんさつ》される**（⬇P194）
- 12月　新政府《しんせいふ》が成立《せいりつ》する

1868
龍馬《りょうま》の死の翌年《よくとし》

- 1月　鳥羽《とば》・伏見《ふしみ》の戦《たたか》いが起こる
- 慶喜《よしのぶ》が大坂城《おおさかじょう》から江戸城《えどじょう》へにげる
- 3月　**海舟《かいしゅう》が江戸《えど》を救《すく》う**（⬇P200）
- 4月　江戸城《えどじょう》が新政府軍《しんせいふぐん》に明《あ》け渡《わた》される

さくいん

※赤字は人名です。

あ

アームストロング砲　アームストロングほう……188
会津戦争　あいづせんそう……207
会津藩　あいづはん……58
会津若松城　あいづわかまつじょう……207
明智秀満　あけちひでみつ……107
足軽　あしがる……33
阿部正弘　あべまさひろ……54
天の逆鉾　あまのさかほこ……149
安政の大獄　あんせいのたいごく……51
井伊直弼　いいなおすけ……50、55、64
イギリス公使館　イギリスこうしかん……55
井口新助　いぐちしんすけ……142
幾松　いくまつ……153
池内蔵太　いけくらた……149
池田屋事件　いけだやじけん……90、105
板垣退助　いたがきたいすけ……205
一分銀　いちぶぎん……66
伊藤博文　いとうひろぶみ……166、209
今井信郎　いまいのぶお……198
いろは丸　いろはまる……162、172
岩倉具視　いわくらともみ……206
岩崎弥太郎　いわさきやたろう……205
上野戦争　うえのせんそう……201
浦賀　うらが……38、46
越前藩　えちぜんはん……59
江藤新平　えとうしんぺい……209
江戸城　えどじょう……200
エンフィールド銃　エンフィールドじゅう……176
王政復古　おうせいふっこ……204、208
近江屋　おうみや……194
大久保一翁　おおくぼいちおう……87、182
大久保利通　おおくぼとしみち……204
大隈重信　おおくましげのぶ……209
大村益次郎　おおむらますじろう……201、207
岡田以蔵　おかだいぞう……37、111、137
沖田総司　おきたそうじ……92
小栗忠順　おぐりただまさ……48、201
小栗流　おぐりりゅう……35
お登勢　おとせ……95、155
お龍　おりょう……77、94、146、148、150、203

か

海援隊　かいえんたい……140、172
開国　かいこく……39
鹿児島　かごしま……134、148
下士　かし……32
和宮　かずのみや……51、65
勝海舟　かつかいしゅう……46、72、84、109、182、200、202
桂小五郎　かつらこごろう……37、91、120、135、144、153
桂浜　かつらはま……203
桂早之助　かつらはやのすけ……198
ガトリング砲　ガトリングほう……188
亀山社中　かめやましゃちゅう……117、138、140、172
亀山焼　かめやまやき……143
家老　かろう……33
河井継之助　かわいつぐのすけ……188
河田小龍　かわだしょうりゅう……28、44、62
『汗血千里駒』　かんけつせんりのこま……202
観光丸　かんこうまる……88
咸臨丸　かんりんまる……46
議会　ぎかい……175、179
紀州藩　きしゅうはん……58、172
北添佶摩　きたぞえきつま……91
木戸孝允　きどたかよし……153

奇兵隊 きへいたい……103、104
木村喜毅 きむらよしたけ……46
鏡新明智流 きょうしんめいちりゅう……37
京都守護職 きょうとしゅごしょく……207
京都見廻組 きょうとみまわりぐみ……198
清河八郎 きよかわはちろう……37
勤王 きんのう……52
禁門の変 きんもんのへん……96、105
久坂玄瑞 くさかげんずい……52、96
グラバー……138
久里浜 くりはま……41
黒船 くろふね……38
月琴 げっきん……150
玄武館 げんぶかん……36
憲法 けんぽう……175、179
功山寺 こうざんじ……102
郷士 ごうし……32
公武合体 こうぶがったい……51
神戸海軍操練所 こうべかいぐんそうれんじょ……86、88、116
孝明天皇 こうめいてんのう……55
五箇条の誓文 ごかじょうのせいもん……181、208
国際法 こくさいほう……173
小倉口の戦い こくらぐちのたたかい……171
黒龍丸 こくりゅうまる……88
御三家 ごさんけ……58
御所 ごしょ……96、104
後藤象二郎 ごとうしょうじろう……137、160、172、174、178、184
小判 こばん……66
小松帯刀 こまつたてわき……135、155
近藤勇 こんどういさみ……91、92、113
近藤長次郎 こんどうちょうじろう……45

さ

西郷隆盛 さいごうたかもり……78、96、98、134、144、152、182、200
才谷楳太郎 さいだにうめたろう……101
才谷屋 さいだにや……33
斎藤弥九郎 さいとうやくろう……37
坂崎紫瀾 さかざきしらん……202
坂本乙女 さかもとおとめ……35、60、101
坂本幸 さかもとこう……32
坂本権平 さかもとごんぺい……142
坂本直柔 さかもとなおなり……101
坂本八平 さかもとはちへい……32
坂本春猪 さかもとはるい……177
佐久間象山 さくましょうざん……42、62
桜田門外の変 さくらだもんがいのへん……50
鎖国 さこく……38
佐々木高行 ささきたかゆき……183
サスケハナ号 サスケハナごう……38
薩長同盟 さっちょうどうめい……126、144
薩摩藩 さつまはん……59
沢村惣之丞 さわむらそうのじょう……82
三条実美 さんじょうさねとみ……206
三徳 さんとく……107
塩浸温泉 しおひたしおんせん……149
士学館 しがくかん……36
四侯会議 しこうかいぎ……175
志士 しし……55
七卿落ち しちきょうおち……104
品川 しながわ……26、40
島津久光 しまづひさみつ……175
下関戦争 しものせきせんそう……105
自由民権運動 じゆうみんけんうんどう……205
順動丸 じゅんどうまる……85、86
松下村塾 しょうかそんじゅく……64
上士 じょうし……32
条約箱 じょうやくばこ……48
ジョン万次郎 ジョンまんじろう……44
白札 しらふだ……108

新宮馬之助　しんぐうまのすけ……45、183
新婚旅行　しんこんりょこう……148
新選組　しんせんぐみ……90、92
神道無念流　しんとうむねんりゅう……37
新見正興　しんみまさおき……48
親藩　しんぱん……58
スペンサー銃　スペンサーじゅう……188
西洋兵学　せいようへいがく……42
船中八策　せんちゅうはっさく……164、174
総髪　そうはつ……106
尊王攘夷　そんのうじょうい……50、54

た

第一次長州征伐　だいいちじちょうしゅうせいばつ……99、105
大政奉還　たいせいほうかん……87、164、175、178
第二次長州征伐　だいにじちょうしゅうせいばつ……170
大老　たいろう……50
高杉晋作　たかすぎしんさく……37、102、104、110、123、170
高千穂峰　たかちほのみね……148
武市半平太　たけちはんぺいた……29、37、53、108、136、182
脱藩　だっぱん……82
立石斧次郎　たていしおのじろう……49
伊達宗城　だてむねなり……175
谷干城　たにたてき……199
莨屋旅館　たばこやりょかん……186
千葉定吉　ちばさだきち……36
千葉さな子　ちばさなこ……23、37、61
千葉周作　ちばしゅうさく……37
千葉重太郎　ちばじゅうたろう……23、84
千葉道場　ちばどうじょう……23、36
中老　ちゅうろう……33
長州藩　ちょうしゅうはん……59、104
朝廷　ちょうてい……59
朝敵　ちょうてき……97
枕流亭　ちんりゅうてい……155
寺子屋　てらこや……156
寺田屋　てらだや……95、146、155
寺田屋事件　てらだやじけん……146
天然理心流　てんねんりしんりゅう……92
徳川家茂　とくがわいえもち……51、65、171
徳川斉昭　とくがわなりあき……54
徳川光圀　とくがわみつくに……54
徳川慶喜　とくがわよしのぶ……159、168、174、178、187
土佐勤王党　とさきんのうとう……52、136
土佐藩　とさはん……59
外様大名　とざまだいみょう……58
十津川郷士　とつかわごうし……194
鞆の浦　とものうら……172

な

内閣総理大臣　ないかくそうりだいじん……209
永井尚志　ながいなおむね……199
長岡謙吉　ながおかけんきち……45
中岡慎太郎　なかおかしんたろう……121、137、154、182、190、195
永倉新八　ながくらしんぱち……93
長崎　ながさき……139、141
長崎商会　ながさきしょうかい……205
楢崎龍　ならさきりょう……94
二条城　にじょうじょう……178
日米修好通商条約　にちべいしゅうこうつうしょうじょうやく……46、48、50、55
日米和親条約　にちべいわしんじょうやく……39、54
日露戦争　にちろせんそう……202
日本海海戦　にほんかいかいせん……202

は

萩城　はぎじょう……102
八月十八日の政変　はちがつじゅうはちにちのせいへん……104
蛤御門の変　はまぐりごもんのへん……96
浜川砲台　はまがわほうだい……41
ハリス……55
『万国公法』　ばんこくこうほう……173
土方歳三　ひじかたとしぞう……92、113
ピストル……146、151
筆跡　ひっせき……114
日根野道場　ひねのどうじょう……21、34
日根野弁治　ひねのべんじ……35
『漂巽紀略』　ひょうそんきりゃく……45
平井加尾　ひらいかお……56、61
平井収二郎　ひらいしゅうじろう……56
ブーツ……107
福沢諭吉　ふくざわゆきち……47
藤田東湖　ふじたとうこ……54
ペリー……26、38、54、63
砲術　ほうじゅつ……42
ポーハタン号　ポーハタンごう……48
北辰一刀流　ほくしんいっとうりゅう……36

ま

松平容保　まつだいらかたもり……92、198、207
松平春嶽　まつだいらしゅんがく……71、87、112
松平慶永　まつだいらよしなが……112
三浦安　みうらやすし……199
ミシシッピ号　ミシシッピごう……38
三岡八郎　みつおかはちろう……180、183、186
三菱財閥　みつびしざいばつ……205
水戸学　みとがく……54
水戸藩　みとはん……58
ミニエー銃　ミニエーじゅう……139
三吉慎蔵　みよししんぞう……127、146、183
陸奥宗光　むつむねみつ……183、186
村垣範正　むらがきのりまさ……48
明光丸　めいこうまる……172
明治天皇　めいじてんのう……208
望月亀弥太　もちづきかめやた……91
桃井春蔵　もものいしゅんぞう……37
紋服　もんぷく……106

や

山内豊信　やまうちとよしげ……185
山内容堂　やまうちようどう……137、175、185
山岡鉄舟　やまおかてっしゅう……37
山県有朋　やまがたありとも……209
夕顔丸　ゆうがおまる……174
檮原　ゆすはら……82
ユニオン号　ユニオンごう……139、140、170
由利公正　ゆりきみまさ……186
洋銀　ようぎん……66
横井小楠　よこいしょうなん……112
横浜港　よこはまこう……66
吉田松陰　よしだしょういん……50、64
吉田東洋　よしだとうよう……68、82、111
吉行　よしゆき……142

ら

力士隊　りきしたい……209
練兵館　れんぺいかん……36

わ

ワイルウェフ号　ワイルウェフごう……149

188 アームストロング砲（複製）（佐賀県立佐賀城本丸歴史館所蔵）／ガトリング砲（複製）（長岡市商工部観光企画課提供）／スペンサー銃（国立歴史民俗博物館所蔵）

195 中岡慎太郎肖像写真（正座）（中岡慎太郎館所蔵）／書画貼交屏風（京都国立博物館所蔵）

196 近江屋凶行現場の模型（霊山歴史館所蔵）／血染懸軸（梅椿画）（京都国立博物館所蔵）

198 坂本龍馬肖像写真（立位）（高知県立坂本龍馬記念館写真提供）／龍馬を切った刀（霊山歴史館所蔵）／松平容保像（国立国会図書館所蔵）

199 三浦安像・谷干城像・龍馬がもっていた刀とピストル・永井尚志像（国立国会図書館所蔵）

201 江戸城を明け渡した頃の勝海舟・上野戦争・小栗忠順像（国立国会図書館所蔵）

202 近江屋の部屋・『汗血千里駒』・勝海舟像（国立国会図書館所蔵）

203 桂浜の龍馬像（高知市提供）

204 大久保利通像・新政府が誕生した頃の利通（国立国会図書館所蔵）

205 岩崎弥太郎像・板垣退助像・土佐藩兵を率いる退助（国立国会図書館所蔵）

206 岩倉具視像・三条実美像（国立国会図書館所蔵）

207 大村益次郎像・松平容保像・会津若松城（国立国会図書館所蔵）／益次郎の墓（山口県提供）

208 明治天皇像・位についたときの明治天皇（国立国会図書館所蔵）

209 伊藤博文像・岩倉使節団・江藤新平像・山県有朋像・大隈重信像（国立国会図書館所蔵）

主要参考文献

『龍馬のすべて』平尾道雄著（高知新聞社）／『全書簡現代語訳 坂本龍馬からの手紙』宮川禎一著（教育評論社）／『図説 坂本龍馬』小椋克己·土井晴夫監修（戎光祥出版）／『坂本龍馬』（双葉社）／『小学館版 学習まんが ドラえもん人物日本の歴史 第11巻 坂本龍馬』飛鳥井雅道監修（小学館）／『海を渡った侍たち』石川榮吉著（読売新聞社）／『詳説日本史図録』（山川出版社）／『ビジュアルワイド 図説日本史』（東京書籍）／『一個人別冊 歴史人 坂本龍馬の真実』（KKベストセラーズ）／『歴史人別冊 真説·坂本龍馬』（KKベストセラーズ）／『歴史人別冊 幕末維新の真実』（KKベストセラーズ）

図書館所蔵）／紋服（京都国立博物館所蔵）

107 坂本龍馬写真（個人蔵・下関市立長府博物館寄託）／三徳（紙入）（京都国立博物館所蔵）

108 武市瑞山肖像画（高知県立坂本龍馬記念館提供）／半平太の家（高知市提供）

109 勝海舟（椅子）肖像写真（福井市立郷土歴史博物館所蔵）

110 高杉晋作像（国立国会図書館所蔵）／功山寺の晋作像（山口県提供）

111 吉田東洋像（国立国会図書館所蔵）／東洋暗殺の地・以蔵の墓（高知市提供）

112 松平春嶽像・春嶽のシャープペンシル（福井市立郷土歴史博物館所蔵）／横井小楠像（国立国会図書館所蔵）

113 近藤勇像・土方歳三像（国立国会図書館所蔵）

114 坂本龍馬書簡・桂小五郎書簡・西郷隆盛書簡・大久保利通書簡・高杉晋作書簡（国立国会図書館所蔵）

137 武市半平太自画像（京都大学附属図書館所蔵）

139 亀山社中の跡（長崎県観光連盟提供）／ミニエー銃（山口県立山口博物館所蔵）

141 大黒町および出島と長崎港（長崎大学附属図書館所蔵）／海援隊の仲間たち（国立国会図書館所蔵）

142 海獣葡萄鏡（伝坂本龍馬使用）・刀 吉行作坂本龍馬遺物（京都国立博物館所蔵）／鍔（京都府立総合資料館所蔵・京都文化博物館管理）

143 坂本龍馬愛用の飯碗と湯呑（下関市立長府博物館所蔵）

145 薩長同盟の裏書（宮内庁書陵部所蔵）

147 龍馬のピストル（スミス&ウェッソンⅡ型アーミー）（高知県立坂本龍馬記念館所蔵）

149 新上五島町の坂本龍馬之像（長崎県観光連盟提供）

150 楢崎龍像（京都国立博物館所蔵）

152 西郷隆盛像・隆盛と伝えられる写真（国立国会図書館所蔵）

153 桂小五郎像（山口県立山口博物館所蔵）／日本名女咄 桂小五郎 芸者竹松（山口県立萩美術館・浦上記念館所蔵）

154 中岡慎太郎像（国立国会図書館所蔵）

155 小松帯刀像・お登勢像（国立国会図書館所蔵）／枕流亭（山口県提供）

171 馬関戦争図絵（山口県立山口博物館所蔵）／下関海戦図（複製）（高知県立坂本龍馬記念館所蔵）

173 隠れ部屋の龍馬（いろは丸展示館所蔵・福山市提供）／『万国公法』（国立国会図書館所蔵）

177 エンフィールド銃（国立歴史民俗博物館所蔵）／龍馬の実家（国立国会図書館所蔵）

179 大政奉還（聖徳記念絵画館所蔵）／新政府綱領八策（国立国会図書館所蔵）

182 丸山公園 坂本龍馬之像（長崎県観光連盟提供）／大久保一翁像（福井市立郷土歴史博物館所蔵）

183 佐々木高行像（国立国会図書館所蔵）

184 後藤象二郎肖像写真（福井市立郷土歴史博物館所蔵）／象二郎の誕生地（高知市提供）

185 山内容堂像（国立国会図書館所蔵）／容堂の銅像（高知市提供）

186 三岡八郎像・莨屋旅館（福井市立郷土歴史博物館所蔵）／陸奥宗光像・幕末の宗光（国立国会図書館所蔵）

187 徳川慶喜肖像写真（衣冠）（福井市立郷土歴史博物館所蔵）／徳川慶喜像・馬に乗る慶喜（国立国会図書館所蔵）

写真資料所蔵・提供一覧

11　亀山社中の跡(長崎県観光連盟提供)／天の逆鉾(高原町観光協会提供)

33　龍馬誕生地碑(高知市提供)

35　坂本乙女肖像写真(霊山歴史館所蔵)

37　清河八郎像・山岡鉄舟像・剣術の試合(国立国会図書館所蔵)

39　横浜の応接所に入るペリー一行(横浜開港資料館所蔵)

41　ペリーの久里浜上陸(横浜開港資料館所蔵)

43　高島秋帆徳丸原演習図(長崎歴史文化博物館所蔵)

47　勝海舟像(横浜開港資料館所蔵)／咸臨丸難航図・木村喜毅像・福澤諭吉像(木村家所蔵・横浜開港資料館保管)

48　ポーハタン号(横浜開港資料館所蔵)／アメリカに渡った使節たち・条約箱(国立国会図書館所蔵)

49　侍とアメリカ女性・侍と大統領(国立国会図書館所蔵)

51　井伊直弼画像(井伊家菩提寺 彦根 清凉寺所蔵・彦根城博物館提供)／桜田門外之変図(茨城県立図書館所蔵)

53　武市瑞山肖像画(高知県立坂本龍馬記念館提供)

54　徳川斉昭像(国立国会図書館所蔵)／藤田東湖画像(東京大学史料編纂所所蔵[模写])

55　ハリス像(国立国会図書館所蔵)／孝明天皇画像(東京大学史料編纂所所蔵[模写])

56　坂本龍馬之像(長崎県観光連盟提供)

58　徳川斉昭像(国立国会図書館所蔵)

59　孝明天皇画像(東京大学史料編纂所所蔵[模写])

60　坂本乙女肖像写真(霊山歴史館所蔵)／坂本家墓所(高知市提供)

61　千葉さな子(国立国会図書館所蔵)／平井加尾誕生地(高知市提供)

62　佐久間象山像(国立国会図書館所蔵)／河田小龍邸跡(高知市提供)

63　ペリー像・ペリー提督横浜上陸の図(横浜開港資料館所蔵)

64　吉田松陰画像(東京大学史料編纂所所蔵[模写])

65　徳川家茂画像・孝明天皇画像(東京大学史料編纂所所蔵[模写])／家茂をえがいた絵・和宮像(国立国会図書館所蔵)

66　洋銀[改三分定]・天保一分銀・天保小判(日本銀行金融研究所貨幣博物館所蔵)／横浜港・西洋人(国立国会図書館所蔵)

85　勝海舟とその弟子(海上自衛隊 第一術科学校所蔵)

87　松平春嶽像・大久保一翁像(福井市立郷土歴史博物館所蔵)

91　池田屋旧蹟写真及志士の隠れたる納屋(東京大学史料編纂所所蔵)／桂小五郎写真(山口県立山口博物館所蔵)

92　近藤勇像・土方歳三像(国立国会図書館所蔵)

95　楢崎龍像(京都国立博物館所蔵)

97　蛤御門合戦図六尺六曲一隻屏風(会津若松市所蔵)

99　西郷隆盛画像(東京大学史料編纂所所蔵[模写])

100　龍馬の署名(国立国会図書館所蔵)／坂本龍馬関係書状 慶応二年十二月四日 坂本乙女あて(京都国立博物館所蔵)

101　龍馬の変名(国立国会図書館所蔵)

103　高杉晋作像(国立国会図書館所蔵)

105　下関砲台占拠(長崎大学附属図書館所蔵)

106　龍馬のぶーつ像(龍馬通り)(長崎県観光連盟提供)／坂本龍馬肖像写真(国立国会

イラストレーター紹介

Natto-7

1～5章場面イラスト／坂本龍馬／坂本乙女／千葉さな子／河田小龍／武市半平太／中岡慎太郎／小松帯刀／後藤象二郎

松浦はこ

1～5章解説イラスト・「なるほどエピソード」・「ウソ？ホント!?」・「トンデモ伝説」

成瀬京司

1～4章 CG

あおひと

佐久間象山／吉田東洋／岡田以蔵／横井小楠／お登勢／三岡八郎／大村益次郎／山内容堂

一気

吉田松陰／徳川家茂／和宮／勝海舟／板垣退助

喜久家系

岩倉具視／三条実美

末富正直

ペリー／阿部正弘

ナチコ

高杉晋作

なんばきび

西郷隆盛／近藤勇／土方歳三

はd

井伊直弼

ぺーた

徳川光圀

ホマ蔵

岩崎弥太郎

宮本サトル

徳川慶喜／大久保利通／明治天皇

山口直樹

松平春嶽／桂小五郎／陸奥宗光／伊藤博文

tsumo

松平容保

マンガ家紹介

小坂伊吹

1章マンガ「龍馬の青春！」／2章マンガ「龍馬、脱藩！」／3章マンガ「薩長同盟、成立！」／4章マンガ「新しい時代へ！」／5章マンガ「龍馬の最期」

桐丸ゆい

1～5章4コママンガ

●監修者紹介

矢部 健太郎

［やべ けんたろう］

1972年、東京都生まれ。國學院大學大学院文学研究科日本史学専攻博士課程後期修了、博士（歴史学）。現在、國學院大學文学部教授。専門は日本中世史および室町・戦国・安土桃山時代の政治史。おもな著書に、『豊臣政権の支配秩序と朝廷』（吉川弘文館）、『関ヶ原合戦と石田三成』（吉川弘文館）、『関白秀次の切腹』（KADOKAWA）など。監修に『超ビジュアル！日本の歴史人物大事典』『超ビジュアル！日本の歴史大事典』『超ビジュアル！戦国武将大事典』（すべて西東社）がある。

●CG製作 ―― 成瀬京司
●マンガ ―― 小坂伊吹　桐丸ゆい
●イラスト ―― Natto-7　松浦はこ　あおひと　一気　喜久家系　末富正直　ナチコ　なんばきびはｄ　ぺーた　ホマ蔵　宮本サトル　山口直樹　pigumo　tsumo
●デザイン ―― ダイアートプランニング（坂口博美、五十嵐直樹、石野春加）
●地図製作 ―― ジェオ
●DTP ―― ダイアートプランニング　明昌堂
●校正 ―― 大道寺ちはる　マイプラン
●編集協力 ―― 浩然社

超《ちょう》ビジュアル！ 歴史人物伝《れきしじんぶつでん》 坂本龍馬《さかもとりょうま》

2016年 8月10日発行　第1版
2025年 1月10日発行　第1版　第6刷
●監修者 ―― 矢部 健太郎［やべ けんたろう］
●発行者 ―― 若松 和紀
●発行所 ―― 株式会社西東社《せいとうしゃ》
〒113-0034 東京都文京区湯島2-3-13
電話　03-5800-3120（代）
URL　https://www.seitosha.co.jp/

ISBN978-4-7916-2501-7